U0684193

全国教育科学"十三五"规划2020年度国家青年项目"新工业革命背景下高校工学博士培养与产业界需求之间的调适研究"（CIA200272）

工学博士供需之间的调适研究

基于新型工业化发展的视角

徐 贞◎著

上海财经大学出版社
SHANGHAI UNIVERSITY OF FINANCE & ECONOMICS PRESS

上海学术·经济学出版中心

图书在版编目(CIP)数据

工学博士供需之间的调适研究：基于新型工业化发展的视角/徐贞著. -- 上海：上海财经大学出版社，2024.12. -- ISBN 978-7-5642-4520-7

Ⅰ. G643.7；F249.212

中国国家版本馆 CIP 数据核字第 2024BN3645 号

□ 策划编辑　王永长
□ 责任编辑　顾丹凤
□ 封面设计　贺加贝

工学博士供需之间的调适研究

——基于新型工业化发展的视角

徐　贞　著

上海财经大学出版社出版发行

（上海市中山北一路 369 号　邮编 200083）

网　　址:http://www.sufep.com

电子邮箱:webmaster @ sufep.com

全国新华书店经销

上海叶大印务发展有限公司印刷装订

2024 年 12 月第 1 版　2024 年 12 月第 1 次印刷

710mm×1000mm　1/16　13.5 印张(插页:2)　228 千字

定价:79.00 元

　　米尔斯曾言,"只有将个人生活与社会历史置于一起,才能便于人们真正地认识和理解它们"。① 之所以关注工学博士需求与培养方面的议题,与我的个人生活史有着密切联系。读博之前我曾在浙江大学的工科院系从事了三年学生工作,工作期间关注学生的就业与培养问题是职责所在,读博之后仍持续关注这方面的问题则是兴趣使然。通过与学生的日常联系和交谈,我发现一个与惯常认知略有出入的现象:博士毕业后的就业范围不再局限于高校或科研院所,大学教职似乎也不再是学生趋之若鹜的职业。越来越多的工学博士毕业后进入产业界就职,甚至很多在读的工学博士生也表示希望将来有机会进入产业界就职。

　　博士为何"转身"? 源于学术界一职难求的推力? 抑或是产业界工作图景吸引的拉力? 这是当下博士就业的群体特征,其与学校类型、属地城市、学科优势、个体就业偏好有着怎样的关联? 伴随着一系列问题的思考,查阅相关文献了解目前各个国家博士就业的态势。国内外学者围绕博士就业多元化进行了研究,研究发现这一趋势在西方发达国家尤为明显。综合已有文献和调查数据,我完成了几篇论文《就业多元化趋势下博士生教育改革研究》《在哪里延续科研之路——理工科博士生就业偏好及其影响因素研究》《理工科博士生入学动机及其对学术表现、就业偏好的影响——基于全国 35 所研究生院高校的调查》,借此分析全球博士就业多元化趋势的特征、成因及其对策,也调查了国内理工科博士生就业偏好。通过数据分析又发现在众多学科之中,工学博士的就业多元化趋势最为明显,且目前在校博士生中工学博士生的体量最为庞大,所以决定将研究对象聚焦到工学博士这一群体(主要是学术型博士,不包括工程博士)。而在向非

① 赖特·米尔斯.社会学的想象力[M].第 2 版.张永强译.北京:生活·读书·新知三联书店,2005:1.

学术界溢出这一过程中，又以产业界为主要目的地。通过对既有研究的研读，发现目前学界对工学博士向非学术界溢出这一现象已有一定的关注度，但大多停留在对现象的描述层面，其背后的一系列问题仍然是研究领域的"盲区"，存在很大的探索空间。譬如，工学博士为何选择进入产业界就业？进入产业界后都在从事什么类型的工作？其适应性和胜任力如何？产业界出于什么动因招聘工学博士？他们需要具备哪些能力素质的工学博士？高校培养的工学博士与产业界需求之间契合和偏差之处在哪些方面？应该采取怎样的调适策略优化？

对高校工学博士就业分化现象的讨论，可以延伸出一系列问题，探讨就业只是研究的出发点，研究的落脚点实则是探讨高校工学博士生的培养问题。学界对博士就业多元化趋势这一议题的探讨，也时常让博士生教育陷入价值理性和工具理性的逻辑对峙。通过对一系列问题的层层演绎，笔者逐渐意识到通过分析就业多元化的现象转而探讨博士生培养的适切性问题，涉及博士生培养的逻辑起点及价值取向，但也离不开对博士生培养目标定位的探究，博士生培养究竟要培养什么样的人？遂选取部分高校的工学博士培养方案中培养目标一栏归类和梳理，发现大多数学校的培养目标在形式上呈现出同质化特征，在遵从国家培养要求的基础上，根据学校和学科的现实需求进行了一定的调整。首先是对思想政治方向的要求，核心是对掌握学科基础理论和专门知识、能够独立开展科学研究，以及对其他能力素质的要求。值得注意的是，不同学校的培养目标都将"掌握学科基础理论和专门知识，能够独立开展科学研究"作为博士生培养的核心要义，而对其他能力素质的规定则鲜有提及。如果要对"培养什么样的博士"和"需要什么样的博士"这两个问题进行更为细致而明晰的分解，实则是探求"培养具备什么能力素质的博士""需要具备什么能力素质的博士"，遂将本书工学博士培养的核心锁定在"能力素质"这一范畴。因此本书的焦点逐渐聚焦到新型工业化发展的背景，高校工学博士进入产业界之后，产业界对其能力素质的需求以及高校培养之间的契合与偏差问题，以及在遵循人才培养价值理性与工具理性相结合的基础上，如何调适这其中的差距。以上是本书始于个人生活史中对一个社会现象的好奇心，经过思考、推断、提炼，再结合学界的研究范式逐步确立为一个研究选题，最后撰写为本书的过程。

针对研究问题，本书采用历史与文献研究，梳理博士生教育及其职业面向的历史过程，初步把握博士生教育与其对应的职业之间的嬗变过程及发展趋势。对各个国家博士就业多元化的趋势、特征及成因进行分析，便于更好地认识多元职业环境及产业界就业背景;通过问卷调查与质性访谈相结合的混合研究法,对368位产业界就职的工学博士进行问卷调查,访谈50位产业界就职的工学博士及18位企业雇主,剖析产业界对工学博士能力素质的需求;选取2013年国家对博士学位的基本要求进行文本分析,27所高校培养目标进行内容分析,并结合问卷调查与访谈对受访工学博士所在院系的培养过程进行回溯评价,从而探究高校工学博士生培养的现状;最终,在分析产业界需求以及高校培养的基础上,了解两者之间的匹配差距,并总结工学博士培养过程中的问题,进而提出了优化高校工学博士生培养的调适策略。

研究发现产业界看重工学博士的专业知识、方法与技能,更强调辅以可迁移能力以提升工作成效,尤其是沟通、表达与交际能力。高校的培养遵守传统学术逻辑,更强调对专业知识、理论及独立进行科学研究能力的培养,而对工学博士可迁移能力的培养则准备不足。透过工学博士能力素质匹配差距这一现象,我们可以发现当前高校的培养目标的适切性以及培养质量的有效性还有待提高。目前高校工学博士生培养存在的问题:第一,高校对工学博士生入学动机的把握与了解不够全面。博士生已不再仅仅是出于"对科研的热爱"而攻读博士,而是存在多样化的入学动机,而入学动机将对学术表现与职业选择存在显著影响。第二,高校对工学博士生就业偏好的认识与重视不够。博士生就业偏好是一个动态变化的过程,多数博士生的就业偏好在就读过程中逐渐发生变化。第三,高校对工学博士生可迁移能力的培养与准备不足。传统的博士生教育强调培养博士生独立进行科学研究的能力。面对就业多元化的趋势,外界对博士生的可迁移能力提出了更高的要求。第四,高校对工学博士生培养目标及环节的调整与修订不够及时。我国博士生培养目标较为泛化,对科研能力的规定尤为详细和突出,而对社会所需的其他能力素质的要求及调整则稍显滞后。针对高校工学博士生培养的问题,审思博士生教育的本质及其价值意蕴,在此基础上,结合多重制度逻辑理论,从政府、市场以及高校三个维度提出优化高校工学博士生培养的调适策略。政府层面:发挥主导与调控作用,推进产教融合体系建设,适时调整培养要求以促进人才培养供给侧与产业需求侧的对应与平衡。市场层面:实现融通与对接作用,促进校内联合实验室、校外社会实践基地的建立,将产业界的人才需求传递至高校,以打破产业界与高校的隔阂。高校层面:坚守主体和中心作用,建立"核心能力素质库",培养可迁移能力以提升培养成效。

第一章

导　论

....

第 一 节　研 究 背 景

一、研究问题

　　博士生教育肇始于 19 世纪初期的德国,随后传播到北美及世界各国,其培养目标及模式在根源上有相似之处,但因各国历史文化、教育传统及培养理念的差异,不同国家博士生培养的目标定位与培养模式逐渐分野,并形成各具特色的博士生培养模式。近 20 年来,博士就业趋势也逐渐嬗变。19 世纪,在德国洪堡大学教育思想理念的影响下,博士学位主要指向学术劳动力市场,是进入学术职业体系的"入场券",与"教职资格"相关联。20 世纪 80 年代,世界范围内工业科技革命爆发,加之博士生规模大范围扩张,博士生就业领域不啻学术界,呈现出向非学术界尤其是向产业界流动的趋势。

　　20 世纪 90 年代初,荷兰博士生教育与学术职业的既定关系正在逐渐远去[①],德国近 70% 的博士在非学术界就业。[②] 21 世纪初,美国有超过 50% 的博士在非学术界工作[③],澳大利亚的毕业生职业调查数据显示,2009—2013 年期间澳

------

① De Wied, D. Postgraduate Research Training Today: Emerging Structures for a Changing Europe [M]. The Hague, Netherlands: Ministry of Education and Science, 1991: 30.

② Osmo, K. et al. Towards the European Model of Postgraduate Training[R]. University of Turku, RUSE Report 50, 1999: 4.

③ Doctorate Recipients from United States Universities: Summary Report 2003[EB/OL]. [2016 - 10 - 20]. http://www.norc.uchicago.edu/issues/esd-2003.pdf.

大利亚的博士在学术界相关部门就业的平均比例已下降至38.8%。[①] 2015年，我国高校毕业生就业质量年度报告显示，研究型大学博士在高校就业的平均比例为32.75%左右[②]，博士生教育除了满足学术界的需求，也有必要满足非学术界尤其是产业界的需求，博士就业向非学术界流动的趋势已在不同国家显现，就业领域呈现出分化趋势且各个学科存在一定的差异。

随着知识经济社会的到来，博士生教育也同时面临机遇与挑战并存的局面。高层次人才逐渐成为各国竞相角逐的人力资源，也是保证各国重大战略得以实施的必备条件之一，有些西方国家甚至将高层次人才视为提升国民经济竞争力的有利条件，吸引更多的博士群体进入产业界就业以更好地促进国家科技创新战略实施。[③] 在此战略背景下，一方面，非学术界对博士生群体的需求量变大；另一方面，博士生培养质量备受争议。学术界对于博士群体的教学及科研能力存在一定的不满，与此同时，产业界则抱怨博士生过于沉浸在个人的研究领域，缺乏团队合作能力以及动手实践能力。[④] 由此可见，博士生培养已经不单单是高校内部的事情，如何保证博士生培养质量以更好地满足国家及社会各界的需求，这也是相关利益攸关方关注和探讨的事。

1982年，教育部印发《关于招收攻读博士学位研究生的暂行规定》，至此，我国博士生学位制度得以正式确立。经过40余年的积极发展，我国博士生大规模扩张。2022年，我国学术型博士生在校生总数为167.73万，其中，工学博士生数为133.30万，占在校博士生总数的79.47%。同年，学术型博士生总招生数为52.80万，其中，工学博士生数为45.39万，位列各学科第一。[⑤] 与此同时，企业的研发经费与博士占比也大幅增加，根据《中国科技统计年鉴—2023》数据：2022年，企业内部研发经费支出2 683.5亿元。研究与开发机构（R&D）人员约

① Graduate Careers Australia. Postgraduate Destinations 2009 - 2013: A Report on the Work and Study Outcomes of Recent Higher Education Postgraduates[R]. Melbourne: Graduate Careers Australia Ltd, 2010 - 2014: 17.

② 教育部. 2015届高校毕业生就业质量年度报告[DB/OL]. [2016 - 09 - 10]. http://www. ncss. org. cn/tbch/2015jgxbysjyzlndbg/.

③ Denise, J. & Grant, M. Factors influencing the employment of Australian Ph. D graduated[J]. Studies in Higher Education, 2015, No. 9, 1660 - 1678.

④ Anerud, R. et al. Using Ph. D Career Path Analysis and Ph. Ds' Perceptions of their Education as a Means to Assess Doctoral Program[M]. Maki P L, Borkowsky N A. The Assessment of Doctoral Education. Sterling, Virgina: Stylus, 2006: 110 - 119.

⑤ 教育部. 2022年教育统计数据分学科研究生数（总计）[EB/OL]. (2023 - 12 - 29). [2024 - 6 - 14]. http://www. moe. gov. cn/jyb_sjzl/moe_560/2022/quanguo/202401/t20240110_1099524. html.

55.9万人,博士毕业生约13.5万人,占比24.15%,研发经费与人力投入增加带来创新质量改善,进而以创新驱动产业界高质量发展。2023年召开的中央经济工作会议强调,要以科技创新引领现代化产业体系建设,大力推进新型工业化,这是中央统筹中华民族伟大复兴战略全局和世界百年未有之大变局做出的重大战略部署。① 企业是推进新型工业化的主体力量,工业发展的根本要靠企业。而各个企业在创新驱动及转型升级的情况下,对高新技术及研发类工作提出了更高的要求,对科技创新人才尤其是工学博士的需求也逐渐增加。加之,工学博士生个体主观就业偏好也在逐渐变化。综合以上研究背景,本书立足于工学博士就业变化趋势,以向产业界溢出的高校工学博士为主要研究对象,研究其在进入职业场域后能力素质的需求与培养问题。研究问题具体包括以下几个方面:

第一,产业界招聘工学博士的动因是什么? 工学博士进入产业界后的工作内容和特征是什么?

第二,产业界对工学博士的能力素质有何需求? 哪些能力素质在工作中尤为重要?

第三,高校在工学博士培养过程中对各项能力素质的重视程度如何? 各个培养环节对能力素质有何影响?

第四,产业界的需求与高校的培养之间的契合与差距表现在哪些方面?

针对以上问题,试图明确高校工学博士生培养的本意及价值,对培养与需求之间的偏差采取调适与优化策略。

二、研究意义

本书从工学博士就业现状出发,探究工学博士能力素质需求与培养,研究意义主要表现在理论及实践两个方面。

第一,理论意义。本书从博士就业多元化的现实出发,梳理博士职业面向的历史溯源,并探讨进入产业界就职的工学博士能力素质需求及培养,思考博士生教育在工具价值与理性价值之间的争议与平衡,进而探究博士生培养的本意及其价值,具有一定的理论意义。

第二,实践意义。在新型工业化背景下进入非学术界就职的工学博士愈来愈多,我国研究者对于现象的描述及原因探析较多,而其中关于产业界就职工学

---

① 中共工业和信息化部党组.坚决扛牢实现新型工业化这个关键任务[J].求是,2024(1):54.

博士到底需要哪些能力素质,我国的工学博士生到底哪些方面的能力素质较为薄弱? 还是一个研究的"盲区",尚缺乏相关的本土研究理论及实践成果。本书从实践层面初步构建了产业界所需能力素质的指标体系,并通过对产业界就职工学博士及企业雇主的问卷调查及访谈,进一步廓清了产业界对就职工学博士的能力素质需求,并结合多个利益攸关方为优化高校工学博士生培养提出调适策略,以更好地提升工学博士生培养质量,适应内外需求。

第二节　概　念　界　定

在探讨工学博士培养与需求这一核心问题之前,对研究内容中涉及的概念进行了操作化定义及研究范畴界定,以便更好地厘清与论述相关问题。

一、工学博士

博士,如今是中国高等教育阶段的最高学位。早在战国时期,这一称谓就已经存在。根据《汉书·百官公卿表上》记载:"博士,秦官,掌通古今。"此时的"博士"是一种官职,其职责主要是掌握图书和保管朝廷文献档案,学问渊博且有"顾问"的含义。进入现代社会后,"博士"变成了一种学术性称谓。① 西方有的国家将博士阶段视为未来研究人员的培训期,而不是改变人类知识进程的一项工作。② 也有的国家将博士视为技术人员和学者的混合体。③ 在各个国家之间,它是"具有国际互惠性的学术护照"。④ 面对外界环境的变化,博士的定义也随之变化。当前,在我国博士由国务院授权的高等学校和科研机构授予,需要通过博士生教育阶段一系列环节的考核,符合规定的要求和相应的标准,达到博士学位所要求的水平和能力。博士学位是学位中的一个类别,为最高一级的学位。⑤

---

① 梦华. 图解:国学知识(全新图解版)[M]. 北京:中国华侨出版社,2016:159.

② Collinson, J. A. Professionally Trained Researchers? Expectations of Competence in Social Science Doctoral Research Training[J]. Higher Education Review, 1998, 31(1): 59–67.

③ Pole, C. Technicians and Scholars in Pursuit of the Ph. D: Some Reflections on Doctoral Study[R]. Research Papers in Education, 2000, 15(1): 95–111.

④ Metcalfe, J., Thomson, Q. & Green, H. Improving standards in postgraduate research degree programmes[R]. Bristol: Higher Education Funding Councils for England, Scotland and Wales, 2002: 12.

⑤ 李进才,邓传德,朱现平. 高等教育教学评估词语释义[M]. 武汉:武汉大学出版社,2016:20.

工学,是高等教育学科门类之一,是关于工程技术有关领域教育的学科统称[1],是在基础科学原理的基础之上,结合生产实践技术发展起来的学科。[2] 工学博士,是指工学学科需要参加全日制学习的学术型博士,其培养目标是培养具有扎实理论基础和专门知识,能够独立从事科学研究的人,能够适应特定行业或职业工作需要的应用型高层次专门人才。

近年来,各个国家都在探索、创新博士学位的类型,例如,工程博士、工程实践类博士、新制博士等。工程博士,是专业博士学位,伴随着学位结构调整以及时代需求而产生,主要培养以实践创新为导向的技术性领军人才,大多由高等学校与企业联合培养。创新博士学位类型这一举措在部分国家也存在一定争议,因为企业强调招聘博士很大程度上是看重其科研训练以及研究基础。也有企业雇主提及,虽然学位类型结构不断调整,部分工程博士可以对接企业的需求。但是,一些对创新及研发需求较大的企业,仍然更为渴望学术型博士加入,企业看重的是他们受过规范的学术训练,具备较强的理论功底及实践能力。但是,在具体的工作中,适应和对接方面是否适配尚待研究,所以,本书的主要研究对象为进入产业界就职的高校工学博士,辅以部分尚在高校攻读博士学位的工学博士生。不涉及工程博士,不涉及科研院所的博士,也不涉及其他学科的博士。

二、能力素质

能力,是指完成一项任务或目标时所需具备的条件。能力的内核是完成任务的动力以及胜任程度,其与相应工作事务的完成、问题的解决之间存在着紧密联系。个体对工作及岗位的胜任力,与一系列因素高度相关,如家庭环境、学历背景、工作经历等,这些方面偏向于深层次的内在因素,并非通过短时间的练习就能有效习得。[3] 能力本身的定义是不断发展变化的,过去一个特定的技能集可能面临着当今不再适用的现象。加之,文化期望、科学规范、社会习俗都对能力的界定有着深刻的影响,关于能力的影响因素将随着时间的推移而改变,从而进一步增加了能力定义的复杂性。[4] 素质,通过后天的家庭熏陶、学校教育、个

---

① 李进才等. 高等教育教学评估词语释义[M]. 武汉:武汉大学出版社,2016:21.
② 文祺. 全国高校专业解读(2014 年)[M]. 北京:北京理工大学出版社,2014:123.
③ 郑娸. 高校学生能力素质模型构建及其应用研究[D]. 武汉:武汉大学,2013:15 - 16.
④ Jory S. Simpson. Reflections:Rethinking the Meaning of Competence[J]. Journal of Cancer Education,2018(33):238 - 241.

体经历得以培养,也作为能否胜任相应工作及岗位的评价标准之一。早期的研究存在将能力和素质分开的现象,但是,目前的研究逐渐倾向于把能力素质作为一个素语来研究。

　　能力素质,是指潜在于内部的特质,通过遇事、处事得以呈现,囊括各个维度与方向的指标,是对个体职业发展具有重要作用的一系列要素集合。能力素质的划分标准因工作场域和任务需求的差异而有所不同。1973 年,大卫·麦克里兰(David McClelland)在《美国心理学家》发表文章《测试能力而非智力》(Testing for Competency Rather Than Intelligence)论述了能力素质的含义,将影响工作效果得以实施的因素,称为能力素质(Competency)。能力素质模型(Competency Model)则为能力素质集合,综合影响工作成效。他将能力素质分为知识(Knowledge)、技能(Skill)、自我概念[(Self-concept),态度、价值观和自我形象]、特质(Traits)、动机(Motives),该模型也被称为"胜任力模型",是各能力素质指标要素的集合,是处理相应任务所需要条件的总和。[①]

　　能力素质包含的指标在综合筛选的基础上得以最终确立。能力素质模型主要分为两类:能力素质冰山模型(见图 1-1)和能力素质洋葱模型(见图 1-2)。能力素质冰山模型,将个体所具备的能力素质分为表象的部分和潜在的部分。其中,表象的部分也称为基准性素质,包含基本知识和基本技能,较容易被人们观察及改变。潜在的部分也称为鉴别性素质,较难被发现和培养,但是,却对事物的发展起着异常重要的作用,包含社会角色、自我形象、特质和动机。能力素质洋葱模型,是美国学者理查德·博亚特兹(Richard Boyatzis)在大卫·麦克里兰的能力素质理论研究的基础之上拓展、挖掘并得以确立。主要分为核心层、中间层和最外层,包括核心层的动机、个性,中间层的自我形象、态度与价值观,以及最外层的知识与技能。最外层的知识和技能容易通过后天学习培养和评价;中间层的自我形象、态度与价值观以及核心层的动机与个性则较难后天培养。能力素质冰山模型与能力素质洋葱模型都对其内在能力素质进行了层次化的划分,便于更为清晰地把握各种不同类别能力素质的重要程度和主次位序。

---

① McClelland, D. Testing for Competence rather than for "Intelligence"[J]. American Psychologist, 1973, 28(1): 10-14.

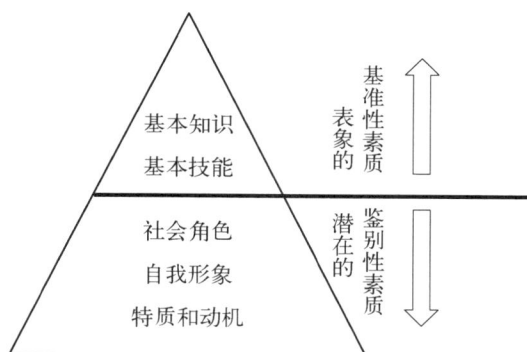

图 1-1 能力素质冰山模型　　　　图 1-2 能力素质洋葱模型

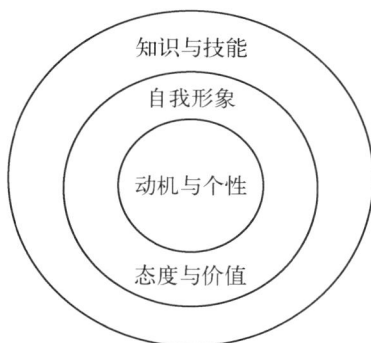

能力素质的定义与模型不尽相同且各有特色,主要是根据职业及岗位奉行的基本程序和根本宗旨而得以确立。结合已有的概念诠释,本书更倾向于选取麦克里兰的划分方式,即将能力素质视为一系列要素的集合,进行相近的要素划分和归类,但是,绝不是将能力和素质完全分开来讨论,具体到本书而言,其应该涵盖工学博士所具备的知识结构、综合能力以及个人特质等多个方面,是对职业胜任力的一种衡量标准与重要参照。

三、产业界

产业界,是社会分工及生产力提升的产物。按照学界惯常使用的分类方法:第一产业,包括农、林、牧、渔业;第二产业,包括制造、采掘、建筑和公共工程、水电油气、医药制造业;第三产业,包括金融、商业、交通、通讯、教育、服务业及其他非物质生产部门。产业界,指某种同类属性的企业经济活动的集合。本书中的产业界,遵照中国《国民经济行业分类》的划分方式,结合调研对象获取的可行性,将其操作化限定在制造业、建筑业、金融业、电力热力生产及供应业、信息传输计算机服务及软件业、水利环境和公共设施管理业等行业。

第三节　文献综述

梳理与分析既有文献,便于更好地了解工学博士培养与需求相关的研究脉络与发展态势。本部分将从博士的就业特征及其变化趋势、博士的能力素质、就业多元化背景下博士生的培养、工学博士的需求与培养等方面梳理相关文献。

一、对博士就业特征及其变化趋势的研究

国内研究者对博士就业问题的关注发轫于 21 世纪初,始于对澳大利亚[①]、美国[②]、日本[③]等国博士就业状况的探究及经验引介。2010 年开始对我国博士的就业状况与趋势展开分析,这一时期的研究大多通过官方数据,分析及总结当下的博士就业特征。为了解我国博士毕业生的就业状况,范巍等研究者通过对 1995—2008 年就业数据的分析,呈现我国博士就业情况和变化趋势[④],当时博士就业方向主要集中在高等院校及科研院所,选择企事业单位就业的毕业生相对较少。早期研究也较为注重博士与学术职业的关联,而后逐渐走出博士与传统学术职业关联研究的窠臼,开始关注博士就业多元化趋势的现象。[⑤]

沈文钦等根据教育部高校学生司的数据发现:2011 年,进入教育科研部门就业的博士比例占 54.25%,进入企业就业的博士占 24.20%。不同学科在就业趋势上呈现出较大的差异和分化,工科以及商科在教育科研单位就业的不足50%。医学类、教育学类、人文类博士在教育科研单位就业的比例相对较高。[⑥]之后,非学术界就业问题引起了关注,研究者开始分析哪些博士进入企业就业[⑦],尤其是一流大学建设高校的博士毕业生企业就业去向[⑧],以及企业就职博士工作满意度[⑨]、博士科技人才的绩效管理[⑩]。高耀等基于 2014 届 75 所教育部直属高校的博士毕业生数据,对博士就业去向分布、签约单位性质、就业地域分布、就业行业分布等做了分析。结合我国创新型国家建设及产业结构优化升级的背景,进一步言明产业界及部分科教文卫行业都非常需要博士加入,需要做好

① 王建梁,郝理想. 超越象牙塔:澳大利亚博士就业期望的最新动向述评[J]. 辽宁教育研究,2006(7):86-89.
② 马鸿. 试论 20 世纪 90 年代以来美国博士就业的新趋向[J]. 现代教育科学,2007(3):52-55.
③ 元希. 日本"博士"就业难[J]. 政府法制,2009(12):48.
④ 范巍,蔡学军,成龙. 我国博士毕业生就业状况与趋势分析[J]. 教育发展研究,2010,30(7):79-81.
⑤ 赵世奎,沈文钦. 博士就业的多元化与我国博士教育目标定位的现实选择[J]. 教育与职业,2010(27):14-16.
⑥ 沈文钦,王东芳,赵世奎. 博士就业多元化趋势及其政策应对——一个跨国比较的分析[J]. 教育学术月刊,2015(2):35-45.
⑦ 沈文钦,左玥,陈洪捷. 哪些博士毕业生在企业就业?——基于 2016 年 13 所高校的调查分析[J]. 学位与研究生教育,2019(3):29-35.
⑧ 刘凌宇,沈文钦,蒋凯. 一流大学建设高校博士毕业生企业就业的去向研究[J]. 学位与研究生教育,2019(10):48-54.
⑨ 吴凡,刘少雪. 社会网络对企业就职博士工作满意度的影响[J]. 高等教育研究,2017,38(6):45-54.
⑩ 杨毅,刘建勋,寻延年. 高新技术制造企业中博士学历科技人才绩效管理研究[J]. 人力资源管理,2012(10):128-131.

创新争优的人才梯队保障,提高并保障优质的博士生教育质量。①

国外研究者对博士就业问题关注较早,主要围绕在校博士生的就业期望②、学术界与非学术界的就业变化趋势③、与劳动力市场的需求结构④等议题。21 世纪初,德国林格对上千名博士生的职业取向进行了调研,结果显示:就业期望在不同学科之间呈现出不同的特征,将近 50% 的人文社科博士偏好在学术界就业,数学和自然科学则相对较少,不足 30%,最低的为工程学类博士,期望将来在学术界就职的不足 15%。⑤ 20 世纪 90 年代以及 21 世纪初,英国物理与天文学研究会(PPARC)两次调查博士毕业生,研究发现就职于产业界的博士比例明显增加,20 世纪 90 年代,在产业界就职的比例不足 30%,21 世纪初,增至 50% 左右,在学术界就职的博士比例从将近 50% 回落至不足 35%。⑥ 此外,研究者也研究了产业界招聘博士的动因及需求、博士对产业界的作用,指出产业界招聘博士主要以实现创先争优为目的,并进一步推动产业结构升级与提升综合竞争力。⑦ 国外的研究大多借由一定范围内的问卷调查与回溯性评价,了解博士就业特征、博士生就业期望,进而从博士职业规划与发展状况的角度反观博士生培养质量。⑧

总体而言,博士就业这一问题逐渐受到各国研究者的广泛关注。从早期关注总体就业率,发展至后期关注不同学科、不同就业去向之间的变化趋势。一定程度上说明博士就业多元化趋势已然成为一个全球性现象,相关研究也是研究生教育领域的重点及热点问题,更是反观博士生教育质量的切入点。值得注意的是,既有研究较为关注博士与学术劳动力市场的关系,而与非学术劳动力市场

① 高耀,沈文钦. 中国博士毕业生就业状况——基于 2014 届 75 所教育部直属高校的分析[J]. 学位与研究生教育,2016(2):49 - 56.
② Nerad, M. The Ph. D in the US: Criticisms, Facts and Remedies[J]. Higher Education Policy, 2004, 17(2): 183 - 199.
③ Organisation for Economic Cooperation and Development. Better Skills, Better Jobs, Better Lives: A Strategic Approach to Skills Policies[R]. Paris: OECD Publishing, 2012: 130.
④ Neumann, R. & Tan, K. From Ph. D to Initial Employment: the Doctorate in a Knowledge Economy[J]. Studies in Higher Education, 2011, 36(5): 601 - 614.
⑤ Alexander, L. Die promotion: Ein Reproduktionsmechanismus sozialer Ungleichheit[R]. UVK Verlag-Ges, 2008: 61 - 86.
⑥ Howard, G. & Stuart, P. Doctoral Study in Contemporary Higher Education[M]. Milton Keynes: Open University Press, 2005: 41.
⑦ Denise, J. & Grant, M. Factors influencing the employment of Australian Ph. D graduated[J]. Studies in Higher Education, 2015(9): 1660 - 1678.
⑧ 顾剑秀,罗英姿. 美国博士职业发展——基于三次毕业博士职业发展调查的分析[J]. 外国教育研究, 2015(4): 106 - 116.

的关系的研究虽有一定的显现,但大多停留在现象描述层面,具体到产业界对博士的需求、人才供给侧与需求侧的契合及偏差等方面的研究目前还有较大的探索空间,有待延展与深入。

二、对博士能力素质需求与培养的研究

1980 年颁布的《中华人民共和国学位条例》,规定了博士生应具备的知识和能力结构,"博士学位获得者应该掌握本学科的理论基础和专门知识,熟练掌握研究方法和技术技能,在所在领域做出具有创新性的科研成果"。① 除此之外,《博士、硕士学位基本要求》也规定了不同学科的博士学位获得者应具备的知识、能力、素质结构。大多数政策文件对博士能力素质的要求都是围绕学术或科研展开。② 但是,随着知识经济时代的到来,博士生规模扩张,越来越多的博士向非学术界溢出,不同的工作场域、工作内容和工作性质对博士能力素质提出了新的要求。

国内的已有研究中,中国博士质量分析课题组对全国(除港澳台)所有博士培养单位和部分用人单位进行了博士培养质量调查,研究指出博士学位获得者应具备学科专门知识、理论基础、科研创新能力,能够独立从事学术研究并且保证学术论文的质量③,主要是围绕学术研究和科研能力方面的论述。也有研究者对不同学科的博士所需能力素质展开研究,通过人文社科博士毕业生和雇主的跨国调查数据,分析博士毕业生的就业能力需求及供需匹配,研究发现当前的博士教育体系无法为毕业生充分提供就业市场所需的技能,导致博士毕业生职业准备不充分、就业能力不足或与市场需求不匹配。④ 此外,还有研究表明我国工科博士生以及农科博士生的能力素质存在较大的提升空间。⑤ 通过跨国比较分析,有研究者表示,为满足就业市场多样化的需求,博士应具备高层次的"可迁移能力"。⑥ 徐岚等通过搜集非学术部门博士生招聘信息并进行内容分析发现,

① 中华人民共和国学位条例[EB/OL]. (1980 - 01 - 12)[2004 - 08 - 28]. http://old. moe. gov. cn/publicfiles/business/htmlfiles/moe/moe_619/200407/1315. html.
② 国务院学位委员会第六届学科评议组. 一级学科博士、硕士学位基本要求(上册)[M]. 北京:高等教育出版社,2014:276.
③ 陈洪捷,赵世奎,沈文钦,等. 中国博士培养质量:成就、问题与对策[J]. 学位与研究生教育,2011(6):40 - 45.
④ 卿石松. 人文社科博士毕业生就业能力供需匹配分析[J]. 华东师范大学学报(教育科学版),2020,38(12):85 - 98.
⑤ 沈华. 博士培养质量的模糊综合评价[J]. 北京大学教育评论,2009,7(2):67 - 74,190.
⑥ 沈文钦,王东芳,赵世奎. 博士就业的多元化趋势及其政策应对——一个跨国比较的分析[J]. 教育学术月刊,2015(2):35 - 45.

相较于学术职业,非学术部门就业在知识维度上偏重博士生所掌握知识的情境应用与转化,在能力维度上要求博士生具备专业实践能力、可迁移能力、科研创新能力,雇主期待博士成为面向应用的高端创新型人才与领导型人才。[①] 学界对博士生培养的探讨已不再局限于满足学术职业的要求,不囿于对科研能力的培养。我国博士毕业生就业状况的复杂性,因学科不同而存在较大差异,博士就业供给侧与需求侧的适切性研究应加强,更应结合社会经济产业结构变化进行深入研究。[②]

国外的已有研究中,从培养质量、可雇佣性、与企业雇主期望的适配性等角度出发,研究了博士能力素质。有研究者呼吁博士生教育不应该局限在对知识的偏执追求,而忽视了其他能力素质的培养,这将导致博士难以胜任行业领军人物这一头衔。[③] 无论是官方机构还是研究者个体都对博士能力素质需求与培养较为关注,部分国家还围绕博士能力素质提升采取了针对性措施,英国研究委员会和人文艺术研究委员会(AHRB)规定了博士生应具备的能力素质,包括自主学习知识的能力、对知识融会贯通的能力、独立钻研、沟通与表达能力、团队合作能力[④];欧盟高等教育资格框架界定了博士生综合能力和素质,注重雇主对博士能力素质的需求[⑤];德国的研究团队进一步指出:博士学位获得者不仅仅意味着某一领域的专家,更应该是各行业中具备综合能力素质的综合人才、行业领军人才。[⑥] 除此之外,还注重从需求侧分析博士能力素质的重要序次,企业雇主认可博士的科研能力,但也认为其灵活变通程度、商业思维、公众汇报等能力严重不足[⑦],70%的

① 徐岚,魏庆义. 非学术部门就业对博士生的质量需求——胜任力分类理论视角下基于招聘信息内容的分析[J]. 高校教育管理,2023,17(4):87 - 101.
② 李锋亮. 博士毕业生就业匹配研究应加强[N]. 中国科学报,2018 - 12 - 18(5).
③ Williams, G. (2005). Doctoral Education in Canada, 1900 - 2005. Washington:CIR - GE. Hochschulrektorenkonferenz. Doctoral Studies Resolution of the 19th Plenary Session of the Conference of Rectors and Presidents of Universities and other Higher Education Institution in the Federal Republic of Germany[C]. Bonn:Hochsc, 1996:9 - 10.
④ Bologna Working Group on Qualifications Frameworks. A Framework for Qualifications of the European Higher Education Area[DB/OL]. (2008 - 10 - 18)[2018 - 10 - 10]. http://www. Bologna-Bergen 2005. no/Docs/00-Main-doc/050218-QFEHEA. pdf.
⑤ Nyquist, J. D. & Woodford, B. J. Re-envisioning the Ph. D:What Concerns to We Have? [M]. Seattle:University of Washington,2000:29.
⑥ Find a Ph. D. Is a Ph. D worth it? Transferrable Skills:What Else does a Ph. D Teach You? [EB/OL]. (2016 - 07 - 21)[2018 - 10 - 10]. https://www. findaphd. com/advice/doing/is-a-phd-worth-it. aspx.
⑦ Usher, R. "A Diversity of Doctorates:Fitness for the Knowledge Econo my?"[J]. Higher Education Research and Development,2002,21(2):143 - 153.

企业雇主认为博士毕业生严重缺乏创造力和领导力。[①] 也有研究者指出,博士毕业生缺乏企业雇主所看重的沟通能力、领导潜能和跨部门跨团队工作能力。[②]美国也有研究者将博士应具备的能力素质分成 24 项指标,对博士生群体以及不同规模的企业雇主进行调研,研究发现美国各界人士对博士生所具备的学术能力之外的其他能力素质持保留性评价,且不同群体对能力素质重要程度的认识存在较大的差异。[③] 还有学者研究博士生可雇佣能力,雇主对博士的专业能力持积极的评价,比如专业知识、解决问题的能力,但是对于他们学术能力之外的其他能力素质如灵活变通、对经济效益的分析能力、演讲与展示能力、商业谈判能力、项目管理能力等持保留性评价。[④] 学术界认为博士生培养仅重科学研究,相应的教学能力没有较好的训练和准备;产业界对博士生过于沉浸在自己的研究中,缺乏沟通表达能力及团队合作能力等方面提出了批评,认为博士生缺乏学术能力之外的其他能力素质。[⑤] 需要注意的是,博士个体并未及时认识到自己的所长和雇主需求之间的差距。[⑥]

总的来说,博士能力素质的研究在国内外研究中都有一定的显现,但是从整体层面梳理博士的能力素质,从需求侧及供给侧对能力素质分析的研究还不多,尚有较多的探索空间。尤其在就业趋势变化的背景下,重新查考博士能力素质是否足以应对工作场域的需求有其现实必要性。

三、对工学/工科/工程博士的就业与培养研究

在既有研究中,以"工科博士""工学博士"以及"工程博士"为对象的研究皆有显现。三个主体囊括范围存在交集和差异,需要厘清其范围,工科博士的范畴包括工学博士及工程博士。(1)工程博士。已有研究中,围绕"工程博士"的研

① Connor, H. et al. Talent Fishing: What Businesses Want from Postgraduates[M]. A CIHE Report for Department of Business Innovation and Skills. Oxford University Press, 2010: 24.
② Viate. Recruiting Researchers: Survey of Employer Practice 2009[EB/OL]. (2009 - 12 - 06)[2018 - 10 - 10]. http://www.vitae.ac.uk/view.
③ De Grande H. et al. From Academia to Industry: Are Doctorate Holders Ready? [J]. Journal of the Knowledge Economy, 2014, 5(3): 538 - 561.
④ Ibid.
⑤ Aanerud, R. Homer, L. Nerad, M. & Cerny, J. Using Ph. D Career Path Analysis and Ph. Ds' Perceptions of Their Education as a Means to Assess Doctoral Program[M]//P. L. Maki & N. A. Borkowsky, Eds. The Assessment of Doctoral Education. Sterling, Virginia: Stylus, 2006: 110, 117, 119.
⑥ Adams, K., Zander, A. & Mullins, G. What do Engineering Postgraduate Research Students know about Industry Work? [J]. Schools & Disciplines, 2007: 17.

究最为丰富,20 世纪 80 年代,便开始显现关于工程博士的研究[①],随后一段时间主要集中于对英美国家工程博士培养的经验介绍。[②] 21 世纪初,逐步展开对工程博士专业设置的探究[③],而后开始对工程博士的各个方面展开研究,关涉工程博士的可能性[④]、对策研究[⑤]、质量保障体系建构[⑥]、完善措施[⑦]、定位及影响力[⑧]以及培养模式[⑨]等。(2)工科博士。关于"工科博士"的研究则出现稍晚,大约在20 世纪 90 年代,以工科博士为主体的研究虽有显现,但大多语焉不详。21 世纪初,工科博士的创新能力逐渐受到关注[⑩],其他关于工科博士的研究涉及导师作用[⑪]、职业选择[⑫]、科研创新能力[⑬],但并未形成一定的规模和体系,还有部分研究以理工科博士为对象而展开。(3)工学博士。关于"工学博士"的研究则起步更晚,2005 年,开始探索工学博士的统筹培养[⑭],随即开始显现对工学博士培养质量的探讨[⑮]、学位论文质量[⑯]、职业去向[⑰]。教育部 2019 年的公开数据显示,我国学术型博士生在校生总数为 42.42 万,其中,普通高校工学博士生 17.40 万,占

① 查尔斯·罗登伯格,章冠芳. 工程博士学位——培养 21 世纪工程师的教育[J]. 高等教育研究,1983(1):106 - 109.
② 顾建民,王沛民. 美国工程博士及其培养的研究[J]. 上海高教研究,1993(4):101 - 104.
③ 仇国芳,张文修. 工程博士专业学位设置初探[J]. 学位与研究生教育,2004(5):36 - 39.
④ 陈伟,裴旭,张淑林. 对我国开展工程博士专业学位研究生教育有关问题的探讨[J]. 中国高教研究,2006(12):27 - 28.
⑤ 张振刚. 开展工程博士专业学位教育的对策研究[J]. 中国高等教育,2007(18):41 - 43.
⑥ 张淑林,彭莉君,古继宝. 工程博士专业学位研究生教育质量保障体系的建构[J]. 研究生教育研究,2012(6):61 - 66.
⑦ 钟尚科. 完善我国工程博士专业学位教育制度与措施之探讨[J]. 高等工程教育研究,2013(4):160 - 165.
⑧ 王亚杰,田华,陈岩. 工程博士中心的定位及影响力——基于英国产业博士中心的分析[J]. 高等工程教育研究,2016(5):10 - 16.
⑨ 吴卓平,孟秀丽,任燕. 四螺旋视域下工程博士培养模式探析[J]. 机械职业教育,2019(10):1 - 3.
⑩ 彭明祥. 工程博士研究生创新能力的培养[J]. 学位与研究生教育,2007(S1):22 - 23.
⑪ 刘建树,丁辛,陆嵘,等. 行业背景工科博士研究生培养中导师作用的发挥——基于纺织学科获选全国优秀博士学位论文的分析[J]. 学位与研究生教育,2011(3):31 - 35.
⑫ 胡德鑫,金蕾莅,林成涛,等. 我国顶尖研究型大学工科博士职业选择多元化及其应对策略——以清华大学为例[J]. 中国高教研究,2017(4):72 - 77.
⑬ 刘宁宁. 不同高校生源博士生科研创新能力差异研究——基于 1 007 名工科博士生的分析[J]. 中国高教研究,2017(11):54 - 59.
⑭ 梅中义,范玉青,燕丽. 工程硕士与工学博士、硕士统筹培养的探索与研究[J]. 学位与研究生教育,2005(9):42 - 45.
⑮ 王耀刚,潘立军. 关于提高工学博士研究生培养质量的探讨——基于工学门类全国优秀博士学位论文产出分析[J]. 高等工程教育研究,2009(6):120 - 123.
⑯ 张小民,刘来君,张嘉琦,等. 基于满意度调查的工学博士学位论文质量影响因素研究[J]. 研究生教育研究,2015(4):49 - 52.
⑰ 金蕾莅,王轶玮,林成涛,等. 工学女博士的学术职业去向和层次——基于清华大学 2005—2014 年博士毕业生的分析[J]. 研究生教育研究,2018(3):1 - 7.

比41%;同年的博士毕业生数约6.26万,其中工学博士约2.29万,占比36.58%,位列各学科第一。然而,以"工学博士"为主体的研究量小力微,专门针对工学博士展开的研究还亟待拓展和深入。[①]

四、对就业多元化背景下博士生培养的研究

(一)关于博士生培养目标及逻辑的研究

培养目标作为人才培养规格和具体要求的规定,是人才观的体现,也是"培养什么样的人"的风向标。博士就业多元化趋势引起学界重新审思博士生培养目标,但博士生培养目标不应该只是简单机械化地从学术性到实用性的平移。

赵世奎、沈文钦等在研究中表示,博士生的培养目标是对博士生培养方向的定位,也是更好地认识整个博士生培养过程的依据,当前,非学术劳动力市场对博士生的需求愈加明显,国家战略需求也指明了博士生培养的重要性,面对这样的形势,坚持博士生培养的学术本位不动摇,同时丰富拓展学位类型,如加大专业博士的队伍,以便更好地适应社会经济发展的需求。[②] 顾剑秀把学术劳动力市场的就业称为"线性的管道",把非学术劳动力市场的就业称为"管道的泄露"。博士生培养应该遵循学术界的规定,还是满足市场的需求? 应该注重博士生的学术能力培养还是兼顾职业发展? 培养目标如何兼顾各个不同利益相关者的需求? 引用吉本斯的知识生产模式转型对高等教育人才培养目标进行了论证。[③] 包水梅研究了学术型博士及其素质结构,通过对博士生培养目标进行历史梳理,强调应该从素质结构上满足"学者"的要求。[④] 坚持培养目标的价值理性还是工作理性,抑或是在两者之间如何保持平衡,需要校准劳动力市场,以实现博士生培养目标与培养质量的调适。

(二)关于博士生教育存在的问题的研究

美国的博士生教育一直受到各国效仿,但是,近年来美国博士生教育质量也

[①]   教育部. 2019 年教育统计数据[EB/OL]. (2020 - 03 - 18)[2020 - 06 - 11]. http://www. moe. gov. cn/s78/A03/moe_560/jytjsj_2019/qg/202006/t20200611_464779. html.
[②]   赵世奎,沈文钦. 博士就业的多元化与我国博士教育目标定位的现实选择[J]. 教育与职业,2010(27):14 - 16.
[③]   顾剑秀,罗英姿. 是"管道的泄露"还是"培养的滞后"——从博士生的职业选择反思我国博士培养变革[J]. 高等教育研究,2013(9):46 - 53.
[④]   包水梅. 学术型博士生培养目标定位及其素质结构研究[J]. 教育科学,2015(4):106.

饱受各界人士的质疑。① 美国各界人士对博士生培养质量的意见引起了讨论和重视,相关部门审思和评价博士生教育质量、教育内容和教育过程。欧洲各界人士对传统的博士生教育及训练产生了疑虑:一是博士学制过长且流失率较高;二是博士生在读期间对就业状况了解不多,获得博士学位也不意味着获得稳定的教职,大量的博士进入博士后这一流动的空间等待更合适的学术界就业机会;三是博士期间的训练过于专注,过于偏重科学研究,而对其他的能力和资格缺乏准备。② 德国有研究者指出过长的修业年限导致博士年龄偏大、弹性不足。③ 也有研究者探究北美的博士生教育,发现经济全球化使得高校的教育本质发生了变化,内外推拉力的综合作用致使博士生培养的目标与方式也在不断变化。④

国外的研究有的选取一个特定角度,有的通过大规模的问卷调查,检视博士生培养过程中的问题,目前国内这方面的研究还有待深化和细化。

（三）关于博士生培养变革举措的研究

美国的研究报告《重塑科学家与工程师的研究生教育指南》指出:"重新思考博士生培养计划主要有两种方式:其一,控制研究生人数,主要根据就业趋势预测和计算,但是这种方法的稳定性和可靠性还有待考究;其二,新设一种新的博士学位,减少学术研究能力的培养,增加其他能力素质的培养,以更好地为非学术界就业做准备。但是,对此,企业雇主们提出了异议,他们表示企业招聘博士就是更为看重和需要他们所具备的研究能力,这是博士的核心特征,对于这种另类创设的学位,他们的需求热情并不高。除了对学位增设的探讨之外,在具体的培养举措方面也进行了相应的探讨,对已毕业博士进行了三次调查研究之后进一步建议:变革博士生培养质量评价标准;拓宽博士生培养维度,丰富博士生就业领域,提供更具有综合特性的博士生教育。针对博士生职业适应性的状况,也采取了另外的措施,实施了诸多项目重新反思博士生教育,以求更好地促进博士

① Altbach, P. G. The United States: Present Realities and Future Trends//Sadlak, J. Doctoral Studies and Qualifications in Europe and the United States: Status and Prospects[M]. Paris: UNESCO, 2004: 259.

② Maresi, N. Mimi H. Forces and forms of Change: Doctoral Education in the Unite States[M]. Washington: CIRGE, 2005: 110.

③ Hochschulrektorenkonferenz. Doctoral Studies resolution of the 19th plenary session of the conference of rectors and presidents of universities and other higher education institution in the federal republic of Germany[C]. Bonn: Hochsc, 1996: 9 - 10.

④ Williams, G. Doctoral Education in Canada, 1900 - 2005[M]. Washington: CIR - GE, 2005: 47.

生就业能力,丰富博士生培养目标和类型。① 21 世纪初,美国国家科学基金会(NSF)专门制定了研究生训练项目,目标是为博士生提供资助,以问题解决和主题研究项目来培养学生,有效组织博士生教育,提供多样化的博士生教育项目,他们期望彻底变革博士生教育,以一种全新的模式去培养博士生,从而更好地适应社会各界的需求。②

欧洲国家强调采用结构化培养方式,注重博士的可迁移能力。21 世纪初,欧洲几所大学的联合调查表明:结构化课程成为众多高校推行的新举措。③ 结构化的课程旨在更好地培养博士生学术能力之外的其他能力素质,从而适应就业多元化需求,尤其是满足产业界的需求。另外,英国创新了一种新型博士学位——"新制博士",这是由传统哲学博士、专业博士以及"1+3"博士培养相结合的学位,不仅强调学生知识的拓宽和加深,还为学生提供多样性技能的培养。④ 并且,进行了以雇主需求为导向的博士生教育改革,与就业相关的可迁移能力训练应该成为博士生培养的一个关键要素,主张高校与多方机构紧密合作培养博士生,鼓励雇主以多种形式参与博士生培养过程。⑤ 整个欧洲在博洛尼亚进程后,20 多个国家先后开展了校企联合培养博士项目,校企共同制定培养计划、共同参与博士生培养。⑥

五、对已有研究的思考

通过梳理已有研究,我们可以发现,关于博士生就业、工学博士生培养、博士生能力素质、就业多元化背景下的博士生培养改革已有一定的研究成果。博士生就业状况引发的一系列问题不仅是国内研究的热点,也是国际上博士教育领域中一个备受关注的议题。但就目前的研究范围和研究深入程度来看,还存在以下几个方面可继续深入和拓展的空间。

(1)研究对象方面。一般是以多所院校博士生群体为对象,或者以某个高

---

① Denise, C. & Tebeje M. Ph. D Crisis Discourse: A Critical Approach to the Framing of the Problem and some Australian "Solutions"[J]. Higher Education, 2015, 69(1): 1 – 38.
② Nerad, M. The Ph. D in the US: Criticisms, Facts, and Remedies[J]. Higher Education Policy, 2004(17): 183 – 199.
③ Trends EUA. A decade of change in European Higher Education[R]. EUA Report. European University Association, 2010.
④ 胡钦晓. 英国新制博士学位的特色与启示[J]. 教育研究,2013(8): 125 – 132.
⑤ 褚艾晶. 以雇主需求为导向的英国博士生教育改革研究[J]. 学位与研究生教育,2013(5): 69 – 73.
⑥ 刘娟. 校企合作:欧洲博士生培养改革的新选择[J]. 大学,2012(1): 59 – 66.

校的部分专业的博士生为研究对象。就业多元化趋势呈现出较大的学科差异，工学博士生在非学术界就职的比例变化趋势最为明显，但是，围绕高校工学博士展开的专门细分研究并不多见。

（2）研究问题方面。已有研究从官方公布的客观数据对博士生的就业特征分析较多，热衷于探讨培养模式、培养质量，而对于就业多元化背景下，博士对岗位的适应性，社会各界对博士的客观需求，尤其是非学术界的需求，还存在很大的研究空白。以产业界及企业雇主为研究范畴，实地调研其需求的研究则并不多见，且劳动力市场的需求与高校博士培养状况的匹配分析方面的研究几乎没有。

（3）研究方法方面。国外的研究对在读博士生的就业期望及已毕业博士的就业体验进行过大规模的调查研究，国内的研究中大多是对就业统计结果的归类及分析，尤其比较欠缺对已经毕业的博士的问卷调查及回溯式评价。此外，关于博士对具体就业场域中工作的特点及其复杂性的诠释与适应，还需要进一步补充质性研究，这部分研究还有待着墨。

（4）研究内容方面。关于建议方面理论探讨与宏观对策较多，针对目前的形势及问题，对博士生培养过程给出现实建议的较少。比如对培养目标适切性的探讨，或者结合博士生培养各个利益相关者（产业界雇主、学校教育管理者、在读博士生、已毕业博士）多方观点，对博士生培养提出实践建议的研究较为欠缺。

第四节 理 论 基 础

工学博士的就业偏好与职业取向受到劳动力市场供求关系的影响，显现出劳动力市场供求的非均衡特征。在培养过程中，涉及多方利益相关主体，又服膺于多重制度逻辑。在探讨工学博士自身能力素质与产业界雇主需求之间的契合与偏差时，又涉及学科核心素养的范畴。本书的理论基础主要是劳动力市场供求非均衡理论、多重制度逻辑理论。

一、劳动力市场供求非均衡理论

"劳动力，即当人们生产某种使用价值时所运用到的体力和智力的综合"，这是马克思在《资本论》第一卷中对劳动力的定义。[①] 目前，学界的研究中，已有研

---

① 弗里德里希·恩格斯，卡尔·马克思. 马克思恩格斯全集（第23卷）[M].北京：人民出版社，1972：190.

究习惯于将劳动力界定为：在法定劳动年龄范围内，具有一定的劳动能力，正在为工作或者找工作做准备，愿意投入到劳动过程的所有人。[1] 劳动力的核心是有生命力的个体，他们通过使用实用性的工具创造具有劳动价值的成果，在此过程中充分运用体力和智力的结合。

劳动力市场作为劳动力交换关系的总和，在市场规律的影响下，合理调控劳动力市场，并优化配置劳动力资源。也可以将其概括为劳动力资源供给和需求交换的场域。其涵盖的范围更广，有广义和狭义之分。广义的劳动力市场，指在经济规律影响下，融合各种劳动力资源的劳动力市场体系，狭义的劳动力市场指某一专门劳动力的供给与需求，在双方自愿的前提下的劳动力使用权转让与购买等一系列活动。[2] 对劳动力市场相关议题的探讨，更多是对劳动力市场内部供求关系的探讨。劳动力供给，是指在经济规律的前提下，主体能够提供的劳动力总量。[3] 劳动力需求，是指在某一时期的工资水平下，劳动力需求者愿意并能够购买到的劳动量。[4] 劳动力供求关系的变化受多方因素的综合影响，也是反映当前社会需求的有力参照。对劳动力市场供求关系的讨论离不开劳动力供求结构。劳动力市场供求结构，也是反映经济规律、经济结构优化以及利益分配的过程。伴随着现代社会经济结构的调整以及由此带来的产业升级、新技术应用等原因，各个行业一直在更新对劳动力的需求。社会和行业对劳动力的要求，已从过去单纯的知识型、技术型转化为知识、能力及素质相互结合的复合型人才，劳动者具备的素质与社会的需求之间存在一定的差异。[5]

现代劳动力市场理论，以新古典学派完全竞争的劳动力市场模型为基础得以建立和发展。新古典学派以英国著名经济学家马歇尔（Marshall）和庇古（Pigou）为主要代表。两位经济学家从市场结构的竞争性特征出发，指出劳动力供给与需求的相互角力会影响就业状况以及收入水平。当供给水平低于或者高于需求状况时，工资水平就会发生波动，从而对整体就业量存在一定的影响。在市场规律的影响下会持续变化，直至达到相对平衡为止。[6] 在这种状况下，均衡这一概念被引入劳动力市场这一范畴，包括静态均衡、动态均衡以及非均衡等方

① 邱红.中国劳动力供求市场变化分析[D].吉林：吉林大学，2011(5)：15.
② 廖泉文.我国劳动力市场的理论与实践[M].济南：山东人民出版社，2000：20.
③ 胡学勤，秦兴方.劳动经济学[M].北京：高等教育出版社，2004：102.
④ 胡学勤，秦兴方.劳动经济学[M].北京：高等教育出版社，2004：128.
⑤ 罗传银.劳动力市场供求结构特征分析[J].研究探索，2012(3)：17－21.
⑥ 李强，林勇.劳动力市场学[M].北京：中国劳动社会保障出版社，2006：246.

面。劳动力均衡问题的研究始于 19 世纪末,与此相对应的是劳动力市场非均衡,主要是两个方面的内容,一方面,劳动力供给与需求不一致;另一方面,在工资水平波动的背景下,劳动力供给与需求相互协调,逐渐从非均衡过渡到均衡。

　　1978 年之后,我国经济结构发生了巨变。我国关于劳动力与劳动力市场问题的研究,也是这一时期后逐渐展开。20 世纪 90 年代初,提出建立社会主义市场机制,重点培育劳动力市场。而后,人们将研究的焦点转移到劳动力市场及劳动力培育等方面。在引进、对比西方劳动力市场理论的同时,注重对我国劳动力市场的分析和研究。进入 21 世纪,伴随着劳动力市场供求关系的新变化,人们开始更深入地研究劳动力市场的供给与需求问题。劳动力市场的非均衡趋势更为凸显,一方面,劳动力需求作为派生需求,除了受工资水平的影响之外,还受产品市场需求的调节;另一方面,劳动力供给除受工资水平的调节作用外,还受个体的主观偏好、经济状况和社会其他因素的影响。可见,劳动力供给与需求总是围绕均衡点来回波动,非均衡状态是劳动力市场的常见状态。[①] 针对本书中的工学博士而言,劳动力市场主要分为学术劳动力市场和非学术劳动力市场,前者是大多数工学博士传统意义上更为偏好的就业领域,但是,随着博士生规模持续扩张,加之学术劳动力市场容量限度,二者之间的对接也出现了非均衡的特征,加上工学博士个体对地域、职业环境以及职业发展空间等其他因素的考量,向非学术劳动力市场溢出的趋势还将持续,这一非均衡的特征或将更为明显。学术劳动力市场的容量限度也存在着非均衡的特征,同时,在产业界就业也显现出与劳动力市场的需求存在能力素质偏差方面的非均衡特征。

二、多重制度逻辑理论

　　制度,是指被确定的规则,其目的在于规范及约束追求福利以及效用最大利益的一系列个体行为。[②] 它的作用在于协调个体、组织及社会的关系,有利于理解个体与组织、社会之间的互动。制度逻辑是制度理论的核心概念,最早显现于 1985 年,由罗伯特·阿尔弗德(Robert R. Alford)和罗杰·费尔南德(Roger Friedland)在其专著《理论的力量:资本主义、国家和民主》中提出,用于阐释西方社会中资本主义、国家官僚主义和民主政治三种制度之间的深层矛盾和相互

---

① 邱红. 中国劳动力供求市场变化分析[D]. 吉林:吉林大学:2011(5):31.
② 道格拉斯·诺思. 经济史中的结构与变迁[M]. 陈郁,罗华平等译. 上海:上海三联书店出版社,1994:225 - 226.

冲突。1991年,罗伯特·R. 阿尔弗德(Robert R. Alford)和罗杰·费尔南德(Roger Friedland)系统地提出了制度逻辑这一概念,用来"解释组织的现状,选择合适的行为,获得成功"的一系列原则,它是用来解释和运用组织情境的指南。① 也有学者将制度逻辑理解为塑造组织场域内个体认知及其行为的一系列规则,是用以描述个体、组织如何成功的准则。② 还有学者从新制度主义的角度,将制度逻辑定义为相关领域中稳定存在的制度安排和行动机制,它们的存在塑造和诱发了相应主体(个人或组织)的行为方式。③ 社会是一个交互系统,受到各种核心秩序的影响,同时,也受到多重制度逻辑的推动和制约,而制度逻辑本身也是复杂的,每一个场域都有自身的行动逻辑,不同的逻辑强调不同的行动取向,它们之间也存在协调和冲突的关系。

早期的制度逻辑研究较为集中在对组织环境中单一制度逻辑的影响,而后,由于单一逻辑难以充分解释组织环境的复杂性和特殊性,学者们慢慢开始注重多元制度逻辑的研究,开始关注不同制度逻辑间的关系及其对各种行为的影响。④ 关于多重制度逻辑具体包括哪些方面,不同的研究者各有所奉。1991年,罗伯特·R. 阿尔弗德和罗杰·费尔南德认为当代西方资本主义国家的核心制度主体包括资本主义市场、官僚政府、民主、核心家庭和宗教。又根据不同的主体,进一步将多重制度逻辑分为市场逻辑、政府逻辑、家族逻辑和宗教逻辑。⑤ 2012年,索托(Thornton)在此基础上将制度逻辑归纳为七个方面:政府、市场、合作、社区、专业、家族和宗教。⑥ 2013年,菲尔克拉夫(Fairclough)将这七种逻辑归纳为市场逻辑和非市场逻辑两种,认为市场逻辑、专业逻辑和合作逻辑都属于市场逻辑,另外四种逻辑则统属于非市场逻辑。需要注意的是,不同的逻辑之间的关系不仅仅表现为矛盾和冲突,还表现为协调与融合,制度逻辑在一定条件

① Friedland, R. & Alford, R. R. Bringing Society back in: Symbols, Practices and Institutional Contradictions[M]. Chicago, IL: University of Chicago Press, 1991: 248 – 253.

② Thornton, P. H. Markets from Culture: Institutional Logics and Organizational Decisions in Higher Education Publishing[M]. Stanford, CA: Stanford University Press, 2004: 120 – 125.

③ 周雪光,艾云. 多重逻辑下的制度变迁:一个分析框架[J]. 中国社会科学,2010(4): 132 – 150.

④ Hoffman, A. J. Institutional Evolution and Change: Environmentalism and the U. S. Chemical Industry[J]. Academy of Management Journal, 1999, 42(4): 351 – 371.

⑤ Friedland, R. & Alford, R. R. Bringing Society back in: Symbols, Practices and Institutional Contradictions[M]. Chicago, IL: University of Chicago Press, 1991: 260 – 263.

⑥ Thornton, P. & Ocasio, W. Institutional Logics [M]. The Sage Handbook of Organizational Institutionalism, London: Sage, 2008: 46.

下可以实现兼容和并存的状态,这使得不同制度逻辑之间的关系更加复杂。①
而且,主导性逻辑的位置也不是一成不变,受外界的影响,处于中心和边缘的逻
辑都可能发生动态变化。②

　　具体到高等教育领域,按照伯顿·克拉克对大学的制度分析"协调三角形"
模型,大学的发展受到三种不同力量的作用:国家权力、学术权力和市场权力,
冲突和协调在三种力量之间并蓄存在。③ 本书按照政府逻辑、市场逻辑以及高
校逻辑分析博士生培养与产业界的需求关系(如图1-3所示)。

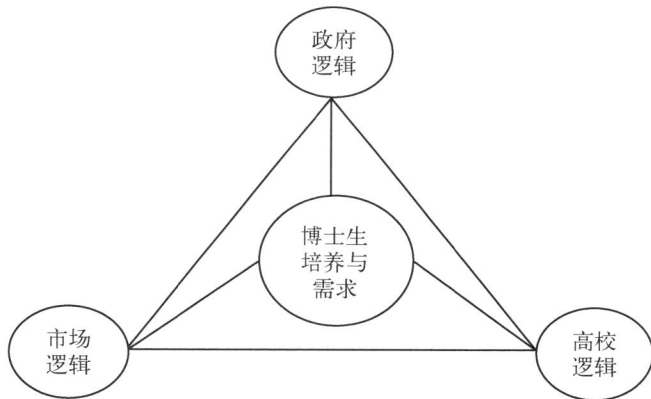

图1-3　博士生培养与需求与多重制度逻辑的关系

　　政府逻辑是部分国家社会发展的主导性逻辑,是一个国家意志的集中体现。
政府和教育主管部门通过行政力量对高校的办学以及招生产生一定程度的影
响。学校的发展理念和运行方式也不可避免地在一定程度上打下了政府制度逻
辑的烙印。④ 改革开放之后,政府对经济及社会某些方面的行政干预逐渐放缓,
学校的自主性一定程度上得以强化。但并不代表政府逻辑的影响力不复存在。
近年来,随着知识经济社会的到来,产业结构升级以及高新技术行业对创新的需
求与日俱增。政府希望学校尽快调整以及完善高校的专业结构及人才培养要

① Reay, T. & Hinings, C. R. Managing the Rivalry of Competing Institutional Logics [J]. Organization Studies,2009,30(6):629-652.
② 毛益民.制度逻辑冲突:场域约束与管理实践[J].广东社会科学,2014(6):211-220.
③ Burton & Clark, R. The Higher Education System[M]. Berkeley:University of California Press, 1983:143-145.
④ 蓝汉林.地方高校转型发展的多重制度逻辑分析——基于浙江G大学的分析[J].高教探索,2017(1):5-10.

求,更好地为各个行业及企业输送对口的人才。

市场逻辑是多重制度逻辑的重要方面。早期的新制度主义理论也将其称为经济逻辑,其典型特征是追求经济利益最大化。在我国转型时期,各企业的市场逻辑的主导下,各个企业重视营利性效益。对人才的需求以及技术的革新都难以脱离产品的营利性需求。这也在一定程度上致使企业的科研创新不能脱离实际的产品而天马行空地展开,通常情况下具有统一的目标及盈利的需求。虽然市场逻辑并不能成为影响高校人才培养的主导性逻辑,但是,其对高校毕业生就业产生了较大的影响,也在无形中对高校进行了渗透。

高校逻辑是高校对内部办学机制及人才培养的根本遵循。我国的大学具有较强的西方"舶来品"属性,西方大学的办学及治学理念及模式皆对我国大学产生了重要影响。在博士人才培养目标的考量中,高校逻辑主张坚持学术逻辑的导向作用,注重培养博士的科研能力的问题意识。高校逻辑理应是高校人才培养的核心逻辑,但是,政府逻辑及市场逻辑对其的冲击及影响,也让高校逻辑可能被弱化。

在多重制度逻辑的互相影响和作用下,单一制度逻辑很难长期有效地主导整个组织场域,权力的冲突、目标的多元致使组织的主导逻辑发生动态变化,政府逻辑的介入、市场逻辑的影响,也可能让高校的办学理念、人才培养目标受到相应的冲击和影响。本书借助多重制度逻辑理论剖析当前博士就业多元化趋势的原因,也为相应的优化策划提供方向。

第五节   研 究 设 计

一、分析框架

本书按照提出问题—分析问题—解决问题的研究路径,综合不同的研究对象,采取有针对性的研究方法逐步展开各部分的研究并深入推进。其主要分析框架如图 1-4 所示。

二、主要内容

结合历史背景,梳理博士从产生至今的职业面向及其嬗变过程,并呈现博士面临的多元职业环境及产业界就业趋势。而后,以高校工学博士能力素质的需

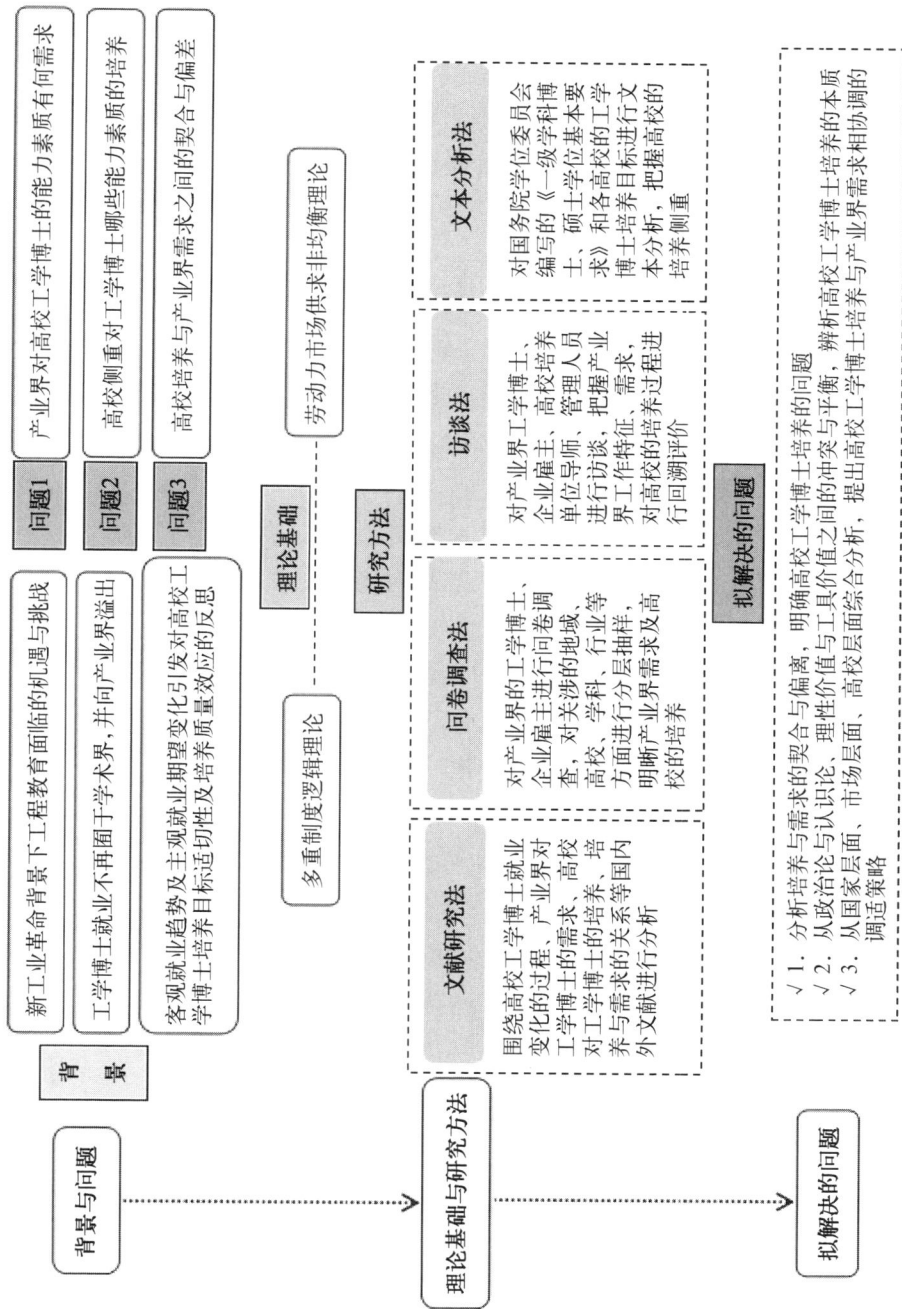

背景
- 新工业革命背景下工程教育面临的机遇与挑战
- 工学博士就业不再囿于学术界,并向产业溢出
- 客观就业趋势及主观就业期望变化引发对高校工学博士培养目标适切性及反应质量效应的反思

问题1 产业界对高校工学博士的能力素质有何需求

问题2 高校侧重对工学博士哪些能力素质的培养

问题3 高校培养与产业界需求之间的契合与偏差

理论基础
- 劳动力市场供求非均衡理论
- 多重制度逻辑理论

研究方法

文献研究法 围绕高校工学博士就业变化的过程、产业界对工学博士的需求、高校对工学博士培养的关系等国内外文献进行分析

问卷调查法 对产业界的工学博士、企业雇主进行问卷调查,对关涉的地域、高校、学科、行业等方面进行分层抽样,明晰产业界需求及高校的培养

访谈法 对产业界工学博士、企业雇主、高校培养单位导师、管理人员进行访谈,把握产业界工作特征、需求,对高校的培养过程进行回溯评价

文本分析法 对国务院学位委员会编写的《一级学科博士、硕士学位基本要求》和各高校进行文学博士培养目标进行文本分析,把握高校的培养侧重

拟解决的问题 明确高校工学博士培养的问题
- √ 1. 分析培养与需求的契合与偏离
- √ 2. 从政治论与认识论、理性价值与工具价值之间的冲突与平衡,辨析高校工学博士培养的本质
- √ 3. 从国家层面、市场层面、高校层面综合分析,提出高校工学博士培养与产业界需求相协调的调适策略

背景与问题

理论基础与研究方法

拟解决的问题

图 1 - 4 分析框架

求与培养为贯穿主线,核心是对高校工学博士培养与产业界需求之间的契合与偏差展开分析,从而提出具体的调适策略。其内容主要包括以下五个方面:

(一)产业界对高校工学博士能力素质的需求

我们通过对产业界就职工学博士、企业雇主的问卷调查及质性访谈,运用混合研究方法对产业界招聘工学博士的动因、产业界的工作内容及特征、工学博士在产业界工作的适应状况进行分析,进一步诠释产业界对工学博士能力素质的需求。

(二)高校对工学博士能力素质的培养

使用文本分析法分析国家对工学博士的培养要求、高校工学博士的培养目标,再结合已毕业工学博士对高校培养的回溯评价,从课程体验、科研项目参与以及导师指导等方面厘清高校在工学博士的培养过程中对各项能力素质的重视程度。

(三)能力素质培养与产业界需求的契合及其特征

分析产业界对工学博士能力素质的需求,对比高校对其能力素质的培养,审视高校的培养与产业界需求之间的契合之处。

(四)能力素质培养与产业界需求的偏差及其成因

在分析了契合之处及其特征的基础上,找寻培养与需求的偏差、成因及其影响因素。探究这一对应过程中产生的突出问题,进一步明晰高校工学能力素质的薄弱与不足之处。

(五)高校工学博士培养的问题及其调适策略

通过能力素质契合与偏差审思我国高校工学博士培养的本意及其价值意蕴,本书分析当前我国高校工学博士培养的问题,在遵循工学博士培养的本质这一前提下,凝练出促进培养与需求相协调的调适策略。

三、研究方法

(一)混合研究法

混合研究法,是指整合定性和定量研究方法,结合定性和定量视角、数据收集方法以及推断技巧综合分析,旨在拓展研究的广度与深度(见图 1-5)。[①] 混

---

① Johnson, R. B., Onwuegbuzie, A. J. & Turner, L. A. Toward a Definition of Mixed Methods Research[J]. Journal of Mixer Methods Research, 2007, 1(2): 112-133.

合研究法不仅仅是一种方法,更被看作一种方法论。本书采用混合研究法,先用定量研究分析产业界工学博士所需的能力素质,再通过定性研究对产业界企业雇主和就职博士进行半结构化访谈,归纳企业招聘工学博士的动因、工学博士在企业工作的内容及特征、能力素质的需求及薄弱之处。

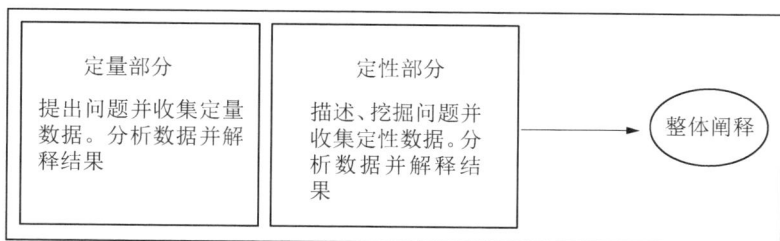

图 1-5 混合研究法的示例

(二)文献研究法

检索和归纳国内外期刊文献,梳理博士生就业多元化现状,并对博士生教育及其职业面向进行历史回溯和现状分析。概括博士生培养的相关问题,搜集、分析博士生培养过程中的问题与举措,了解国内外博士生培养的现实概况以及创新方式。进一步对博士生培养的本质进行历史和哲学辨析,从而对优化工学博士生培养提出对策建议。

(三)问卷调查法

为了更好地了解我国工学博士生能力素质的培养状况以及就职于产业界对工学博士能力素质的需求,本书基于在校工学博士生的培养状况及已毕业工学博士的就职需要编制了两套问卷,分别是在校工学博士生就业偏好调查问卷、产业界就职工学博士能力素质需求及培养状况调查问卷。前者通过调查国内 35所研究生院高校在校工学博士生,了解其入学动机、就业偏好、变化过程及其对学校培养状况的建议与意见。后者对就职于产业界的 368 名工学博士进行小样本调查,考察在产业界就职对工学博士能力素质的需求状况,以及了解其在校期间能力素质培养状况,使用 SPSS22.0 清洗与分析数据。

在校工学博士生就业偏好调查问卷依托中国研究生院院长联席会"中国研究生教育年度报告"课题组。在全国设有研究生院的 35 所高校中开展,涉及 8 个工学专业,共回收工学博士生问卷 1 231 份。其样本特征如表 1-1所示。

表 1-1   在校工学博士生样本的基本特征($N=1\ 231$)

基本信息	类 别	样本量	比例(%)	基本信息	类 别	样本量	比例(%)
性别	男	889	72.2	发表SCI篇数	0	574	46.6
	女	342	27.8		1～2(含2)	501	40.7
婚姻状况	已婚	279	22.8		3～5(含5)	138	11.2
	未婚	952	77.2		6 以上	18	1.4
学科	机械	139	11.3	发表EI篇数	0	824	66.9
	材料	224	18.2		1～2(含2)	340	27.6
	电气	86	7		3～5(含5)	59	4.8
	计算机	105	8.5		6 以上	7	0.7
	控制	81	6.6	科研项目(项)	少	285	23.2
	建筑	71	5.8		适中	846	68.7
	通信	60	4.9		多	100	8.1
	其他	465	37.8	是否重点学科	是	829	67.3
所在年级	博一	431	35		否	402	32.7
	博二	331	26.9	所在实验室	国家重点实验室	437	35.5
	博三	232	18.8		省部级重点实验室	311	25.3
	博四	132	10.7		学校重点实验室	159	12.9
	五年及以上	105	8.5		普通实验室	324	26.3
入学方式	普通招考	500	40.6	导师称号	院士	48	3.9
	硕博连读	496	40.3		长江、千人或杰青等	301	24.5
	本科直博	235	19.1		普通教授/研究员	816	66.3
读博前有无工作经历	有	274	22.3		普通副教授/研究员	66	5.4
	无	957	77.7				

产业界就职工学博士能力素质需求及培养状况调查问卷是本书的主要数据

来源和分析依据,借由对 368 名在产业界就职的工学博士的调查,分析博士能力素质在产业界的需求状况。问卷共分为三个部分:

第一部分:基本信息,包括性别、本硕博毕业学校、学科、入学方式、学术发表、项目参与、实习、出国交流及社会实践状况。

第二部分:单位及岗位信息,包括就职的单位、部门、岗位、行业类别、企业类型、员工级别及年收入。

第三部分:能力素质指标量表,涵盖了科研能力、沟通及交际能力、其他管理能力及个人特质等方面共 30 项指标,分别考察在工作中各项能力素质的需求程度及在学校培养中各项能力素质的培养状况。

本书的调查对象是毕业后进入企业就职的工学博士,因而在问卷发放方面存在很大的难度,难以获得大范围的样本信息。借助以往在高校的工作经历,笔者联系了部分国内"双一流"高校及非"双一流"高校的研究生院工作人员、研究生辅导员、校友会联络人对接联系在产业界就职的工学博士进行方便抽样调查,37 所高校的工学博士参与了调查,最终回收问卷 382 份,剔除无效问卷后,剩余 368 份,问卷有效率为 96.33%。工学博士样本就读的高校信息如表 1-2 所示。

表 1-2   **工学博士样本就读的高校**

高 校 名 称	高校数量	回收有效问卷数量
北京大学、北京航空航天大学、电子科技大学、东北大学、东南大学、复旦大学、哈尔滨工业大学、华东师范大学、华南理工大学、华中科技大学、吉林大学、清华大学、兰州大学、南京大学、山东大学、南开大学、上海交通大学、四川大学、天津大学、同济大学、西安交通大学、西北工业大学、浙江大学、中科院大学、重庆大学	25	331
北京化工大学、北京科技大学、北京理工大学、北京邮电大学、合肥工业大学、华东理工大学、南京航空航天大学、南京农业大学、南京理工大学、燕山大学、西南交通大学、中国人民解放军航天工程大学	12	37

发放问卷的过程按照随机抽样及方便抽样的原则,接近 90% 的工学博士毕业于 25 所"双一流"高校,另外 10% 左右的工学博士毕业于 12 所非"双一流"高校。关于工学博士群体在校的学科、导师、学术发表及项目参与情况,其样本特征如表 1-3 所示。

表 1-3   **企业就职工学博士样本的基本特征**

特征	类 别	样本量	占比(%)	特征	类 别	样本量	占比(%)
性别	男	321	87.2	发表论文(SCI)	0 篇	34	9.2
	女	47	12.8		1~2 篇	178	48.4
学校类型	"双一流"高校	331	89.9		3~4 篇	126	34.3
	非"双一流"高校	37	10.1		5 篇及以上	30	8.2
学科大类	机械	73	19.8	发表论文(EI)	0 篇	89	24.2
	电气	39	10.6		1~2 篇	179	48.7
	计算机	48	13		3~4 篇	70	19
	控制	40	10.9		5 篇及以上	30	8.2
	土木	41	11.1	参与项目	0 项	6	1.6
	信通	38	10.3		1~2 项	103	28
	其他	89	24.2		3~4 项	168	45.6
入学方式	普通招考	116	31.5		5 项及以上	91	24.7
	硕博连读	150	40.8	企业实习	0 次	194	52.7
	本科直博	102	27.7		1~2 次	152	41.3
导师学术称号	院士	21	5.7		3 次以上	22	6
	长江、千人、杰青	64	17.4	出国学习交流	0 次	171	46.5
	普通教授或研究员	266	72.3		1~2 次	172	46.8
	普通副教授或副研究员	13	3.5		3 次以上	25	6.8
	其他	4	1.1	参加社会实践	0 次	213	57.9
					1~2 次	133	36.2
					3 次以上	22	5.9

（四）访谈法

为全面了解产业界对工学博士能力素质的需求及高校对工学博士生的培

养,本书编制了两套访谈提纲,分别是产业界就职工学博士能力素质需求及培养的访谈提纲(博士版)、产业界对工学博士能力素质需求的访谈提纲(企业雇主版),采用半结构化访谈法访谈企业雇主、企业就职工学博士、在校工学博士生。访谈对象的选取兼顾了"双一流"高校及非"双一流"高校,与调查问卷中涉及的学科尽量保持一致性。主要选择北京、上海、深圳、杭州、南京、沈阳等城市,企业的性质兼顾了央企、国企、民企及"三资"企业等。将访谈对象按照"学科(Engineer)—所在/所偏好的单位(University/Research Institution/Company/Government)—编号(1—N)"归类梳理。使用 Nvivo12.0 对访谈资料进行了编码及分析。

1. 工学博士个体的样本特征

逐一对访谈文本的解读及整理,剔除了 4 份无效样本,最终选取了 50 位访谈对象的资料深度分析,工学博士个体部分的访谈资料共计 413 178 字。每位访谈对象的访谈时间在 40～70 分钟之间不等,访谈对象所在的行业、公司、岗位、毕业年限及工作种类等基本信息如表 1-4 所示。

表 1-4　　　　　　　　　　　　　访谈对象样本特征

行业	序号	编号	性别	学科	公司	岗位	毕业年份	种类
信息传输、软件和信息技术服务业	1	Internet1	男	计算机	通信科技公司	云计算架构师	2015	1
	2	Internet2	男	控制	通信科技公司	算法工程师	2016	1
	3	Internet3	男	材料学	通信科技公司	研发工程师	2016	1
	4	Internet4	男	控制	通信科技公司	预研工程师	2016	1
	5	Internet5	男	信通	芯片设计公司	项目经理	2014	4
	6	Internet6	男	信通	通信科技公司	光器件工程师	2014	1
	7	Internet7	男	信通	通信科技公司	算法工程师	2015	1
	8	Internet8	男	计算机	通信科技公司	工程师	2014	1
	9	Internet9	男	计算机	跨国科技公司	研究人员	2015	1
	10	Internet10	男	信通	国际集成电路制造有限公司	5G 咨询总监	2016	4

行业	序号	编号	性别	学科	公司	岗位	毕业年份	种类
信息传输、软件和信息技术服务业	11	Internet11	男	计算机	计算机系统有限公司	人工智能算法研究员	2016	1
	12	Internet12	女	控制	物联网技术公司	算法工程师	2017	1
	13	Internet13	男	电气	信息技术有限公司	运营总监	2017	4
	14	Internet14	男	信通	电子科技有限公司	研发经理	2013	1
	15	Internet15	男	材料	电子有限公司	质量管理经理	2004	3
	16	Internet16	男	信通	科技有限公司	总经理兼研发总监	2014	1/3
制造业—机械制造	17	Machine1	男	机械	钢铁联合企业	新产品研发工程师	2006	1
	18	Machine2	男	材料学	钢铁联合企业	新产品研发工程师	2003	1
	19	Machine3	女	材料学	钢铁联合企业	产品研发工程师	2004	1
	20	Machine4	男	材料学	钢铁联合企业	首席工程师	2007	1
	21	Machine5	男	机械	钢铁联合企业	首席工程师	2000	1
	22	Machine6	男	控制	自动化与信息化技术公司	研发工程师	2013	1
	23	Machine7	男	机械	重大技术装备制造公司	新产品研发主管	2014	1
	24	Machine8	男	控制	全球多元化制造企业	高级研发工程师	2016	1
制造业—汽车制造	25	Auto1	男	机械	汽车上市公司	动力系统研发工程师	2017	1
	26	Auto2	男	材料学	汽车上市公司	测试工程师	2017	2
	27	Auto3	女	信通	汽车系统股份有限公司	算法主管	2008	1

续 表

行业	序号	编号	性别	学科	公司	岗 位	毕业年份	种类
制造业—化学制品制造业	28	Chemicals1	男	化工	化学品定制加工企业	副总裁	2007	3
	29	Chemicals2	男	化工	化学品定制加工企业	研发总监	2007	1
	30	Chemicals3	男	化工	化学品定制加工企业	研发主管	2005	1
	31	Chemicals4	男	化工	化学品定制加工企业	研发主管	2006	1
	32	Chemicals5	男	化工	化学品定制加工企业	研发主管	2008	1
	33	Chemicals6	男	化工	新材料有限公司	研发工程师	2012	1
	34	Chemicals7	女	化工	特种化工产品有限公司	技术市场分析	2016	4
制造业—航空航天制造业	35	Chemicals8	男	航空航天	航空航天集团	科研人员	2015	2
金融业	36	Finance1	男	计算机	综合金融服务集团	业务分析岗	2014	2
	37	Finance2	男	计算机	市场清算公司	总经理	2008	3
	38	Finance3	男	计算机	市场清算公司	技术开发岗	2015	2
	39	Finance4	男	控制	商业银行	新功能开发	2014	2
	40	Finance5	男	计算机	资产管理公司	总经理	2016	3
	41	Finance6	女	控制	金融科技公司	数据挖掘工程师	2016	1
	42	Finance7	男	材料学	基业股份公司	部门经理	2015	3
	43	Finance8	男	控制	商业银行	技术开发岗	2014	2
	44	Finance9	男	计算机	基金公司	创业合伙人	2013	3

续　表

行业	序号	编号	性别	学科	公司	岗位	毕业年份	种类
电力、热力生产和供应业	45	Electric1	男	控制	风电公司	综合评估与大数据分析	2015	4
	46	Electric2	男	材料学	电力研究院	材料技术员	2015	2
	47	Electric3	男	控制	跟踪系统技术公司	自动控制研发工程师	2013	1
建筑业	48	Architecture1	男	土木工程	建筑设计研究院	总工程师	2008	3
	49	Architecture2	男	土木工程	清洁能源股份有限公司	科研人员	2017	2
	50	Architecture3	男	土木工程	综合性装备工业集团	研发工程师	2016	1

注:"种类"中的 1、2、3、4 分别对应技术类(研发)、技术类(业务)、非技术类(管理决策)、非技术类(产品市场运营)。

按照《中华人民共和国国家标准—国民经济行业分类》,将 50 位访谈对象所在行业分类。访谈对象所在公司属于"信息传输、软件和信息技术服务业"工学博士 16 位,"制造业"工学博士 19 位(其中,"机械制造业"8 位,"化工制品制造业"7 位,"汽车制造"3 位,"航空航天制造"1 位),"金融业"9 位,"电力、热力生产和供应业"3 位,"建筑业"3 位。工学博士在校期间所在学科涉及机械、计算机、信息通信、控制工程、材料学、化工、土木工程、航空航天。并且,绝大多数访谈对象的博士就读高校为"双一流"高校。此外,将近六成的工学博士已毕业年限为 5 年之内,其余四成在 5 年及以上。

将各位访谈对象的工作种类划分为技术类与非技术类两个大类,再将其中的每个方向进行类别细分,企业技术类包括研发类和业务类,企业非技术类包括管理决策类以及产品策划、市场推广和运营维护。主要分类如图 1-6 所示。

2. 企业雇主的样本特征

遵循目的性抽样原则,采用"滚雪球"的方式,邀请 24 位企业雇主一对一半结构化访谈。他们分别来自央企、国企、民企及外企等,涉及的职位包括研发总监、部门经理、企业人事、首席运营官以及车间书记等。访谈形式包括面对面访

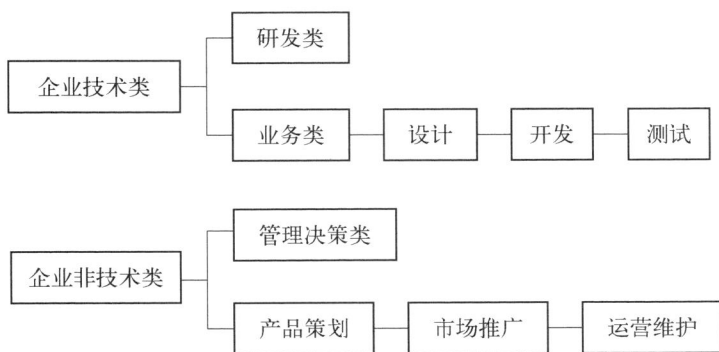

图 1-6 访谈对象工作种类划分

谈和电话访谈,每位受访者的访谈时间约 45~80 分钟,在征求访谈对象同意的基础上录音,并使用讯飞语记转录,清洗数据后形成文本约 19 万字。使用 Nvivo12.0 对访谈资料中的能力素质需求进行初始概念—概念范畴—核心类属三级编码,统计核心类属与概念范畴的出现频次。最后,根据访谈资料,结合已有研究发现,探寻产业界招聘工学博士的动因,呈现产业界对工学博士能力素质的需求,廓清工学博士能力素质薄弱与不足之处,进而明晰产业界需要什么样的工学博士。企业雇主的样本特征如表 1-5 所示。

表 1-5　　　　　　　　　　企业雇主的样本特征

序号	编　号	公　司	职　务	公司性质
1	Electric-employer1	电力机械制造集团	人事部部长	央企
2	Electric-employer2	电力投资集团	人力资源总监	央企
3	Steel-employer3	钢铁联合企业	车间书记	国企
4	Auto-employer4	汽车工业集团有限公司	人事部部长	国企
5	Nuclear-employer5	核电工程高新技术企业	高级工程师	国企
6	Finance-employer6	金融市场清算公司	部门经理	国企
7	Auto-employer7	汽车生产企业	部门主管	中外合资企业
8	Auto-employer8	汽车系统股份有限公司	人事部部长	民企

序号	编　号	公　司	职　务	公司性质
9	Auto-employer9	汽车制造有限公司	人力资源总监	民企
10	Auto-employer10	汽车制造集团	校园招聘及雇主品牌中心总监	民企
11	Internet-employer11	通信科技公司	人事部部长	民企
12	Technology-employer12	新能源科技有限公司	人事部部长	民企
13	Technology-employer13	科技股份有限公司	副总经理	民企
14	Technology-employer14	人工智能科技有限公司	首席运营官	民企
15	Technology-employer15	电子科技公司	总经理/研发总监	民企
16	Chemicals-employer16	化学品定制加工企业	副总裁	民企
17	Technology-employer17	网络技术有限公司	人事总监	外企
18	Finance-employer18	商业银行	人事专员	央企
19	Technology-employer19	新能源科技公司	合伙人	民企
20	Technology-employer20	数字技术股份有限公司	人事专员	民企
21	Information-employer21	信息技术有限公司	人事主管	民企
22	Systems-employer22	系统技术有限公司	人事专员	民企
23	AI-employer23	人工智能实验室	技术主管	民企
24	Internet-employer24	通信科技公司	研发主管	民企

（五）文本分析法

文本分析法是指按照研究的需要,对某一主题相关的文本及资料进行比较、梳理、分析与归纳,从中提炼出关键性的信息以及评述性的观点。它隶属定性分析,通过诊释文本中字、词、句以及符号,从而对事实资料做出评述性说明。这是一种根据文本的实际情况解析的过程,没有固定的流程和步骤,一般表现为文本查阅、鉴别评价、归类整理。[①] 关涉的文本一般是指国家层面官方颁布的法律法

---

① 陈振明.政策科学[M].北京:中国人民大学出版社,2003:167-174.

规、规章制度,大多是以文件或者法案的形式公布,结合不同的理论视角、学科背景以及研究主题的需要分析法律法规、规章制度。[①] 要求研究者结合文本与相应的政策、历史、文化背景"对话",一般既可以包括定量的分析,也可以包含对一些话语的定性分析。[②] 2013 年,国务院学位委员会组织编写了《一级学科博士、硕士学位基本要求》,本书以我国博士生培养要求及各校的培养目标等相关材料为文本,分析文本中对我国博士生培养过程中对人才培养定位及能力素质的要求。

（六）内容分析法

内容分析法最早显现于传播学领域,而后被延伸至社会科学等领域。它是对传播符号的考察,并运用有效的测量规则对符号进行赋值,随后对其中涉及的关系使用统计方法分析。[③] 在探讨高校对博士生的培养过程中,选取 36 所"双一流"(A 类)高校的博士生培养目标为分析对象。通过登录各个高校的官方网站进行搜索,由于部分高校没有设置总体的博士生培养目标,而是按照不同学科规定;也有部分高校没有公开博士生总体培养目标;部分军校的培养目标较为特殊化;排除以上三种情况后共选取 27 所高校的博士生培养目标为研究样本。而后,对培养目标进行内容分析,按照语义分解的方法先将培养目标进行内容拆分,然后对每个语义进行要素提取以及能力素质归类。本书通过对培养目标的内容分析,以期分析高校工学博士生的培养现状,尤其是廓清能力素质的重视程度及培养状况。

---

① 涂端午.中国高等教育政策制定的宏观图景[J].北京大学教育评论,2007(4):53-65,185.
② 涂端午.教育政策文本分析及其应用[J].复旦教育论坛,2009(7):24-27.
③ 丹尼尔·里夫,斯蒂文·赖斯,弗雷德里克·G.菲克.内容分析法:媒介信息量化研究技巧[M].第2版.嵇美云译.北京:清华大学出版社,2010:25.

第二章
博士生教育及其职业面向的历史溯源

博士生培养质量作为一个历久弥新的话题,始终是研究生教育中值得关切的重要问题。对博士生培养质量的相关问题展开分析,首要任务是梳理博士生教育的发展及演变历史。本章从历史的视角梳理博士生教育的概貌、特征及其职业关联,把握二者的对应关系及嬗变过程,有利于更加清晰地认识博士生教育的本质及人才培养的目标定位。本章将叙述博士生教育的起源及其特征,以对博士生教育的概貌形成一定的认识;分析博士生教育与职业关联的历史变迁,主要围绕国外博士生教育与职业关联的历史变迁分析;最后分析 1982 年以来国内的博士生教育与职业的关联,以期为之后的分析提供一定的历史依据及现实查考。

第一节　博士生教育的概貌及特征

博士(doctor)在牛津英语词典(OED)中被定义为:(1)教师、辅导员、讲授某领域的知识或传授观点的人。(2)因精通某领域的知识而足以胜任讲授该知识的人,抑或是其成就具备资格表达权威观点、学问突出的人。起初,"博士"仅仅是一种称谓,而后硕士和博士开始成为两个不同的等级,国外的博士生教育最早发轫于中世纪法国的巴黎大学,现代大学里的博士生教育则是起源于德国的柏林大学。随后,美洲及亚洲的众多国家观瞻学习,依样实践,并不断衍生、发展出具有本国特色的博士生教育。

一、博士的起源与释义

"博士"这一语词是从拉丁文"doctus"引申而来。博士的头衔最初显现于 12

世纪初期。① 在此之前,它并不是一个正式的头衔,仅为一种特定的称谓。硕士、博士并无高低之分。博士学位的授予仪式,需要遵循特定的专门流程仪式:一般在教堂举行,包括一系列庄严的形式,需要佩戴四角帽、手套以及携带书籍作为一定的象征,博士学位多用在神学、医学等学科,但这只是一种习惯而已,在授予毕业生称号的种类上还有更多的变化。在当时博士学位可以给申请者带来很大的声誉,与此同时,申请博士学位也需要很高的代价,并不是一定意味着智力的增长,仅仅对于希望留在大学任教的人而言,是一种必备条件。②

　　硕士和博士具有一定的区别。当时大学的文科毕业生,通过特定考试且同时具备担任教师的品德修养,可以授予其硕士称谓;只有在另外几个诸如神学、法学、医学等学科,毕业生具备一定资格方能授予其博士称谓。文科在当时作为基础学科,是修读其他神学、法学、医学等学科的前设和基础。随着这种趋势的显现,硕士和博士逐渐变成两个具有区分度的称谓。直至 15 世纪,博士成为高级教师的一种特定称谓和头衔。③ 第一个博士学位诞生于巴黎,随后,文学、法学、神学的博士学位逐渐在欧洲各个大学授予。

　　德国柏林大学历来将科学研究作为大学的重要职能之一。当时大学的目标是培养科学研究人才。柏林大学作为科学研究的发源地,率先创立了哲学博士学位,这也是当时现代博士生教育的起源。哲学的地位迅速上升,渐而取代了当时神学在大学里的地位。这一举措在现代大学史上具有里程碑式的意义。至此,博士不再只是一种称谓,已然成为一种正式的学位。

　　相较于欧洲国家,亚洲的博士学位出现稍晚,日本明治政府在构建教育体系的同时也建立了专门培养高级人才的博士生教育制度,但是,其博士生教育的内涵和目的与现代大相径庭。1886 年,明治政府颁布了《帝国大学令》,以立法的形式规范了日本的高等教育体系,学位之设"学士"和"博士"两级。④ 博士并非学术成就的标志,确立一种权威体系才是日本学位制度的真正目的。可见,当时,在日本博士学位并不完全是一种学术水平的象征。

　　我国"博士"称号的出现可以追溯到古代。据《现代汉语词典》记载,"博士"最初出现在我国古代战国时期,是一种古代学官名,之后有的也将其称为师傅,各个

---

① 正如 C. Renardy 所注意到的那样,见 Le Monde des maitres universitaires du diocese de Liege 1140－1350[R]. Recherches sur sa composition et ses activites (Paris, 1979), especially 79－144.
② 希尔德·德·里德-西蒙斯. 欧洲大学史(第一卷):中世纪大学[M]. 保定:河北大学出版社,2008:25.
③ 孙益. 欧洲中世纪大学的学位[J]. 清华大学教育研究,2003(12):74.
④ 李颖. 日本书生教育发展浅析[J]. 世界教育信息,2007(8):66－68.

行业都有博士的称谓,例如茶博士、酒博士,当时这只是特定行业里对从业者的一种称谓。随着近代大学的建立,"博士"才作为最高一级的学位得以存续。

由此可见,"博士"一词起初并不是象征着一种学位,且不同国家对其指向也不尽相同,随着高校、学科的发展及边界的扩大,"博士"逐渐显现出和"硕士"的差别,逐渐作为一种学位得以确立并发展。上述阐释只是简单地勾勒了博士的起源及释义,下文将对其本质、特征及不同阶段的人才培养定位进行细分及描述。

二、博士生教育的本质与特征

(一)博士生教育的本质

博士生教育的本质直接指引博士教育的目的、方向、要求及质量。它是博士教育的逻辑起点及意义旨归,关乎博士生教育的定位及功能。

广义层面,博士生教育的本质是培养能够委以重任的人,他们具备独立的人格、好学的品质、坚韧的性情以及探究的精神。他们首先是学者,在最全面的意义上,他们理解知识、保存知识、创造性地生产知识。[①] 博士生教育的目的是培养具备专业基础理论及知识储备的人才。博士学位大多面向需要高深学问及精深技术的职业,而对于工作的场域并没有明确的界定及限制,只是由于历史的原因,在相当长的一段时间里,主要面向科学研究的工作。进入工作场域后,他们的职责发生了转变,负责对所在领域的知识生产、运用和转化。

狭义层面,博士学位在学科领域内代表三方面高水平成就的标志:知识生产、保存与转化。博士学位获得者应该具备以下能力:生产新知识、维护知识并应对相应的责问和批评,保存过去及现在研究中的重要观点和发现,阐释已然形成并留存下来的知识,并将其与其他领域的知识联系起来进行知识转化,知识的产生意味着其获得者具备提出有趣而重要的问题,为调查问题制定适当策略,有效地开展调查,分析评价调查结果以及和他人讨论调查结果并推进所在领域发展的能力。知识的保存并不仅仅是对过去观点的存储,而是意味着明白自己是站在哪位前人的肩膀上,并且能够判断哪些观点值得保存与延续,在知识的宽度和深度之间保持平衡。知识的转换意味着,博士必须具备理解其他学科,了解不

---

① 克里斯·戈尔德,乔治·沃克. 重塑博士生教育的未来——卡内基博士生调查文集[M]. 刘俭译. 上海:上海交通大学出版社,2015:3.

同学科观点差异,以及超越传统界线评价与交流的能力。① 从根本上说,博士学位是一个研究型学位,证明自身具备为研究做出特别贡献并按照相应标准开展研究和其他学术活动的能力是博士生的终极目标。所以,博士生教育的本质应该是帮助博士生形成某种"思维习惯",并获得相应的技能,成为特定领域的专家。

（二）博士生教育的特征

博士生教育在培养目标的导向与指引下,涵盖诸多培养环节和内容,其外在形式及内在特征因各国政治、经济、文化环境的影响,表现出较大的差异,但总体来看,有几个方面遵循着共同特征。国外部分高校根据人才培养的内在机理以及外在社会的需求,适时调整博士生培养目标、内容及过程,更好地保障其实施,具体表现的特征如下②：培养目标并非一成不变,而是随着各个时期不同的社会需求而持续变化;培养过程存在多个环节对博士生进行考核及动态评价;培养内容包括基础理论知识和独立进行科学研究的能力。

第二节　国外博士生教育及其职业关联的历史变迁

学位制度随着大学应运而生,是中世纪留给历史的馈赠。教育从一开始就介于无拘无束地寻求真理及获得实际技能的需要之间推拉力量的影响。研究高深学问与获得职业发展的能力素质之间如何协调共生,一直是高等教育关注的议题。国外博士生教育经历了价值理性与工具理性之间的冲突与协调,博士与职业的关联也在悄然变化,这种变化也反向对博士生教育的目标定位及人才培养模式产生了影响。

一、13 世纪初至 18 世纪末：博士学位是加入教师行会的资格证书

行会(guild)是中世纪城市中的商人和手工业者为了在物质和精神上能够互相帮助而结成的个人之间的自由联盟。③ 行业组织不仅仅是自由联盟,同时

---

① 克里斯·戈尔德,乔治·沃克.重塑博士生教育的未来——卡内基博士生调查文集[M].刘俊译.上海：上海交通大学出版社,2015：3.
② 刘献君.发达国家博士生教育中的创新人才培养[M].武汉：华中科技大学出版社,2010：6-13.
③ 又称基尔特,其拉丁文是 Universitas,英文的 University(大学)也源于此。有关中世纪行会的具体情况可以参阅金志霖.英国行会史[M].上海：上海社会科学院出版社,1996：5.

也对教育领域产生着重要作用。在当时封建残余势力的影响下,行会也是一种自由的组织形式并具备一定的自主权。大学的学者看到这种组织方式的优势,开始建立所在领域的行会形式。① 1215 年,建立"巴黎教师与学生行会"。当时大学学位是进入教师行业的凭证,是可以从教的许可证书。表示一个人的知识结构、能力素质达到相应的评价标准,方能具备相应的从业资格。那个阶段的博士学位不是具备科学研究能力的凭证,而是能够担任教师的一种资格,现代意义上的博士生教育才赋予了其科学研究和实践创造的本意。② 而后,随着大学对各种学位制度的进一步梳理和规范,博士学位成为一种可以留校任教的资格凭证,犹如行业组织里的"师傅"。③ 起初博士学位只存在于教师和学生组织内部,随着越来越多外界人士的加入,博士学位被赋予学术身份,也是社会地位的象征。

英国高校博士的宗旨与法国的巴黎大学类似,对学生的学科专门知识、辩论讲演技术、拉丁文以及阅读能力都有相应的要求和训练。当时是沿袭行会里"师傅"的培养方式得以建立。④ 不难发现,这一阶段的博士学位并不是严格意义上学术准备的象征,而是进入一个教师组织的执教资格。随后,博士学位逐渐与科学研究形成了密切联系,展现出新的价值意蕴。

二、19 世纪初至 19 世纪末:博士生教育是培养科学研究的接班人

随着现代博士生教育制度的建立,博士逐渐从一种"称谓"过渡到一种"头衔"。⑤ 而后,发展成为一种学位。⑥ 与传统博士不同的是,现代大学博士教育是一种职业资格的教育,其学位旨在培养"科学研究的接班人",是进入学术职业的主要资格。在当时德国的大学里,大多数博士以科研助手的身份跟随导师从事科学研究,完成一定任务,取得相应创新性的研究成果后,方可申请博士学位。⑦ 在当时的教育标准下,最为看重的是博士独立研究的能力,具备此项

---

① 原是罗马法中的一个词,意为组合共同体、协会、行会,后来专指教师和学生的行会。
② Rudy,W. The Universities of Europe,1100-1914:a history[M]. Highland:Associated University Press,1984:17.
③ 孙益. 欧洲中世纪大学的学位[J]. 清华大学教育研究,2003(12):74.
④ 陈学飞. 传统与创新:法、英、德、美博士生培养模式演变趋势的探讨[J]. 清华大学教育研究,2000(4):9-20.
⑤ 庞青山,谢安邦. 德美两国研究生教育发展道路比较研究[J]. 比较教育研究,2002(10):18-22.
⑥ 杨少琳. 中世纪大学学位制度形成的历史渊源[J]. 黑龙江高教研究,2010(12):6-9.
⑦ 陈学飞. 传统与创新:法、英、德、美博士生培养模式演变趋势的探讨[J]. 清华大学教育研究,2000(4):9-20.

能力才能胜任科学研究的工作。① 这一阶段的博士生教育,注重对博士生科学研究方法和技能的训练,强调对知识的掌握和创获,使其具备成为科学研究人员的条件。② 当时,在德国洪堡大学理念的影响下,大多数学者更为注重知识的传授,尤其是"纯粹知识的获取"。当时的大学对人才培养"重基础研究,轻应用研究,重人文情操,轻职业技能",博士生教育旨在培养纯粹的学者,主要为学术界培养后备人才。③

19 世纪中后期,德国发展了研讨班和研究所。1882 年到 1907 年,共有 9 所大学建立了研究所、研讨班、实验室等,分设哲学、医学、法学、神学等领域。当时学习的主要场域和重要方式是研讨班和实验室,学生在这里进行专门的科学研究训练。④ 同时,德国洪堡大学的理念颇为强调个人的内在品质,只有当一个人是好公民的前提下,他才可能成为各个行业优秀的从业者。不太主张学校的培养宗旨受国家和社会的影响,反对工具理性的价值取向。认为培养科研人才是当时大学最为可取的基本方向。⑤

综上所述,当时的博士生教育注重"专门知识",并且强调独立钻研、潜心学术。这一时期的博士生教育并不认为这一阶段主要进行学术训练,他们认为博士本来就是在从事科学研究,博士生是具备一定基础的科研工作者,而不是训练生。⑥ 这一传统因受到一定的质疑和挑战而悄然转变,而后,博士生教育更加强调是一种严格、规范的学术训练。

三、19 世纪末至 20 世纪末:博士生教育是培养创造性的学术人才

美、英、法等国学习效仿德国的博士生培养模式并引入本国实践。1860 年,美国耶鲁大学设立博士学位,美国本土实用主义哲学的兴起和 1862 年《莫里尔法案》的颁布为研究生培养目标的分化提供了思想基础和前提条件。⑦ 各州都获得了可以办大学的土地,建立了赠地学院,随后,公立大学快速增长并成为博

---

① 李其龙.德国博士研究生制度的特色[J].外国教育资料,1999(1):20-23.
② 伯顿·克拉克.研究生教育的科学研究基础[M].王承绪译.杭州:浙江教育出版社,2001:117.
③ 周洪宇.学位与研究生教育史[M].北京:高等教育出版社,2004(1):34.
④ 伯顿·克拉克.探究的场所——现代大学的科研和研究生教育[M].王承绪译.杭州:浙江教育出版社,2001:27-33.
⑤ 姜爱红.德国高等教育学位制度历史演变探析[J].学位与研究生教育,2015(12):68-72.
⑥ 费希特.论学者的使命 人的使命[M].梁志学,沈真译.北京:商务印书馆,1984:15.
⑦ 张继蓉,李素琴.研究生培养目标的历史嬗变与现阶段我国研究生培养目标的定位[J].学位与研究生教育,2006(11):18-21.

士学位授权单位。1876 年,美国约翰霍布金斯大学创立第一个研究生院,着重培养博士生,预示着当时的博士生教育和学位制度进入规范化阶段。而后,在实用主义价值观的影响下,美国大学强调知识的应用性及实践性,这一时期的大学对科学研究和人才培养都更为强调实用主义价值取向。[1] 此后,美国的博士生教育培养模式及理念被其他各个国家模仿与借鉴。

19 世纪 70 年代,英国主张建立科学博士学位,该学位强调学生的科学创新能力,而不仅仅是学业成绩。随后,各个大学竞相设立科学博士学位,以完成具有创新性的学术论文并申请博士学位,而不是依据各种考试成绩。19 世纪 90 年代末,法国颁布《高等教育法》,强调各个大学着重推进科学研究,并在各个不同的学科中规定了科学研究的内容以及学术论文的要求和质量。[2]

除了规范相应的科学博士学位之外,一些专门高校的建立也为博士学位的丰富和拓展带来了新契机。19 世纪 80 年代,诸多新学科开始出现,科学技术获得了迅猛发展,不同行业纷纷建立专业高校。19 世纪 90 年代,普鲁士国王批准科技类高校有权授予工学硕士学位(Diplom-Ingenieur),也可以通过后续的一系列考核,授予工学博士学位(Doktor-Ingenieur)。[3] 德国部分学校于 20 世纪初期获得博士学位授予权,可授予工程学博士学位。

这一时期美国的博士生教育规模迅猛扩张,以致在 19 世纪末至 20 世纪初,美国博士生教育逐渐出现质量问题,博士生培养过剩、培养范围狭窄、重研究能力轻教学能力培养、学术指导与就业辅导不足等问题逐渐显现。之后,美国博士生教育开始致力于规范化调整,成立了大学联合会,确立了美国博士生教育模式,美国博士生教育规模得以控制,形式逐渐趋于多样化。经过 20 世纪中期的大发展之后,美国博士生教育的质量问题开始显现,调整内部结构、提高博士培养质量成为下一个阶段的主要任务。20 世纪 60 年代,美国在国家层面和学校层面对跨学科研究十分重视,培养跨学科人才成为美国研究生教育发展的主要方向和基本标准。[4] 20 世纪 80 年代,美国研究生院理事会对博士生学位做出郑重声明:"博士生教育旨在培养具有科学研究兴趣和能力的创造者,他们一生以知识探究、知识生产为志趣。毕业后他们可以进入学术界从事科学研究工作,开

① 包水梅. 学术性博士生培养目标定位及其素质结构研究[J]. 教育科学,2015(4):71 - 78.
② 陈学飞. 传统与创新:法、英、德、美博士生培养模式演变趋势的探讨[J]. 清华大学教育研究,2000(4):9 - 20.
③ 姜爱红. 德国高等教育学位制度历史演变探析[J]. 学位与研究生教育,2015(12):68 - 72.
④ 刘献君. 发达国家博士生教育中的创新人才培养[M]. 武汉:华中科技大学出版社. 2010:1 - 2.

展教学工作,也可以进入产业界等各个企业、组织和机构中开展工作。他们可以开展积极的讨论、独立的钻研、自由的探索和发表个人对于知识和科学研究的见解,对各个领域做出创新性的贡献和成果。高校应该注重培养他们查阅文献的能力、发现和解决问题的能力、批判性思维、运用专业能力解决现实问题的能力,把握学科热点和难点,这应该是高校培养博士的过程中秉持的基本原则。"①

　　20 世纪末,传统博士生教育的质量及成效屡次被提及,并要求对其再次评估,据此保证博士生培养质量,为不同行业输送人才,并做出贡献。美国的研究者也对其博士生教育提出两点意见:一是过于注重科学研究能力;二是博士毕业后就业状况不理想。这两者看似属于两个问题,实则是相互影响其关联的两个极具现实意义的问题。1995 年,美国科学、工程和公共政策研究学会发布《重塑培养科学家和工程师的研究生教育》这一研究报告。其中对工程教育方面的研究生教育进行了深思。报告明确指出,研究生教育应该扭转过去过于偏重科学研究式的培养,应该相应改革培养方式,便于提升研究生就业能力,拓展就业领域,不仅仅局限在学术界。该报告深入探讨了"如何重新规划 Ph. D 以满足 21 世纪的需要"这一问题,并广泛听取了各个利益相关者的意见。最后,该报告进一步强调:博士生教育作为研究生教育中的重要分支,其培养目标不应局限于培养"科学研究的接班人",而是逐渐结合非学术界的需求,强调培养具有创造性的学术人才,供职的机构不囿于大学或研究机构。

四、21 世纪初至今:博士生教育是培养各个研究领域的领军人才

　　20 世纪 90 年代开始,传统博士生教育的批评之声越来越多,各个利益主体都不同程度地表现出对博士生教育的不满,并呼吁制定质量更高的博士生培养方案。高校指出新入职教职的博士教学能力不足,产业界雇主抱怨博士缺乏理论结合实践、解决实际问题的能力。部分发达国家先后发表意见,探讨博士生教育当下面临的危机与挑战,博士生规模扩张,越来越多的博士难以求得学术职位,转而在非学术界就职,这一现象也引发了一定的担忧和讨论,他们是否做好了相应的准备。1995 年,美国科学、工程与公共政策研究学会提出"重塑"博士生教育,2000 年,华盛顿大学的教学发展与研究中心呼吁重新规划博士生教育,

---

① 国务院学位办. 国内外学位和研究生教育科学研究参考资料(一)[Z].1991:41,46.

以更好地满足社会各界的需求。①

　　与此同时,存续数百年历史的欧洲博士生教育也面临多重挑战。德国"师徒式"的培养模式出现较多问题,如毕业率低、流失率高、修读年限太长、科学研究能力不足、变通不足难以适应市场需求。有鉴于此,21 世纪初,德国科学委员会指出必须改革博士生教育。2003 年,德国大学校长表示应该对博士生进行结构化培养,注重科研能力的同时,提升其教学技能,并借助学科组织的力量培养。②传统的博士生教育强调培养"科学研究的接班人",当前这一目标已明显不能满足社会需求。欧洲各个国家的博士生进入非学术界(例如企业、政府部门、非营利组织等)就业的比例越来越高。产业界雇主关心的并不是博士的科学研究与学术发表能力,而是他们能否游刃有余地将自身所具备的科学研究能力同解决实际问题结合起来。

　　同一时期经合组织的国家也越来越聚焦于在科学、技术、工程和数学(STEM)领域加强博士研究生培养,这些学科的人才将会对国家重大战略以及技术创新起着重要作用。博士生教育不再专注于培养学术科研人才,开始转而培养各个行业各个领域的领军人物和拔尖创新人才。③

　　美国科学、工程和公共政策研究学会在探究博士生培养的背景下,探讨美国的工程师和科学家的主要培养途径和职业面向。从而对自然科学和工程类的博士生教育进行重新思考和建设,提出博士生培养应以社会发展需要为导向,注重培养博士生的创新能力,使得博士生更好地适应社会各个行业的变化。④

　　为了使得博士生更好地适应外界的工作,欧洲各国着力对博士生培养重新规划,特别是一些理工科专业,积极与产业界各个企业合作,联合培养博士研究生或者通过特定的项目提高其认知,进行科学研究训练的同时,培养其可迁移能力。21 世纪初期,英国发布《面向成功的科学、技术与工程领域》研究报告,从各个方面明确了博士生可迁移能力的重要性,应该加大培养力度,并且为专门训练这些能力提供了相应的资金支持。⑤

①　陈洪捷. 知识生产模式的转变与博士质量的危机[J]. 高等教育研究,2010,31(1):57-63.
②　谢晓宇. "博洛尼亚进程"中德国博士生教育改革的特点与启示[J]. 外国教育研究,2012,39(12):89-97.
③　苑健. 21 世纪初的世界博士教育发展趋势特征——基于 OECD 调查数据分析[J]. 中国高教研究,2015(6):63-67.
④　包水梅. 学术型博士研究生培养模式改革研究述评[J]. 现代教育管理,2015(7):122-128.
⑤　沈文钦,王东芳. 从欧洲模式到美国模式:欧洲博士生培养模式改革的趋势[J]. 外国教育研究,2010,37(8):69-74.

借由对国外博士生教育发展演变的历史梳理与分析,可以看出博士生教育的目标定位并非一成不变,与职业的关联也在随着社会的发展而不断变化。博士生培养逐渐褪去培养学术界的接班人这一"卡里斯马"的色彩。在社会客观环境需求变化及博士生个体就业偏好变化的交互影响下,博士生面向的职业也更加多元化,培养目标也由过去的"科学研究的接班人"到"各个研究领域的领军人才",通过对博士生教育与职业面向的梳理、分析、分类与归纳,探讨博士生教育的本质变化及其与职业之间的对应关系,也可以为我国博士生教育的改革提供历史镜像和现实依据。

第三节 1982 年后我国博士生教育人才 培养目标定位的发展演变

我国博士生教育制度最初于晚清建立,历经百余年历史,到 21 世纪初期开始逐渐转型。[①] 回顾和梳理我国博士生教育发展的历程,可以发现我国博士生教育对内持续与社会、经济、文化互动适应,对外不断向发达国家学习先进经验与创新做法,我国的博士生教育制度一直在探索中前行。[②] 与西方发达国家相较而言,我国博士生教育规模较大且起步较晚。关于博士生教育的探讨也屡见不鲜,近年来开始思考在不断变幻的社会形势下的人才培养目标定位。但是在各项文件中的关于人才培养的目标定位是一个相对静态的依据,不可能适用于每一个不同的时期,因此博士毕业生的职业去向以及随着时代变化的就业偏好也在启示我们博士生培养的人才培养目标定位是否适切。本节仅简要梳理与呈现改革开放后我国博士生教育的人才培养目标定位。

一、恢复与重建阶段(20 世纪 90 年代中期前):培养科研人才和高校师资

1977 年 7 月,邓小平同志正式指出要在"15 年或更多一些时间内至少培养100 万名合格的科学研究人员"。[③] 1977 年 9 月,中国科学院委托中国科学技术大学设立研究生院,是国内首个落实邓小平同志指示的高校。1977 年 10 月,国

---

① 周光礼等. 中国博士质量调查基于 U/H 大学的案例分析[M]. 北京:社会科学文献出版社,2010:38.
② 李盛兵. 中国研究生教育模式之嬗变[J]. 辽宁高等教育研究,1995(5):92-97.
③ 吴镇柔. 中华人民共和国研究生和学位制度史[M]. 北京:北京理工大学出版社,2001:58.

务院批转教育部《关于高等学校招收研究生的意见》,明确指出各个高校开始重视研究生教育,招收更多的研究生,尤其是与国家重大发展战略相关的基础学科、应用学科,积极向世界先进技术靠拢。① 1978 年 7 月,教育部专门召开了"研究生培养工作会议",修订通过了《高等学校培养研究生工作暂行条例》等各项与研究生培养相关的制度文件,为之后的研究生培养提供了参考的依据。

1980 年,国务院学位委员会制定《学位条例暂行实施办法》和《审定学位授予单位的原则和办法》,1981 年,硕士生、博士生分开招生。1980 年 2 月 12 日,《中华人民共和国学位条例》(以下简称《学位条例》)审议通过,明确规定我国学位分为学士、硕士、博士。并进一步规定博士生的学术水平:掌握本学科的基础理论和专门知识,丰富研究方法和技能,具备独立从事学术研究的能力,在相应的专业领域做出创新性成果。1981 年 11 月 23 日,教育部发布《关于做好 1981 年攻读博士学位研究生的暂行规定》,对博士生招生及培养作了详细规定,成为之后博士生教育得以实施的依据与参考。

1985 年,中共中央颁布《中共中央关于教育体制改革的决定》,中国教育改革正式开始,该决定指出应该着力改善研究生教育,以更好地培养专业人才,提高其科学研究的能力。1987 年,国家教委发布了《关于加强博士生培养工作的几点意见》,重点讨论了博士培养的制度建设问题,并提出制定博士培养法规性文件的构想,进一步规范博士生培养管理不规范等问题。

我国 1978 年开始招收博士生,1983 年仅有 19 名博士生取得学位,但是时至 2008 年,授予学位的人数攀升至 43 759 人。② 规模较之前有了一定的扩展。研究生教育实施初期,毕业研究生由国家统一计划分配。1986 年 12 月,原国家教育委员会指出,研究生毕业分配的时候既要兼顾国家和社会需求,又要充分考虑毕业研究生的意愿,让他们做到学有所长、学有所用。③ 当时国内经济发展水平较低,科技生产事业部门对博士人才的需求尚且不多,对应的是当时高校师资及科研人才稀缺。一段时间内,博士人才处于"自我消化"的模式,大多数博士毕业之后留在学术界继续任职,当时的博士生培养目标主要是培养学者或者各个领域的科研工作者。④ 高等学校和科研单位一直是博士毕业生就业的主要渠道。

---

① 何东昌.中华人民共和国重要教育文献(1976—1990)[M].海口:海南出版社,1998:158.

② 国家统计局.中国统计年鉴[M].北京:中国统计出版社,2009:1002.

③ 国家教育委员会.关于改进和加强研究生工作的通知.(学位)教研字〔030〕号[Z].1986-12-10.

④ 范巍,蔡学军,赵世奎,等.中国博士发展质量调查[J].学位与研究生教育,2011(1):1-7.

二、发展与创新阶段(20 世纪 90 年代中后期后)：培养独立的科研创新人才

1993 年中共中央、国务院颁发《中国教育改革与发展纲要》，明确提出扩大研究生规模，提升研究生培养质量，研究生培养的人才应与社会需求相衔接。[①] 1993 年以后，政府明确提出博士生规模应"适当扩招"。

1993 年 2 月，原国家教育委员会、国务院学位委员会决定，改革研究生就业模式，一改当年国家包分配的方式，转为毕业研究生自主择业，实施用人单位和毕业生个体双向互动选择。[②] 1999 年后，我国高等教育规模进入快速发展阶段，招生规模大幅增长。这一时期，全国新增 20 余所高校试办研究生院，全国博士生招生人数从不到 2 万人(1999 年)增至将近 6 万人(2007 年)。在博士生学位授予方面，从 2001 年的 1.4 万人迅速增至 2008 年的 5 万人以上，甚至赶超美国博士生培养规模。[③]

1995 年，国家教委发布《关于进一步改进和加强研究生工作的若干意见》，提出三个方面的具体要求：第一，拓宽专业口径，优化培养过程，条件成熟的单位可以实施"硕博连读"；第二，集中力量加强研究生培养基地建设；第三，建立和完善研究生教育质量监督和评估制度，检查评估全国学位与研究生教育质量。

1999 年，高等教育扩招之后，博士生教育也逐渐开始规模扩张。1999 年，我国博士生招生近 2 万人，2008 年，我国博士学位授予数量达 5 万人以上，甚至超过美国当年博士学位授予数量。[④]

这一时期的博士主要培养独立从事科学研究的创造性人才。博士研究生应肩负发展壮大本学科的使命，具备敏锐的学术观察力，掌握研究技术和方法，理论联系实际解决相应的问题。明确科学研究的学术规范和伦理。在充分了解本专业研究进展的同时，结合已有的研究理论和方法，对科学研究持续创新，产生新知识和研究成果。[⑤] 但是，近年来随着博士生规模大幅扩张，博士群体逐渐向

---

① 傅兴国. 中国教育改革和发展纲要(摘要)[J]. 学位与研究生教育,1993(3)：2 - 7.
② 国家教育委员会、国务院学位委员会. 关于印发全国普通高等教育工作会议有关文件的通知及附件：关于学位与研究生教育改革和发展的若干意见[Z]. 1993 - 2 - 8.
③ 中国学位与研究生教育信息分析课题组. 中国学位与研究生教育信息分析报告[M]. 北京：中国人民大学出版社,2009：196.
④ 中国学位与研究生教育信息分析课题组. 中国学位与研究生教育信息分析报告[M]. 北京：中国人民大学出版社,2009：196.
⑤ 包水梅. 学术型博士研究生培养模式改革研究述评[J]. 现代教育管理,2015(7)：122 - 128.

非学术界溢出，长期以来，高校注重培养博士生的学术能力，看重学生的问题意识、写作能力以及学术发表能力。但是，产业界企业雇主对博士提出了新要求，除了科学研究能力，他们更在乎博士的可迁移能力，尤其是问题的发现与解决能力、公众演讲能力、沟通表达能力以及处理复杂事务的能力。[1] 大学培养的科研能力并不能完全满足企业雇主的需求。论文发表数量并不能完全概括博士的整体质量，博士人才培养质量将被重新评价与定义。[2]

尽管市场对高校培养的博士人才做了一定的分拣。但是这一时期的博士生教育仍然是培养能够独立科研创新的人才为主，社会需求的变化促使我们反观博士生培养目标与质量的适切性，但是，目前高校对博士生培养和过程管理仍停留在从入学到毕业各个环节的完善与调整，即使完成了所有环节，博士个体对社会需求的适应状况仍然很难评价。所以，是否应从关注博士培养环节调整这个外显的培养方式向注重能力素质这一内核培养的方式转变。我国博士生培养制度的变迁在最近 30 年来呈现出一种渐进演进的过程，偶尔也发生剧烈变化，体现出断续式均衡的特点。断续式均衡意味着制度会在特定的均衡下维持一段时间，之后产生改变，经过变动后，制度又会重新形成另一种均衡。制度变迁的方向不是在追求一个终极均衡的状态，而是从一个均衡破坏后，再趋向下一个均衡。[3]

回顾与梳理我国改革开放之后博士生教育的发展历程，可以看出，经过恢复和重建、发展与创新阶段，我国博士生教育重新获得支撑条件及资源，实现了规模的扩张，博士群体大规模提升。从社会需求角度而言，学术人才和应用人才皆具有重要作用，未来社会的发展需要更多能力素质较高的复合型人才。博士生培养如何在沿袭传统的基础上，更好地对接社会发展对人才的需要，如何更好地平衡学术逻辑与市场逻辑之间的关系，需要进一步延展与探讨。

---

[1]　范巍，蔡学军，赵世奎，等. 中国博士发展质量调查[J]. 学位与研究生教育，2011(1)：1－7.
[2]　陈洪捷. 知识生产模式的转变与博士质量的危机[J]. 高等教育研究，2010,31(1)：57－63.
[3]　周光礼，吴越. 我国高校专业设置 60 年回顾与反思[J]. 高等工程教育研究，2009(5)：62－71.

第三章
多元职业环境及产业界就业趋势的显现

　　随着知识生产模式的转变,科技的进步与知识的弥散,更多的科学技术被纳入社会需求的浪潮,不同机构对人才有着特定需求。传统的人才培养与既定工作场域之间的关系正在逐渐分化。博士教育的目的、学生的愿望及其在学术界内外职业发展的现实之间存在着不匹配。[①] 这一趋势反映在博士生就业问题上即是与传统学术职业的关系正在解耦,与此同时,人们认识到科学进步对工业发展和经济增长起着重要作用,产业界招聘博士的趋势也愈加凸显。[②] 博士,尤其是工学博士流向更多学术界外不同的工作岗位,对于这一现象到底是事出偶然,还是必然趋势? 是我国的特殊情况,还是全球的共同趋势? 本章将分析全球博士就多元职业环境,并进一步通过我国在校工学博士生就业偏好以及案例高校近五年工学博士的就业数据呈现博士多元职业环境及产业界就业趋势。

第一节　全球博士就业多元化
趋势的特征及成因

　　传统认知上对博士生教育存在着一种隐含的预设,即博士生教育是一种专门的科研训练,目的是为学术界培养优秀的学术接班人。20 世纪 80 年代以来,博士生就业趋势发生变化,博士生规模扩张,学术劳动力市场容量有限,博士生

① Golde, C. M. & Dore, T. M. At Cross Purposes: What the Experiences of Today's Doctoral Students Reveal about Doctoral Education [M]. Madison: Wisconsin University, Madison: Educational Resources Information Center (ERIC). p. 63. Retrieved from http://www. phd-survey. org, 2001.
② Cohen, W. M., Nelson, R. R. & Walsh, J. P. Links and Impacts: the Influence of Public Research on Industrial R&D[J]. Management Science, 2002, 48(1): 1-23.

与学术职业的绝对关系正在逐渐分化,博士在多元职业环境中就业,这已然是一种世界范围的趋势。① 全球拥有博士学位的人数在不断增加,这个过程中伴随着劳动力市场的复杂性。

西方国家开始纷纷强调行业领军人才在国家发展战略中的重要作用,甚至将高层次人才作为提升国际影响力的有力砝码,产业界各企业招聘更多的博士以实现创先争优的目的,以助推其产业结构升级和综合竞争力提升。② 在一些现实原因的驱动下,产业界对博士生的需求空前高涨,尤其是工学博士,博士就业多元化已然成为一个全球范围内的趋势。

一、全球博士就业多元化趋势的特征

(一)学术界就业比例下降,非学术界就业比例攀升

20 世纪初期,美国将近八成的博士毕业后进入学术界工作,20 世纪 60 年代之后,博士生规模扩张,且与学术劳动力市场需求之间勉强维持一定的供需平衡状态。相比之前,进入学术界就业的比例已经有所下降,处于一半左右。③ 近十年来呈现出缓慢降低的趋势(见表 3-1)。

表 3-1　　　　　　　　　美国学术型博士就业去向分布与变化

年份＼就业领域	学术界	工商业	政　府	非营利组织	其他部门
1994	51.2%	21.1%	8.6%	6.5%	12.5%
1999	48.8%	27.5%	7.5%	5.4%	10.8%
2004	56.1%	18.9%	7.4%	5.7%	11.9%
2009	51.8%	25.7%	6.7%	4.7%	11.1%
2014	49.3%	32.2%	7.3%	5.3%	5.9%

资料来源:http://www.nsf.gov/statistics/2016/nsf16300/data-tables.cfm。

---

① 沈文钦,王东芳,赵世奎.博士就业的多元化趋势及其政策应对——一个跨国比较的分析[J].教育学术月刊,2015(2):35-45.
② Denise,J. & Grant,M. Factors Influencing the Employment of Australian Ph. D Graduated[J]. Studies in Higher Education,2015(9):1660-1678.
③ 沈文钦,王东芳,赵世奎.博士就业的多元化趋势及其政策应对——一个跨国比较的分析[J].教育学术月刊,2015(2):35-45.

　　20 世纪中期,部分西方国家博士在学术界就职的比例稳定在 50% 左右,但是,1990 年之后,西方众多国家的博士毕业后进入学术界就职的比例逐渐下降,并且,各个国家的回落幅度各不相同,美国有研究者对在校生进行了调研,结果显示:在校期间就明确表示以后打算进入学术界就职的博士不足五成。[①] 2010 年,欧洲经济合作与发展组织(OECD)对前面 3～4 年的博士毕业生进行了调查,数据显示:在学术界就业的比例不足五成。在产业界就业的约为三成,在政府等其他组织就业的则只有两成左右。[②] 澳大利亚博士毕业生就业研究显示:20 世纪 90 年代至 21 世纪初,在学术界从事教职的比例从将近五成下降至两成左右[③],在产业界、政府及其他单位就职的比例反而呈增长趋势。

　　(二)不同学科的博士就业去向差异较大,工学博士在非学术界就业比例增高

　　博士就业多元化趋势在不同学科之间存在较大差异。人文社会科学学科博士毕业生进入学术界从事学术职业的比例较高,2013 年,美国的数据显示,进入学术界从事学术职业的比例将近 67%;理学博士相对较少,不足五成;工学博士比例更低,不足 30%。除此之外,工学博士向产业界流动的现象更加明显,20 世纪初,工学博士在产业界就职的比例不足 50%,2013 年,这一比例跃升至 70%(见表 3-2)。

表 3-2　　2013 年美国高校不同学科博士学位获得者就业去向统计及数据分布

学科/就业部门	总人数	教育研究机构		私营部门		政府部门		个体经营/自主创业		其他部门	
		人数	比例	人数	比例	人数	比例	人数	比例	人数	比例
人文社会科学	88 500	59 400	67%	16 500	19%	7 300	8%	4 300	5%	1 000	1%
理学	553 600	274 000	49%	187 500	34%	52 800	10%	37 500	7%	1 900	0.3%

①　Neumann, R. & Tan, K. From Ph. D to Initial Employment: the Doctorate in a Knowledge Economy[J]. Studies in Higher Education, 2011, 36(5): 601-614.

②　OECD/UNESCO Institute for Statistics/Eurostat data collection on careers of doctorate holders 2010. http://dx. doi. org/10. 1787/888932890884.

③　Neumann, R. & Tan, K. From Ph. D to Initial Employment: the Doctorate in a Knowledge Economy[J]. Studies in Higher Education, 2011, 36(5): 601-614.

续　表

学科/就业部门	总人数	教育研究机构		私营部门		政府部门		个体经营/自主创业		其他部门	
		人数	比例	人数	比例	人数	比例	人数	比例	人数	比例
工学	133 700	36 600	27%	82 300	62%	10 000	7%	4 500	3%	200	0.2%
总计	775 800	370 000	48%	286 300	37%	70 100	9%	46 300	6%	3 100	0.4%

数据来源：National Science Foundation，2013。

　　女性在研究生群体中所占比例有所增加，但是美国的研究数据表明，女博士进入各个高校从事教职的比例反而有所下降。[①] 我国有研究者对在校博士生进行了调查，研究结果表明：女博士毕业后打算从事学术职业的比例超过 50%，打算在产业界就职的不足五成，相较而言，男性则相反，打算在学术界就职的不足五成，在产业界就职的超过一半。[②]

　　（三）博士生对职业能力素质的认知与产业界的需求存在偏差

　　随着知识经济社会的到来，各种高新技术发展，博士所具备的知识能力体系在进入产业界后面临着挑战与考验。已有研究显示产业界雇主认为部分博士缺乏职业发展应具备的综合素质，但是博士个体并未及时认识到自己的能力素质与雇主需求之间的差距。通过已有的研究成果，不难发现博士生在校期间更为关注能否顺利获得博士学位，而对职业发展所需能力素质可能无暇顾及。研究表明：澳大利亚的很多博士生在校期间专注于论文发表、学术训练，以及能否通过各种考核顺利拿到博士学位，而对于博士学位对应存在哪些工作种类，他们并不熟悉，也很少关心且并不觉得这是博士就读期间的主业。[③] 美国的一些博士学位学制较长，博士生流失率居高不下，博士生更为关注学位获得，而不是能力素质储备。这一状况一定程度上让博士生忽略了学术界之外的发展机遇。[④]

---

① ETAN Working Group of the European Commission. Science Polices in the European Union：Promoting Excellence through Mainstreaming Gender Equality[M]. Brussels：European Technology Assessment Network（ETAN）on Women and Science，2000.

② 罗英姿，顾剑秀. 我国博士生培养与劳动力市场需求的冲突与调适——基于博士生就业期望的调查研究[J]. 学位与研究生教育，2015（10）：53 - 58.

③ Adams，K.，Zander，A. & Mullins，G. What do Engineering Postgraduate Research Students Know About Industry Work？[J]. Schools & Disciplines，2007：17.

④ Hakala，J. The Future of the Academic Calling？Junior Researchers in the Entrepreneurial University[J]. Higher Education，2009（1），57（2）：173 - 190.

博士个体对能力素质重要性的认识与企业雇主的认识存在一定的偏差。企业雇主看重博士的科学研究能力,但也表示其灵活变通程度、商业思维、公众汇报能力较为缺乏。[①] 甚至,在产业界强调其他能力素质需求时,博士个体反而担心自己多年训练的研究思维及方法会被企业的其他工作所耽误和搁置,没有用武之地,对知识创新再无贡献自己力量的机会。[②] 此外,格兰德(De Grande H.)等人把博士生所需具备的能力素质分为 5 个类别,一共 27 项指标(见表 3 - 3)。

表 3 - 3   博士生能力指标明细

能力类别	能力指标内容
研究技能与方法	技术技能、分析思维、科学知识、研究技巧
个人效能	执行力、独立、灵活性、学习能力、压力管理能力、时间管理能力、自信、处理故障的能力
与他人合作	团队合作、社交能力、处理复杂事务的能力
综合管理能力	项目管理、业务能力、领导力、知识产权知识、财务管理、职业规划
沟通能力	语言能力、表达能力、人际网络、谈判技巧、说服力、教学能力

并且,对博士生群体以及不同规模企业雇主的调研发现,不同群体对能力素质重要程度的认识存在较大差异(见表 3 - 4)。[③] 博士生群体把跟科学研究相关的方法和技能的重要性置于前列,而公司雇主则更看重其他能力素质,且不同规模的公司雇主对能力素质重要性的认识也存在差异,大公司企业雇主比较看重团队合作能力、执行力以及一些解决问题的能力,而博士最看重的几项指标,尤其是科学知识,并未被企业雇主同等看重。由此可见,由于所处的位置不同,各自追求的工作目标不同,不同群体对能力素质的认识存在较大的差异,博士了解企业雇主对能力素质的看重程度有利于清楚企业招聘博士的目的,也可以更好

① Usher, R. A. Diversity of Doctorates: Fitness for the Knowledge Economy? [J]. Higher Education Research and Development, 2002, 21(2): 143 - 53.
② Pearson, M. & Brew, A. Research Training and Supervision Development[J]. Studies in Higher Education, 2002, 27(2): 135 - 150.
③ De Grande H. et al. From Academia to Industry: Are Doctorate Holders Ready? [J]. Journal of the Knowledge Economy, 2014, 5(3): 538 - 561.

地实现自身的定位和作用。

表3-4   博士候选人及企业人事经理/雇主对能力指标重要性的排序比较

	博士候选人	大公司企业雇主	小公司企业雇主
技术技能	4	2	1
团队合作	5	1	—
分析思维	3	3	2
执行力	—	5	3
科学知识	1	—	4
研究技巧	2	4	5

二、全球博士就业多元化趋势的成因分析

尽管博士生就业多元化已然成为一个全球趋势,但是,由于各国政治、经济、文化等内外环境的差异,这一现象产生的成因不尽相同,从中发现一些共性,主要有以下几个方面:

(一)非学术劳动力市场对博士的需求持续走高

随着知识经济社会的到来,各国产业经济结构不断转型升级,信息化、智能化、数字化产业不断涌现,产业界研发、开发、技术类岗位需求不断增加,非学术劳动力市场对博士的需求持续走高。与此同时,国际竞争引发人才抢夺,部分国家将博士人才视为提升其综合国力及国际竞争力的有利方式。部分国家通过释放政策红利或经济利好吸引博士人才流动与栖息。

奈斯比特在《中国大趋势》一书中指出:"目前高等教育面临的问题是如何更好地培养人才以适应社会的需求,各个行业的工作岗位虚位以待,但是,如何更好地让我们培养的人才为社会发展服务? 如何使质量得以提高,让其满意?"[1]大学作为对知识经济社会发展起着重要作用的关键机构,不同国家都希望其培养的博士可以更好地促进知识经济社会的发展,外界对博士的需求已经不囿于学术劳动力市场,非学术劳动力市场也逐渐成为部分学科博士就业的主要阵地。

---

① 约翰·奈斯比特.中国大趋势[M].魏平译.北京:中华工商联合出版社,2009:15.

（二）博士生规模扩张与学术劳动力市场需求之间不完全平衡

学术劳动力市场作为劳动力市场的一种,由供给方、需求方、劳动价格三方面要素组成。供给双方的互动内容是以研究为工作任务的劳动力,一般是指高等学校的教师或即将进入学术职业的候选人。已有研究不乏从新制度主义、结构主义理论、人力资本理论等角度研究学术劳动力市场,大多倾向于从教育与劳动力市场的关系视角将学术、学者、劳动力市场联系在一起。作为学术劳动力市场的重要供给侧,博士生群体与劳动力市场的关系也愈加受到学者们关注。

此外,囿于学术劳动力市场的容量限度,博士毕业后从事学术职业这一朴素的愿望也变得不再容易。[①] 美国有研究显示:2010 年在 STEM 领域毕业五年之内在学术界获得稳定教职的博士不足两成。在这一就业形势下,部分博士辗转离开学术界,进入产业界就职,也有部分博士进入博士后梯队,等待更合适的就业机会。通信学科领域的教职职位在过去几十年呈现爆发式增长趋势,但是,其他专业并未出现如此形势,大部分学科教师队伍非常稳定,只有退休人员和辞职人员的流动才意味着新人有进入的机会。[②] 所以,在美国博士后梯队大幅增长,甚至有的做完 2 期博士后还未找到稳定的教职。[③] 这一现象不仅发生在美国,在其他西方国家同样存在。学术劳动力市场容量有限,除了应届博士生之外,还有持续等待的博士后一同竞争。[④] 学术职业亦不再像传统认知里的那样稳定,越来越充满着不确定性。尽管大量的博士为了在学术界谋求一个职位,已经经历了漫长的准备与等待,但依然异常艰难。

（三）在校博士生就业偏好持续动态变化

就业偏好涉及工作地域、单位、岗位、薪资等一系列因素。除了外部环境影响之外,内部因素也对毕业生就业产生着较大影响。2002 年,西班牙有研究者对在校博士生进行调查,结果显示在 373 名博士生中,仅有五成左右的博士生期

① Auriol, L., Misu, M. & Freeman, R. A. Careers of Doctorate Holders: Analysis of Labour Narket and Mobility Indicators[R]. OECD Science, Technology and Industry Working Papers, 2013/04. OECD Publishing.

② Larson, R. C., Ghaffarzadegan, N. & Xue, Y. Too many Ph. D Graduates or too Few Academic Job Openings: the Basic Reproductive Number R0 in Academia[J]. Systems Research and Behavioral Science, 2014, 31(6): 745 – 750.

③ Finkelstein, M. J., Seal, R. K. & Schuster, J. H. The New Academic Generation: A Profession in Transformation[M]. JHU Press, 1998.

④ De Grande H. et al. From Academia to Industry: Are Doctorate Holders Ready? [J]. Journal of the Knowledge Economy, 2014, 5(3): 53 – 61.

望未来在学术界就业,其他学生则期望进入产业界各部门就业。同年,比利时根特大学、布鲁塞尔大学以及哈瑟尔特大学对 1 548 名在校博士生进行了调查,其就业偏好的研究结果如表 3－5 所示。[①]

表 3－5　　　　　　　　　　比利时博士生职业期望统计

		非工商业界		工商业界	
		数量（人）	百分比（%）	数量（人）	百分比（%）
不同学科	人文学科	218	19.3	7	1.7
	社会学科	211	18.7	18	4.3
	理学	222	19.7	116	27.6
	工学	193	17.1	200	47.6
	医学	283	25.1	79	18.8
不同博士阶段	博一	202	21.2	63	16.2
	博二	533	55.8	227	58.5
	博三	146	15.3	64	16.5
	博四及以上	74	7.7	34	8.8

　　工学博士生倾向于进入工商业界部门就业的比例最高,为 47.6%,理学博士生相对较低,不足 30%,而人文学科最低,仅为 1.7%。由此可见,就业偏好在不同的学科之间也存在较大差异,同时,就业偏好在博士的不同就读阶段容易发生动态变化,新生渴望今后在学术界就职的比例最高,随着就读年级的增长,出现动态变化甚至是反转,偏好在工商业界就业的人数反而超过了在非工商业界。

　　除此之外,国外的研究表明,博士就读期间学生对未来的就业前景知之甚少,因此,有研究者建议高校让博士生参与影响他们教育和职业选择的决策,以更好地了解博士所对应的就业市场及岗位需求。[②] 学术劳动力市场的容量限度

①　Cruz-Castro, L. & Saenz-Menéndez, L. The Employment of Ph. Ds in Firms: Trajectories, Mobility and Innovation[J]. Research Evaluation, 2005, 14(1): 57 - 69.
②　Blume-Kohout, M. E. & Clack, J. W. Are Graduate Students Rational? Evidence from the Market for Biomedical Scientists[J]. Plos One, 2013: 8 - 12.

使得谋一个教职变得充满了艰难和变数。此外,受到政府拨款及科研经费的影响,加之各种严格的考核政策,学术职业也充满了不稳定性,在一定程度上降低了博士群体进入学术劳动力市场的积极性。

第二节　我国工学博士生就业偏好的特征

就业偏好是个体在择业过程中对职业的一种综合考量,反应求职者的需求和倾向。[①] 学术劳动力市场一直是博士就业的主要场域,但是,随着内外环境的变化,这一现实境况也在悄然变化,非学术劳动力市场对博士的需求呈增长趋势,这一现象在工学博士就业中尤其突出。[②] 工学博士生就业是评价其培养质量的现实依据之一,了解工学博士生就业偏好也可为他们的职业生涯规划与培养过程提供重要参考。博士生的就业偏好并非一成不变,而是在各种内外因素的影响下动态变化。有鉴于此,本节尝试分析以下几个方面的问题:我国工学博士生在职业选择过程中对地域、单位、岗位的偏好如何? 不同特征的工学博士生在职业选择过程中存在怎样的差异? 哪些因素影响了工学博士生的就业偏好?

本部分采用问卷调查与质性访谈相结合的方式调研,采用调查问卷对能力素质需求及重视情况进行分析的基础上,结合访谈法补充相关问题。问卷调查依托中国研究生院院长联席会"中国研究生教育年度报告"课题组。2017 年 6—7 月在全国设有研究生院的 35 所高校中实施,涉及 8 个工学学科,共回收工学博士生问卷 1 231 份,详细样本特征见第一章表 1-1。质性访谈在目的抽样的原则下,通过滚雪球的方式找寻访谈对象,探究在校工学博士生的入学动机以及就业偏好,并分析影响就业偏好的关键性事件和重要他人。2018 年 1—3 月实施访谈,共选择了 25 位在校工学博士生和已毕业工学博士作为访谈对象。

25 位访谈对象分别来自国内研究型大学,分布于不同的工学学科。已就业的工学博士主要选取的是北上广以及其他东部沿海城市的样本,也有少量西部城市就业的样本。将访谈对象按照"学科(Engineer)—所在/所偏好的单位(University/Research Institution/Company/Government)—编号(1—N)"归类梳理。选择了在校工学博士生以及已就职的工学博士两个群体为受访对象。在

---

① 石永昌. 基于偏好视角的大学生就业促进制度研究[D]. 北京交通大学,2010:60.
② Jones, Elka. Beyond supply and demand:Assessing the Ph. D Job Market[J]. Occupational Outlook Quarterly,Winter 2002/2003,46(4):22.

校工学博士生主要研究其入学初期的就业偏好及其变化过程。已就业的工学博士则是整体层面回溯其职业偏好变化及其最终确立的过程。

一、工学博士生就业偏好的总体特征

个体的职业发展一般会经历想象期、探索期及实现期。就业偏好是个人选择与外部需求折衷和调和的综合结果,受到各种内外因素的影响。个体最终的职业选择是就业偏好结合社会需求以及现实境况等多重因素的综合反应。[①]

（一）就业偏好并非一成不变,就业意向一般于博士中后期确立

大部分工学博士生到博士生涯中后期仍然没有明确的就业意向。那个时候就想什么时候毕业,根本就没想其他的(Engineer - Company - 5)。当时觉得还有很多年,并没有想这些,只是一心把手头的事做好(Engineer - Company - 13)。也有部分工学博士生在入学初期就有初步的就业意向,但在读博过程中发生了变化,主要是从在学术劳动力市场就业为目标转向在非学术劳动力市场就业。初期想去高校,后来有一些事情打消了我的积极性,就想去企业了。我们这个方向,在企业比在高校对一些前沿的东西理解得更透彻、更接地气(Engineer - Company - 1)。最开始是想在高校当老师,找工作的时候发现留校一般要海归,其他"985 工程"高校也是要海归,一般的学校接收本土博士也需要先做博士后,高校的门槛越来越高,时间成本也很高,充满着各种不确定性,所以就决定去企业或者事业单位看一看(Engineer - Government - 2)。也有的博士生因为对科研感兴趣而攻读博士学位,并且最后坚持走上学术职业道路,但是这部分工学博士生的比例较小。第一次跟导师去国外参加学术会议,并做了口头报告,会后有好几位我们这个领域的其他国家的研究者来和我交流,这种感觉非常好,突然发现科研真的可以拉近人和人的距离,尽管我们来自世界不同的地方。后来也就一直顺着走下来进了高校(Engineer - University - 4)。大多数工学博士生表示,在临近毕业一年左右才确定就业意向,之前要么没有具体想法,要么摇摆不定。整体而言,就业意向的确立并不是一蹴而就,其间伴随各种因素的影响,处于动态变化的过程。

（二）七成工学博士生偏好在东部发达地区就业,对单位和岗位没有固定偏好

除了单位及岗位之外,地理位置也是工学博士生就业时的重要考量因素。

---

① 姚裕群.生涯的演进过程分析——金兹伯格与萨帕的职业发展理论[J].中国人才,2000(11):68-80.

研究发现近四成工学博士生偏好在北上广深等一线城市工作,近三成偏好其他东部地区,而愿意选择到中西部地区城市工作的工学博士生不足 15%。打算去海(境)外(占 7.6%)或其他地方(占 7.8%)工作的均不足 10%。

既有研究大多关注博士就业领域是学术劳动力市场还是非学术劳动力市场,鲜有针对更为详细的工作单位及岗位的细分研究。本书的调查结果显示,期望就职于高校的工学博士生占比仍然最高(59.2%),超过一半的工学博士生将高校视为首选工作单位,其中偏好教学科研岗位的人数是偏好科研岗位的人数 2 倍有余。值得注意的是,偏好去企业就职的人数占比为 25%,位列第二,超过了科研院所、政府或其他事业单位的比例。在企业岗位中,最受青睐的是研发岗(占 16.7%)。此外,工学博士生偏好供职于政府和其他事业单位的仅占 2.5%。通过以上数据可以发现,学术界的工作仍然是大部分工学博士生的首要选择,但是,期望离开学术界就职于其他领域的工学博士生比例也接近 40%。除了高校教职,学术界之外的高新技术研发、开发、技术等工作也开始吸引工学博士生的注意。

表 3-6　　　　　　　　　　　工学博士生的就业岗位偏好　　　　　　　　　单位:人

高校		科研院所	企业					政府及其他事业单位	其他
728 (59.2%)		156 (12.7%)	309 (25%)					31 (2.5%)	7 (0.6%)
教学科研岗	科研岗	科研岗	研发岗	技术岗	非技术岗	自主创业	管理/技术岗	其他	
508 (41.3%)	220 (17.9%)	156 (12.7%)	206 (16.7%)	56 (4.5%)	21 (1.7%)	26 (2.1%)	31 (2.5%)	7 (0.6%)	

(三)就业偏好及其变化受诸多主客观因素的综合影响

本书调查问卷采用李克特五级量表(1=非常不重要,5=非常重要),设置了 11 个题项,调查工学博士生对择业过程中相关影响因素的态度。按照均值对 11 项因素排序,结果显示,行业发展前景($M=4.32$)、职业发展空间($M=4.27$)、薪酬福利($M=4.22$)是工学博士生在择业过程中最为看重的因素,职业社会声望的重要程度最低($M=3.87$)(见图 3-1)。

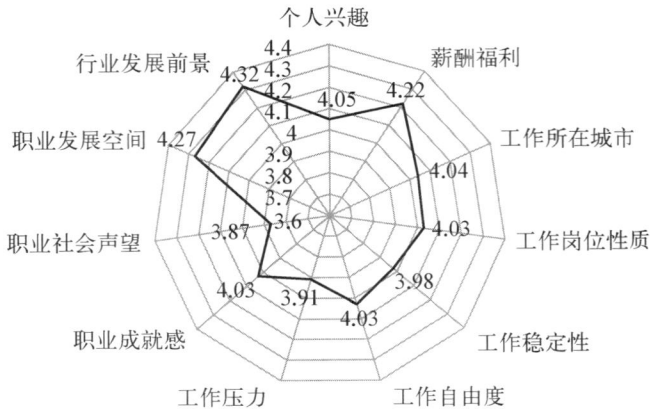

图 3-1　影响博士生就业抉择的各要素的重要程度

在受访过程中,工学博士生也对职业发展空间和行业生存前景阐明了自己的考量。产业界的研究与实践、应用相结合的工作对工学博士生存在较大的吸引力。继续做很多偏理论的东西意义不是特别大,还不如去工业界把自己做的东西转换出来。我当时参与横向项目的时候一起研发的产品的市场推广度很高,当时觉得很有发展前景,后面就顺势进了企业继续做这个东西(Engineer-Company-6)。当前,产业结构升级转化,大量新产业新业态显现,促使创新型科技人才需求增加。工学博士在择业的时候也会考虑行业的前景和发展空间。我的研究方向偏新能源方面,这是目前最蓬勃发展的行业之一,创新主体在企业,而且他们近年也很欢迎博士,职业发展有蛮大的空间,这是我找工作的时候最看重的(Engineer-Company-3)。与此同时,工资福利也是在校工学博士生考量的重要因素之一。找工作时,研究所也找过几家,收入不是很满意,在学校待了很多年,毕业后还是要考虑基本生活,企业提供的福利待遇还不错,就去了企业(Engineer-Company-2)。最终决定去企业一方面是因为薪酬相对高一点,另一方面想往技术管理这个职业方向发展,企业给的空间大一点(Engineer-Company-4)。我做的这块是现在互联网行业里最热门的,不少公司开出了"倒挂"工资,对年轻博士来说还是很有吸引力的(Engineer-Company-11)。

二、不同特征博士生就业偏好的组间差异

就业偏好在性别($p<0.001$)、婚否($p<0.001$)、读博动机($p<0.001$)、期

望的工作城市($p<0.001$)等特征的组间分布存在着极显著差异。男博士生期望到学术界以外工作的比例高于女博士生,同时,未婚的工学博士生期望到学术界以外工作的比例也显著高于已婚的工学博士生。出于学术兴趣和抱负攻读学位的博士更期望进入学术界从事教职,其他动机影响下的工学博士生更偏好进入非学术劳动力市场。此外,从地域和工作的双重影响来看,有的工学博士生为了寻求教职愿意在地域上做出调整,同时,也有一定比例的工学博士生为了留在东部地区而放弃学术职位,转而进入产业界工作。

与此同时,就业偏好在学校类型($p<0.01$)、导师类别($p<0.05$)、父亲的职业($p<0.1$)等特征的组间分布也存在显著差异。学校类型也在一定程度上影响工学博士生的就业偏好。研究型高校的工学博士生偏好在产业界工作的比例显著高于教学研究型大学。受导师的影响,具有相应学术称号的教授,其学生期望去产业界的比例反而更高。而副教授、副研究员的学生反而更倾向于从事学术职业。母亲的职业对工学博士生职业偏好没有显著影响,父亲的职业存在一定影响。偏好在学术界就业的工学博士生的父亲更多是从事"非管理技术类工作",而父亲从事"管理技术类工作"的工学博士生进入产业界工作的比例反而更高。最后,是否重点学科($p=0.170$)、是否重点实验室($p=0.344$)、导师指导学生的数量($p=0.315$)、发表科研论文数量($p=0.826$)、承担科研项目数量($p=0.411$)、母亲的职业($p=0.707$)等特征的就业偏好组间分布没有显著差异(见表3-7)。

表 3-7　　　　　　　　不同特征的工学博士生就业偏好的组间差异

		高校(%)	科研单位(%)	企业(%)	政府及其他事业单位(%)	χ^2
性别	男	55.8	13.6	28.7	1.9	16.861***
	女	68.4	10.5	19.3	1.8	
婚否	未婚	56.2	14.2	27.8	1.8	18.451****
	已婚	69.8	7.8	20.3	2.1	
学校类型	"985工程"高校	58.8	11.5	27.8	1.9	12.609***
	"211工程"高校	61.3	18.1	18.9	1.7	

续　表

		高校(%)	科研单位(%)	企业(%)	政府及其他事业单位(%)	χ^2
导师类别	两院院士	52.1	16.7	22.9	8.3	18.319***
	长江学者、千人计划学者、杰青	59.8	10	27.6	2.7	
	普通教授或研究员	59.2	13.5	26	1.3	
	普通副教授或副研究员	63.6	13.6	22.7	0.1	
父亲的职业	管理技术类	56	13.8	27.8	2.4	6.772*
	非管理技术类	62.6	11.7	24.4	1.3	
读博动机	科研兴趣	65.8	12.9	20.2	1.1	40.774****
	其他原因	50.1	12.6	34.4	2.9	
期望的工作城市	北上广深及东部城市	55.7	13.8	28.7	1.9	15.684***
	其他城市	67.6	10.5	20.1	1.9	

注：*代表 $p<0.1$；***代表 $p<0.01$；****代表 $p<0.001$。

　　值得注意的是，就业偏好在年级的组间分布存在着极显著差异（$p<0.001$）。一方面，在高校从事学术职业仍然是大部分工学博士生的首选，但是从年级来看，低年级学生呈现出如此偏好的比例更高。随着年级的增长，这一意愿转而走低。另一方面，在这一拐点上倾向于去产业界的比例随着年级增长反而有所提高。

第三节　我国研究型大学工学博士的就业概况

　　尽管学术职业依旧是绝大多数博士生的首选，但转向非学术界就业的博士生人数也在增加，尤其是工学博士生。随着信息化、智能化、数字化时代的到来，产业界作为创新发展的主要阵地，对高层次人才，尤其是对从事研发和技术的创新人才需求较大。[①] 专门针对工学博士生的就业状况缺乏公开的、系统的统计

---

① 贺克斌.我国工科博士生培养模式改革及其效果分析[J].高等工程教育研究，2016(2)：1-6.

数据,所以只能从整体数据中对工学博士毕业生的状况做一些局部分析。已有研究基于 2014 届近 75 所教育部直属高校分析了博士毕业生就业状况。从其研究中可以看出,高校不再是吸引博士就业的主要聚集地,超过 15％的博士进入产业界(尤其是国有企业)工作,明显高于其他的民营企业和"三资"企业。这一趋势在工学博士就业中体现得尤为明显,浙江大学、天津大学、清华大学、上海交通大学等高校进入产业界就职的博士都趋近 40％,且呈现出明显的"属地就业"特征。毕业生主要集中在东部各个大中城市,特别是北京、上海、深圳等地。

2005 年至 2015 年,清华大学工科博士毕业生进入高校从事教职的将近一半。国有企业、其他科研院所以及博士后也是工科博士生毕业去向的主要选择。与其他学科相比,工科博士毕业生从事非学术职业的比例明显较高。从选择非学术职业内部分布来看,选择去国有企业的博士毕业生稳居高位,民营企业和"三资"企业的博士毕业生比例略有下降。①

为了更进一步了解工学博士生近年来的就业状况,本书选取了 1 所研究型大学作为案例高校,通过学校就业中心系统中的各个院系的就业去向数据,选取其中 6 个工学学院近 5 年的就业数据,主要通过工学博士在产业界就业的数据变化,分析工学博士在学术界和产业界就业比例的变化。也可以从表 3 - 8 中看出近 5 年的变化走势。

表 3 - 8　2009 年和 2012—2015 年 Z 大学工学博士毕业生在产业界就业的比例变化

学院＼年份	2009 年	2012 年	2013 年	2014 年	2015 年
计算机	34.48％	39.13％	41.51％	58.70％	59.42％
控制	12.90％	47.83％	58.33％	20.83％	52.94％
通信	38.71％	65.63％	45.65％	64％	76.09％
机械	24.40％	25％	11.36％	28.89％	38.60％
材料	26.67％	33.33％	38.10％	43.48％	54.17％
电气	36.36％	47.06％	67.35％	56.41％	67.31％

资料来源:案例高校就业中心数据库中各学院的就业数据。

① 胡德鑫,金蔷薇,林成涛. 我国顶尖研究型大学工科博士职业选择多元化及其应对策略——以清华大学为例[J]. 中国高教研究,2017(4):72 - 77.

　　这部分的数据主要考察最近几年工学博士毕业生在产业界就职的比例变化。分析数据发现,2009 年,各个学院在产业界就业的比例均低于四成,最高的为 38.71％(通信学院),最低的为 12.90％(控制学院)。但是,随着时间的推移,2012 年,个别学院(通信学院)的工学博士毕业生在产业界就业的比例达 65.63％,此前比例最低的控制学院也增至 47.83％。而后,每年都有其他学院在产业界就业呈递增趋势,时至 2015 年,仅有一个学院在产业界就业比例低于五成,为 38.60％(机械学院),其他学院全部超过 50％,且通信学院以 76.09％的毕业生在产业界就职的数据居于最高位。案例高校工学博士毕业生在产业界就业的数据比例只是一个缩影,本书试图通过此数据管窥目前研究型大学工学博士在产业界就职的比例现状及变化。不难发现,部分研究型大学工学博士毕业生越来越多向非学术界尤其是向产业界溢出,这已然是一个非常突出的趋势,随着我国经济结构从总量发展向更高级更优化的趋势发展,中国制造强国等战略的实施,并伴随着人工智能、"互联网＋"、物联网技术等新技术的突破和发展,我国制造行业的转型升级等新的工程环境的变化,对工学高层次人才有更大的需求。以上现象也为本书提供了研究的现实必要性,就业趋势的嬗变促使我们进一步思考工学博士对产业界工作的适应性及能力素质需求与培养之间的契合与偏差问题。

第四章
产业界对工学博士能力素质的需求

新工业革命和产业结构变革正在重塑全球经济格局。在新一轮科技革命浪潮中,科技创新是驱动国家发展的重要战略,也是国家实力的重要彰显。实现科技自主创新,突破关键领域核心技术"卡脖子"问题,进而推动科技事业拾级而上,关键靠人才。新型工业化是我国经济发展的重要引擎,对于实现高质量发展具有重要意义。新型工业化以科技变革为引领,坚持推动传统产业改造升级和培育壮大战略性新兴产业,协同推进数字产业化和产业数字化。党的二十大报告提出要继续推进新型工业化的新任务,并首次将教育、科技、人才进行"三位一体"统一部署,体现了科技、人才在中国式现代化建设过程中的重要战略地位。其中,科技人才是国家科技创新的本源动力,工学博士作为青年科技人才的重要生力军,其在产业界科技自主创新过程中的应然作用与实然表现亟待关注。

世界知识产权组织(WIPO)发布的《2022年全球创新指数》显示,中国位列第12,但是在科技创新方面仍然任重道远。全球创新活动的研发与投入仍在不断增长,研发投入经费的持续增长反映了国家对科技创新的重视,同时,也对研发投入与产出提出了更高的要求与期待。国外研究者围绕博士与非学术职业,尤其是博士在产业界就业展开了诸多研究,关涉博士在学术界与非学术界的就业变化趋势[1]、人才供给与劳动力市场的需求结构平衡[2]、产业界招聘博士的动因及需求、博士对产业界的作用[3]等方面,明晰产业界招聘博士主要以实现创先

① Oganisation for Economic Cooperation and Development. Better skills, Better jobs, Better lives: A Strategic Approach to Skills Policies[R]. Paris: OECD Publishing, 2012: 130.
② Nmann, R. & Tan, K. From Ph. D to Initial Employment: The Doctorate in A Knowledge Economy [J]. Studies in Higher Education, 2011, 36(5): 601 – 614.
③ Denise, J. & Grant, M. Factors Influencing The Employment of Australian Ph. D Graduated[J]. Studies in Higher Education, 2015(9): 1660 – 1678.

争优为目的,旨在进一步推动产业结构升级和提升科技综合竞争力。此外,还从博士培养质量、可雇佣性、与企业雇主期望的适配性等角度出发研究博士能力素质,英国研究委员会和人文艺术研究委员会(AHRB)强调应适当考虑雇主对博士能力素质的需求①,美国也有研究者针对博士应具备的能力素质,对博士生群体以及不同规模的企业雇主进行调研,研究发现,雇主对博士所具备的学术能力之外的其他能力素质持保留性评价。② 国内的研究围绕博士就业、博士在企业就业的各个方面进行了一定的探索,但是关于博士进入产业界之后的职业适应与发展,产业界对博士工作要求、能力素质需求的研究还亟待拓展与深入,尤其是在雇主视角下探寻产业界对科技人才的需求分析,几乎仍为空白,本书希望在这方面做出一点有益的尝试。

近几年的高校就业质量报告显示,工学博士充当着产业界科技创新研发与开发工作的主力军。为了更好地了解产业界需要什么样的工学博士,明确产业界为何招聘工学博士,需要什么样的工学博士等现实问题,把握工学博士人才培养供给侧与需求侧的匹配与差距,本书基于雇主视角,提出以下三个方面的研究问题:(1)产业界招聘工学博士的动因是什么?(2)雇主视阈下产业界需要具备哪些能力素质的工学博士?(3)工学博士在产业界工作中能力素质存在哪些薄弱与不足之处?

第一节　产业界招聘工学博士的动因

新型工业化发展要求以"新质生产力"为发展中心思想,以产业转型升级为基础,以战略性新兴产业发展为方向,以科技创新为核心驱动力,以加快建立新型工业化体系,推动产业高质量发展。这一过程离不开科技人才的支撑,博士在产业界的作用和力量被描述成一种难以简单预测的无形资产。③ 产业界中各个企业招聘工学博士的理由不尽相同,但仍存在一定的共性。明确产业界缘何招聘工学博士,厘清产业界招聘工学博士的动因是分析其能力素质需求的前提。本书主要从工作

---

① Nyquist, J. D. & Woodford, B. J. Re-envisioning the Ph. D: What Concerns to We Have? [M]. Seattle: University of Washington, 2000: 29.

② De Grande H. et al. From Academia to Industry: Are Doctorate Holders Ready? [J]. Journal of the Knowledge Economy, 2014, 5(3): 538 – 561.

③ Kolata, G. So Many Research Scientists, So Few Openings as Professors[N]. The New York Times, 2016 – 07 – 14.

要求、作用期待与角色定位三个方面分析产业界招聘工学博士的动因。

一、工作要求：探索前瞻性的研发与开发，推进科技创新向纵深发展

进入产业界的工学博士大部分从事的是研发类、开发类工作，也有一部分是工程类工作，还有少部分是负责测试、项目策划、运营及推广等工作。虽然工作性质差异较大，但都需要个体将在校期间所习得的知识与能力在产业界转化和运用，在这个过程中需要结合产业界具体的目标任务与工作要求探索，以期推进科技创新向纵深发展。

工学博士目前供职更多的是我们的实验室、博士站以及孵化部门。主要是研发工作，包括电池、智能驾驶、发动机、变速器等，今年还有软件开发方向，他们做的都是比较前沿的东西，尤其是一些项目研发，可能是为目前的产品做的，也可能是为下一代产品做的。（Auto-employer10—校园招聘及雇主品牌中心总监）

招聘工学博士主要是基于研发这一块进行创新性、前沿性的研究，需要他们进来之后和公司的一些研究岗位以及正在做的产品有一个非常好的匹配(match)点，基于这个点深入做下去。（Internet-employer11—人事部部长）

需要工学博士做比较核心的研发，包括前沿技术的研发或者在研技术的研发。我们招博士更多的是"博士才能做的"岗位，是真正地"用博士"而不是"养博士"，可能他们做的都不是现行市面上有的技术，而是一些超前的东西，维持企业顶尖专业能力的东西。（Technology-employer12—人事部部长）

二、作用期待：提高科技创新投入与产出效率，实现关键技术的积累与突破

博士作为青年科学工作者，对产业界的创新投入和产出存在着积极和显著的影响[1]，产业界还可以通过博士填补创新过程中特定领域的知识空白。[2] 需要

---

[1] Herrmann, A. M. & Peine, A. When "National Innovation System" Meet "Varieties of Capitalism" Arguments on Labour Qualifications: On the Skill Types and Scientific Knowledge Needed for Radical and Incremental Product Innovations[J]. Research Policy, 2011, 40(5): 687－701.

[2] Almeida, P., Hohberger, J. & Parada, P. Individual Scientific Collaborations and Firm-level Innovation[J]. Industrial and Corporate Change, 2011, 20(6): 1571－1599.

注意的是,从科学突破中产生的一些知识具有专门性或排他性,这类知识的高度专业性与复杂性有时会在转化过程中形成新的阻滞点,因此,这一过程需要拥有专业知识背景的人积极参与,博士有助于将科学知识在其他行业实现转化。[①]除此之外,已有研究发现雇主们还希望在技术生产的不同阶段,博士可以在降低失败风险等方面发挥作用,进而在过程中改进产品或降低制造成本。[②] 从已有研究的结论中不难发现,企业雇主对博士在企业的作用暗含着多方面的期待。本书进一步发现,不同性质的企业对工学博士的作用期待可能存在差异,有的生产性企业的雇主从解决工业生产中实际问题的角度提出对工学博士的期待,希望工学博士为相关问题分析提供理论支撑,解决工程实践中的根本问题;还有的科技创新型企业的雇主希望工学博士协助产品研发"落地",提高科技成果转化效率,以期更好地实现关键技术的积累与突破。

> 有时候解决现场实际问题会需要理论支撑,博士有理论功底,希望他们分析问题更切中要害,找出问题的根本原因,更快、更有针对性地解决问题。(Steel-employer3—车间书记)
>
> 希望他们把一个理论问题变成一个结果,再落地成一个现实产品,一个能用的东西,再结合用户反馈和群体性反应,回过头来和学术性的边界条件碰撞,形成新的模型……走过这样一个流程的博士可能更符合企业雇主的期许。(Technology-employer15—总经理/研发总监)
>
> 学术研究和企业研发不太一样,企业里研发出来的东西要能"落地"、要能应用。进入企业之后,希望工学博士可以把理论和知识应用到具体的产品上。(Auto-employer9—人力资源总监)

三、角色定位:带领团队实现业务与技术攻关,助力科技产业赋能谋新

已有研究指出,博士在产业界的首要角色是知识提供者,这一定位源于他们在

---

① Zucker, L. G, Darby, M. R. & Armstrong, J. Geographically Localized Knowledge: Spillovers or Markets? [J]. Economic Inquiry, 1998, 36(1): 65 - 86.

② Agrawal, A. Engaging the Inventor: Exploring Licensing Strategies for University Inventions and the Role of Latent Knowledge[J]. Strategic Management Journal, 2006, 27(1): 63 - 79.

科学和技术研究方面提供的观点与经验。① 但是雇主对博士的角色定位,不仅仅是研究人员,同时希望他们具有指导、评估、发展、激励和带领团队成员的能力。② 在本书的访谈中,企业雇主也表达了他们对工学博士角色定位的认识与观点。

> 工学博士不仅仅是专深人才,如果可以,我们更希望他们是领军人才,带领着大家一起去工作。(Auto-employer7—部门主管)
>
> 希望他们不只是把自己手上的工作做好,还希望他们能够带团队,把这一块工作的整体实力带起来,而不仅仅是自己钻研就可以了。(Auto-employer8)
>
> 到了企业里面其实是希望他们能带团队,虽然他们在大学里可能协助导师一起"带"过研究生,但是这个感觉不一样,压力、责任以及任务分配的要求都不一样。(Technology-employer14—首席运营官)

除此之外,企业雇主还围绕开拓新方向、带领团队进行科技创新等方面明确了工学博士的定位。

> 更希望工学博士进公司后能够在前面"冲锋陷阵",带着大家把一个领域的方向和视野打开。引领公司在这个领域的一些前沿方向持续创新。(Internet-employer11—人事部部长)

由此可见,雇主对工学博士在企业中的角色定位不仅仅是独立钻研的专深人才,更应该是带领团队实现核心业务与技术攻关的行业领军人才,从而助力科技产业赋能谋新。

第二节 产业界就职工学博士的工作内容与特征

伴随着社会经济发展,产业结构的内涵与外延也将持续、动态变化。技术创新与进步助推产业结构升级,产业结构升级又将影响国民经济发展及社会资源

---

① Luo, X. R, Koput, K. W. & Powell, W. W. Intellectual Capital or Signal? The Effects of Scientists on Alliance Formation in Knowledge-intensive Industries[J]. Research Policy, 2009, 38(8): 1313 - 1325.

② Watson, J. Creating Industry-Ready Ph. D. Graduates[J]. Dissertations & Theses-Gradworks, 2011: 88.

配置。[①] 面对"工业革命4.0",产业结构升级促使就业结构发生变化。战略性新兴产业有助于构建现代产业体系,实现经济可持续发展,从而进一步提升经济增长动力。党的二十大报告强调"建设现代化产业体系,坚持把发展经济的着力点放在实体经济上,推进新型工业化"。新型工业化进一步引入了区别于传统工业化的产业方式,是涉及生产要素、资源环境与生产方式的系统性、整体性变革。[②] 就我国目前的产业结构而言,第三产业已跃居产业体系主体,从国家战略布局来看,这一趋势致使产业界需要大量研发人员,需要能把理论与实践更好地结合的高层次创新人才。[③] 产业界对创新型科技人才的需求也将持续加大。

梳理了企业招聘工学博士的动因之后,进一步了解工学博士在产业界中的具体工作内容与特征实属必要,有助于更好地廓清产业界对工学博士能力素质的需求。与此同时,工学博士在产业界中的工作还会因企业性质、规模、需求不同而呈现出差异,研究产业界工学博士所需能力素质之前,有必要对工学博士群体在企业中的工作岗位、内容及其特征进行系统梳理与分类呈现,便于进一步厘清产业界对工学博士能力素质需求的共性和差异。

一、工作岗位及内容

工学博士进入企业大多是从事研发类工作,部分工学博士进入企业后也可能根据公司的需要从事业务类抑或产品运维类的工作(见表4-1)。本书将节选部分访谈内容来管窥具体岗位上工学博士工作内容的概貌,旨在用受访群体自己的话语体系还原工学博士工作的原始样态,便于后续章节更好地剖析相应的岗位对能力素质的需求。

表 4-1   企业工作种类的编码信息

名　　称	材料来源	参考点
技术类—研发	18	18
技术类—业务(设计、测试、技术支持)	16	16

① 徐冬林. 中国产业结构变迁与经济增长的实证分析[J]. 中南财经政法大学学报,2004(2):49-54,143.
② 唐浩. 中国特色新型工业化的新认识[J]. 中国工业经济,2014(6):5-17.
③ 李云鹏. 百年来美国博士教育的转型发展及其启示[J]. 高等工程教育,2018(4):132-136.

续　表

名　　称	材料来源	参考点
非技术类—管理决策	5	4
非技术类—产品运维(产品策划、市场推广、运营维护)	4	4

（一）技术类—研发

创新是一个系统工程,是我国经济持续增长的不竭动力。党的二十大报告指出,要完善科技创新体系,提升国际创新体系整体效能。[①] 2012 年,全国科技创新大会提出了建设具有国家创新体系的目标,将研发定位为创新的重要环节。[②] 2016 年 11 月,国务院印发《"十三五"国家战略性新兴产业发展规划》,对我国新一轮科技革命和产业变革方向做出了重要指示。科技创新是战略性新兴产业发展需要的重要驱动力,有赖于创新能力和核心竞争力的提升,需要将研发和生产结合,也需要各个企业在研发方面持续投入。[③] 从访谈资料中可以发现,工学博士在企业中的工作岗位大多集中在研发类工作。

> 公司招聘工学博士主要是想加快提升技术水平,实现产业升级。以前,很多技术都是采用外购的方式,现在我们也需要自主研发。博士入职后主要是研发类工作,研发电池、智能驾驶、发动机、变速器等,他们更多的还是做一些项目研发,可能是为目前的产品做研发,也可能是为下一代产品做研发。他们不一定解决现在的实际问题,更多的是为今后做准备。（Auto-employer10—校园招聘及雇主品牌中心总监）
>
> （工学）博士进我们公司大多是做研发类工作,跟他们的研究方向高度重合,其他岗位不会特意招博士,需要（工学）博士来做的是比较核心的研发。包括前沿技术研发或者在研技术研发。可能有些企业是为了招博士而招博士,我们不是,我们招博士更多的是"博士才能做的"岗位才会招博士。（Technology-employer12—人事部部长）

---

① 习近平. 高举中国特色社会主义伟大旗帜 为全面建设社会主义现代化国家而团结奋斗：在中国共产党第二十次全国代表大会上的报告[M]. 北京：人民出版社,2022.
② 王晓珍,叶靖雅. 政府补贴对 R&D 投入影响的研究述评与展望[J]. 研究与发展管理,2017(1)：139 - 148.
③ 蒋玉洁,曹景林. 创新驱动下我国 R&D 研究演化及热点主体分布[J]. 科技进步与对策,2019(3)：1 - 7.

研发人员作为技术创新过程中的主体支撑力量,其专业技术水平和创新能力直接决定着企业的研发成效。工学博士作为知识型员工,拥有科学知识基础,精通专业技术,从事创造性的生产活动,对新知识、新事物的探索有着较高程度的要求。[①] 与此同时,对工学博士的调研中,研发类工作被分得更细致,有不同的侧重,有的研发类工作带有预研性质、不涉及具体的产品,只是做相应的开拓性、前沿性、创新性的探索,这对公司的规模和整体实力要求较高。

> 我所在的部门是公司目前最顶尖的做机器学习和人工智能的研发部门。我的岗位是人工智能算法研究员,要求高学历和名校出身,要求科研能力从学校到公司是一脉相承的,要非常对口。平时需要跟进最前沿的东西,也是为了今后能更好地设计相应的算法。(Internet11—人工智能算法研究员)

> 我目前在公司的研究院,二级部门是大数据技术部,岗位是算法工程师,目前这块是非常热的,也比较缺人才。我们主要是提供一些算法、支撑服务,不对接项目,不做产品,不对接客户赚钱,可能我们把这些做好后,他们会买我们更多的产品、设备。我们提供的是人工智能的算法技术。我现在做的这块在整个行业中没有一个很好的"落地"和"应用",大家都是在尝试怎样去应用落地。带一些预研性质,就是关于先进技术的一些探究。(Internet12—算法工程师)

虽然都是从事研发类工作,但受公司战略目标和总体实力的影响,其工作内容差异性较大。国外的调研结果显示,在现有的公司体系中一些博士倾向于探索类的研究,另一些则倾向于开发类的研究。探索类的研究和开发类的研究为企业提供了不同的战略价值与知识优势。探索性的研究使企业能够在没有特定市场目标的情况下生产知识。开发类的研究产生的知识需有一个特定的实践目标,而技术发展则要把这些知识转化为产品和服务。[②]

在本书的访谈中也存在类似的情况,除了预研性质的研发类工作外,还有

① 马涛,何仁龙. 高等工程教育:迎接学科交叉融合的挑战——从工业界诉求看我国高等工程教育改革方向与策略[J]. 中国高教研究,2007(3):56-59.

② Beesley, L. Science Policy in Changing Times: Are Governments Poised to Take Full Advantage of an Institution In Transition? [J]. Research Policy, 2003, 32(8): 1519-1531.

另外的开发类研究的类型,即研发工作和相应的产品存在紧密联系,研发类工作是为了实现、提升或优化产品的某一个环节或者性能。也有部分工学博士致力于新产品研发,即结合用户的需求开发目前市场上还没有的产品来满足新需求。这部分企业的研究活动往往集中在需要其他类型技能的产品的开发上,这些技能在本质上同样具备探索性,但不太具有预研性,偏重应用于实际。[1]　这一种类型常见于一些生产性的企业。在具体的工作中,还需要考虑产品的成本、实用性、可行性等方面的因素。相对而言,已不是纯粹的自由探索。

> 我目前在公司总部的研发部,下面对接6个工厂。研发部又分为不同的组,涉及医药、材料、质量、液晶等。针对新项目,我们负责蓝图设计、实验室开发、具体实施。另外,已有项目的工业化生产也需要进行具体设计。我们就是将正在想和正在做的东西以尽量少的成本实现工业化。(Chemicals2—研发总监)

> 我所在的是汽车研发中心,我们部门是做新能源电动汽车的动力总能研发,我的岗位是研发工程师,负责产品某一项特性的研发、提高、优化,以达到进入市场的程度,满足消费者的期待。(Auto1—动力系统研发工程师)

> 我们是在公司的研发中心,底下会根据不同的业务分成不同部门。我们公司实际上是做通信设备和智能终端。承担智能终端产品里面一些比较前沿的技术和研发。为一些终端产品提供先进技术开发。公司会根据项目需要调整我们的角色,所以算法和硬件这块都会参与。(Internet7—算法工程师)

科技进步与技术创新是企业发展的基石和源泉。企业的发展尤其新产品的诞生需要研发人员持续创新与投入。[2]　在企业从事研发类的工学博士主要分为两个类别:带有预研性质的研发以及和产品制造和优化相关的开发,但是,

[1]　Zellner, C. The Economic Effects of Basic Research: Evidence for Embodied Knowledge Transfer Via Scientists' Migration[J]. Research Policy, 2003, 32(10): 1881-1895.
[2]　胡俏,任海波,吕婷婷. 汽车企业研发人员创新行为的工作特征要素研究[J]. 科技与管理,2017,19(1): 80-84.

总体来看,工学博士在企业中,大部分归属研发人才的序列。在美国拥有博士学位的人进入企业也呈现出类似的境况,41%的博士将研究与发展(R&D)作为主要活动。[①] 与此同时,对于高新技术行业公司,聘用参与技术创新与知识生产的博士非常重要,因为他们不仅可以让最新知识融入公司,而且可以转移和促进知识所需的技能融入公司。[②] 面对日益激烈的全球竞争趋势,这一现象还将更为突出。

(二)技术类——业务

除了研发类工作,还有部分工学博士从事业务方面的技术类工作,包括设计、测试、技术支持等方面,他们对专业技术有一定的要求,同时需要对接具体的项目、工程或者产品。

> 我目前在公司的技术研究中心,从事的是针对各个业务部门的前端研究,比如有做中央空调、电梯,还有做发电机和航空航天系统,我们的职责是对业务部门进行技术支持,如果是跟业务部门合作,项目基本都是服务于实际的产品需求,但是,还有一部分项目不一定跟产品绑在一起,我们也可以做更前端的技术研究、一整套的技术储备。
> 现在提倡要加速整个产品设计周期。所以,我们研究人员做的就是建模,先把模型建起来,再基于模型设计和优化,直接在电脑上就可以完成整个设计过程。(Machine8—高级研发工程师)
> 我们公司主要是做通信类产品,负责全球、全国的光纤通信。我们的研发还是为了生产,现在就是比较企业式,跟商业挂钩。目前的岗位主要负责芯片测试、芯片封装,还有一部分是芯片工艺,主要是做芯片方面的工作。(Internet6—光器件工程师)

业务类工作主要和具体的产品优化有着紧密联系,为进一步生产和优化提供技术支持,运用科技手段将其进行更高效地实现。在这个过程中,还要考虑经济效益层面的因素以及时间效度的问题,相对预研性研发而言,自由度没

---

① Kang K. Survey of Earned Doctorates[J]. National Science Foundation, National Center for Science and Engineering Statistics, 2019:15.

② Lee, H., Miozzo, M. & Laredo, P. Career Patterns and Competences of Ph. Ds in Science and Engineering in the Knowledge Economy: the Case of Graduates from a UK Research-based University [J]. Research Policy, 2010, 39(7): 869 – 881.

这么高,且任务和目标明确,需要严格执行。除了服务于一些产品设计、技术支持之外,也有部分工学博士的工作是现场维护、监测、评估与运行。与大部分工学博士在企业从事与研究、开发相关度较高的工作相比,这部分群体相对较少。

> 我们公司做新能源风力发电,提供风力发电整机解决方案,包括风电场勘测、风电整机设计、制造、运行。我的岗位是做风电机组运营综合评估以及大数据分析。具体而言,整个风电机组在运行之后,会发现其机组控制系统设计、机械结构设计并不是最优的,我们团队的主要工作是基于大数据挖掘技术工具提供综合评估结果反馈到机组整体环节。(Electric1—综合评估与大数据分析)
>
> 我们分院主要负责国家煤炭企业方面的建井,建井过程中的维护、稳定和分析,包括钻井工艺、监测、安全评价。(Architecture2—科研人员)
>
> 目前在汽车公司技术中心下面的部门做新能源汽车的电池,岗位是测试工程师。做整车的测试、新产品的测试以及一些前端项目。(Auto2—测试工程师)

业务类工作需要研究人员、市场和公司密切联系。这个类别涉及的行业及领域相对较多,因为从事高端预研性质的前沿性研发类工作,对研究领域及公司规模都有较高的要求。但是,业务类工作在公司中的体现范围则更广,不管是电力、建筑还是汽车等行业,具体的产品制造过程也需要工学博士提供相应的设计、优化、测试等技术支持,便于更好地完善产业系统,生产高效能的应用产品。

(三)非技术类—管理决策

博士在公司的职责,不囿于对知识的研究与开发,具备一定资历的博士也可能涉及管理决策层面的事务。[①] 本书的调研对象中从事非技术类的工学博士相对较少,而非技术类工作中以管理决策为主的岗位则更少。随着岗位变动,各个阶段对能力素质重要程度的认识也呈现出动态变化的特征。在不同的时间轨迹

① Rothaermel, F. T. & Hess, A. M. Building Dynamic Capabilities: Innovation Driven by Individual Firm and Network-level Effects[J]. Organization Science, 2007, 18(6): 898-921.

上,根据所在的岗位不同对能力素质要求也不同。

> 我们是一家美国公司,在全球一年差不多有130亿美元的销售额,里面有12个不同的事业部,我所在的是能源事业部,主要负责电力行业的产品,我们在全球分成不同的地区,欧洲、美国、亚太区,我个人负责在亚太区的质量管理工作,岗位是亚太区质量部门的经理。我们的工作主要是负责质量管理,具体来说就是在亚太区的生产质量管理、供应商质量、研发质量,还有一个很关键的就是客户质量,反正都是跟质量相关的管理工作。(Internet15—质量管理部经理)

> 目前公司的高层都是博士,我2006年入职时的职位是研发部项目经理,2007年9月升职为高级经理,2011年升职为总监,2015年升职为副总裁至今,分管研发。项目经理的时候,把项目设计管理好就行了;到了总监的时候,要考虑项目的成本、项目的前景;到现在的职位就要考虑到跟商务、生产、情报有关的东西。现阶段的预见性、前瞻性比较重要,哪些项目几年后会起来,还需要预判性,预判这个项目会遇到什么问题,包括行业、产品的走势,新产品的开发及产品的生命周期。(Chemicals1—副总裁)

已有调研资料显示,从事管理决策工作的工学博士大多从早年的技术工作开始,逐步发展到管理决策方面的岗位。企业雇主对工学博士能力素质的需求与期待不仅仅局限在知识方面,企业雇主也希望工学博士能成为团队的领导者,行业的领军人物。不仅仅是从事技术类工作,还能带领相应的团队达到新的高度。

（四）非技术类—产品运维

在非技术类工作中,除了管理决策类工作之外,还涉及专门的产品运营维护。与之前的种类相比,从事这部分工作的工学博士人数最少。其中,大致分为两个主要的情况:有一部分工学博士"转行"离开之前的专业领域,跨越到一个新的行业,从事与专业关联度不大的工作。另外一部分工学博士则留在与自身专业较为对口的行业,但是,从事的工作主要是围绕产品的运营和维护。这一类别的转向对工学博士个体的综合素质要求较高。胜任这类工作,更多的是要求其专业能力之外的其他能力素质。

我目前是在房地产公司，我的部门是产业发展集团招商管理中心，工作主要是基于新材料新技术的发展，看有哪些高科技的企业有新的投资计划，他们是否有意向入驻我们产业园做整个集群。（Finance7—部门经理）

我目前的工作内容就是三大块：（1）做新产品，挖掘客户的需求。然后跟技术对接，可能要明确到具体的指标上。（2）观测我们公司还没涉足但是将来会有机会的领域，要并购或者买一些技术专利公司等，有一些战略上的考量。（3）涉及技术部门、销售部门和市场部门的沟通，很多时候都需要去协调各个部门之间的内容。（Chemicals7—技术市场分析）

我们是小型创业公司，现在还处在比较迅猛的成长阶段，我主要负责处理运营中的一些问题，把运营的流程规范化、标准化与流程化。（Internet13—运营总监）

鉴于企业性质及个体工作内容的特殊性，工学博士进入产业界的工作一般以研发类为主，也一定程度上存在着异质化特征。即使进入产业界后从事研究类的工作，与在高校从事科学研究也大不相同。因此，有必要对访谈对象的工作种类进行划分和归类，呈现其具体的工作内容，便于管窥工学博士在产业界的工作样态，也为后续各个章节的研究提供基础。相较而言，产业界工作的复杂性更为突出，下一步将剖析其工作特征。

二、工作特征

梳理、归类及呈现工学博士在产业界中的工作岗位及工作内容之后，可以发现其工作岗位及从业内容不尽相同，其工作特征受到外部工作环境和内部管理制度的综合影响。在访谈中受访者提及产业界工作的风格、要点、特征与其预想的情形存在较大出入，与之前在高校的研究工作也较为不同。有鉴于此，使用Nvivo11.0将工学博士及企业雇主的访谈资料编码，其中43份访谈材料提及相关内容，参考点为173。在此基础上再进行三级编码，归纳出产业界工作的特征，以"样句—范畴化"的形式挑选出具有代表性的原文样句呈现与分析。便于本书后续章节更好地分析在产业界中面对具体工作需要怎样的能力素质来加以应对。

（一）共同目标，规范流程

高校对博士的培养强调独立钻研，博士求学期间大多数时间沉浸在自主学习和独立钻研的氛围之中，从自身的研究兴趣出发，独立自由地探索。但是，企业作为以盈利为目的，运用资本、资源、技术等要素开展生产运营活动的社会经济组织，有着自身的工作目标及准则，更多的时候他们倾向于从共同的目标、阶段性的目标出发，遵循规范的流程和体系去完成工作。根据受访者的描述，提取其中的样句编码并归属相应的范畴，信息如表 4-2 所示。

表 4-2　　　　　　　　　　产业界工作特征编码表 A

样　　句	范畴化
1. **目标性其实很强**，服务于企业和用户的需求。（Machine3—产品研发工程师）	共同的目标
2. 企业里面大多数时候都有**共同的目标**，必须围绕着它去服务。研究也不能都由着个人兴趣，想做什么就做什么。（Machine5—首席工程师）	共同的目标
3. 工作后也许一个东西你也觉得挺好，比较有意义，但是公司的**目标比较统一，并且不同的时期目标不一样**，老板有自己想要的东西，还有企业生存、部门生存、职业生存压力。（Finance2—总经理）	共同的目标
4. 公司很多时候以结果为导向，只要他们能够达到**共同的目标**。（Finance6—数据挖掘工程师）	共同的目标
1. 企业有自己的一套工作体系，很多都是**流程性的东西**，必须**规范执行**。（Machine2—新产品研发工程师）	规范的流程
2. 工作就是落实一些具体的事情，包括落实领导的指示，都有**一些既定的规范工作流程**。（Internet15—质量管理部经理）	规范的流程
3. 企业的工作有一套很**规范的流程**，体验过这样的流程，以后不管在哪里工作都是有帮助的。（Internet6—光器件工程师）	规范的流程

国外的研究表示对应用工作或发展更感兴趣的博士会发现在一家成熟的公司从事研究工作更有吸引力。[①] 在高校工作的研究人员致力于对最科学的问题进行最根本的探索。而产业界的研究人员则须遵循公司的目标，一旦产生新发

---

① Roach，M. & Sauermann，H. A Taste for Science? Ph. D Scientists' Academic Orientation and Self-selection into Research Careers in Industry[J]. Research Policy，2010，39(3)：422-434.

现,很快会转入新产品研发或新技术开发阶段。[①] 在既定目标的要求下,遵循相应的规范性流程,是产业界工学博士对公司工作的整体印象。相较于之前博士学习阶段在高校中的自由探索,企业的整体性工作目标及规范流程更为突出,更强调创建原型或发布新产品。

（二）时间紧凑,高效自学

在统一的目标及规范的流程指引下,部分工学博士在受访中表示进入企业后,大多数工作围绕相关项目展开,诸多工作均需在相应的时间节点内完成,有些情况下,还可能多个项目并驾齐驱同时进行,都需要在规定的时间内保质保量地完成。进入具体的工作后,更需要在不同工作要求和任务切换中高效自主地学习相关知识。相应的访谈资料编码如表4-3所示。

表 4-3　　　　　　　　　　产业界工作特征编码表 B

样　句	范畴化
1. 要在**规定的时间内**做出实际的东西。（Machine2—新产品研发工程师）	紧凑的时间
2. 你得理解你在企业要研究的那些东西,以前你可能花几个月或者半年及以上的时间去研究这个问题,现在**你可能只有几个星期就需要搞明白**。（Architecture2—科研人员）	
3. 企业节奏比以前在学校快很多,不像在学校的时候可以给你几个月慢慢学。公司里**很多时候都是一两天就要把一个东西调通、搞明白**。学校做两三个月的活儿到了**公司可能两三周就要完成**。我们的很多进度比高校快 2～3 倍是很正常的。（Internet2—研发工程师）	
4. 公司**节奏很快**,我们不做产品而是做项目。先做研究,再应用,最后再回到研究。（Internet12—算法工程师）	
1. 企业里很多事情**需要自己去自学、去悟**,不是所有的事情都有人来教你。（Electric1—综合评估与大数据分析）	高效地自学
2. 工作中 70%～80%的东西都是新学的。（Architecture3—研发工程师）	
3. 工作中**所需要的东西都是自己学的**。很多时候需要快速理解所研究的领域里跟所研究的东西不统一的地方。（Internet7—算法工程师）	

① 李斌,林莉,周拓阳,等. 美国联邦实验室与大学、工业界的关系[J]. 实验室研究与探索,2014,33(4): 150-154.

续　表

样　句	范畴化
4. 工作中还**需要重新学习很多东西**,比如质量管理、过程控制、生产中的问题。这些都需要调动自己自学的东西来解决。(Internet3—研发工程师)	
5. 进到公司,接触到实际的项目会**发现很多东西都不懂,都需要自己去学**,这个学习的过程比较痛苦,也是慢慢成长的过程。(Internet10—5G 咨询总监)	高效地自学
6. 我们会不断地切换工作,可能上一个项目和现在的项目一点相关性也没有。只要是一个新任务、新需求来了,我们就得做。**大多是到了岗位后再自学的**,因为要的只是一个背景知识,入门就可以了。工作中**很多东西都是新的,必须自己快速学习**,快速入门。(Internet2—算法工程师)	

　　国外研究者在研究中发现,高校研究人员的生产节奏(时间安排)也可能比产业界更低,产业界工作需要集中精力面向产品或项目,并不断与推出新产品的时间作战。[①] 如果博士们不能自主学习与独立钻研,他们很可能不会被雇用。[②] 随着高新技术的不断发展,产业界需要拓展优化知识与技术的边界,将企业外具有竞争力的知识、技术及资源整合到企业内的产品设计中,从过去依靠单项技术开发逐渐转向对多元化技术的渴慕。企业在自身发展过程中,需要充分调动和利用各方知识、技术和资源以实现产品的生产与设计。这一过程中涉及诸多需要解决的现实问题,对知识和技术的分类、表达、储存以及搜索等。不断更迭的新目标与新任务对工学博士的知识技能提出了更高的要求,要求他们在有限的时间内不断地加强自主学习、满足产业界对创新的诉求。

　　(三)多部门协调,团队式合作,精细化分工

　　与博士阶段的独立钻研形成鲜明对比的是产业界多数项目都需要在团队合作的形式下进行,需要多部门协调不同的资源,在相应的分工状况下完成。对此,不同企业的受访者也对这一问题有相应的体悟,访谈资料编码如表 4-4 所示。

---

① Lee, H., Miozzo, M. & Laredo, P. Career Patterns and Competences of Ph. Ds in Science and Engineering in the Knowledge Economy: The Case of Graduates from a UK Research-based University[J]. Res. Policy, 2010, 39(7): 869-881.

② Peterson, M. Putting Transferable Ph. D Skills to Work[J]. IEEE Potentials, 2009(28): 8-9.

表 4 - 4　　　　　　　　　　　　　产业界工作特征编码表 C

样　　句	范畴化
1. 我们目前的工作都**需要很多部门结合**，需要大家一起配合。（Machine6—研发工程师）	多部门协调
2. 企业里你得跟其他人共赢，不完全是让别人来帮你干活，更应该是**各个部门一起协调着为公司做事**。（Electric1—综合评估与大数据分析）	
3. 在公司里基本每天都要**跟各个部门的人协调沟通各种各样的事情**，这一点跟学校很不一样。尤其围绕产品的各个方面，大家都得负责其中一环。（Auto2—测试工程师）	
4. 目前的工作不是一个专业的人就能够完成的。必须**要和企业各部门、其他专业的人一起协调统一**，来完成这个产品一整套的研发和设计等。除了公司的人，还要接触车间的工人，包括外面软件公司的销售人员等。（Machine7—新产品研发主管）	
1. 在企业里就是各做各的事，**离了"谁"都行，又离了"谁"都不行**。前面那个"谁"是指个人层面的，后面这个"谁"是基于某个环节某个岗位的。企业是一条主线，**是合作的性质**，大家都是围绕这个来做事。（Machine5—首席工程师）	团队式合作
2. **博士做统筹的事情**，在点与点之间把线拉好，让下面的人去**一起合作**，最后再核准。（Architecture3—研发工程师）	
3. 工作后要涉及很多人，**带团队、一起做项目**，会有一些任务和人要你分配与调配。（Chemicals4—研发主管）	
4. 博士刚进公司，公司可能就会分配给你一个小团队。不只是希望你做事情，**更希望博士能够带领着别人一起做事情**。（Chemicals5—研发主管）	
5. 很多 teamwork **需要博士做好顶层设计**，在具体的安排或者执行任务时，会发现下面的人开始"踢皮球"，这对于博士来说就是一个非常大的挑战。（Internet16—总经理兼研发总监）	
1. 企业做的有些事情难度比较大，而且**精细化分工**也较多。（Machine3—产品研发工程师）	精细化分工
2. 有的人适合做现场，有的人适合把所做的事情转换成科研成果，大家都可以发挥各自的相对优势，都有**比较明确的分工**。（Architecture2—科研人员）	

样　　句	范畴化
3. 目前的工作**分工非常明确、细致**,每个人只负责其中一个很小的环节,保证它完全不出现 bug,以保证产品按时完成。（Internet8—工程师）	精细化分工

　　产业界的工作较为讲究团队制,团队合作是研究活动的主要组成部分之一,产业界非常重视团队合作。[①] 国外的相关研究也非常强调团队合作的重要性,尤其是跨部门、跨专业的团队合作,每个成员都有一套独特的技术技能,将他们有效整合并开展合作将发挥更大的效用。[②] 国外的研究结果进一步指出,工程学博士经常需要在团队中工作,为了使团队取得成功,每个团队成员都应该拥有良好的沟通技巧。[③] 跨学科的团队合作能力在工程学博士培养过程中并未过多强调,博士的培养目标更多地强调独立钻研才能培养批判性思维技能和技术知识。[④]

　　团队合作需要结合员工个体在技术技能、商业经验和个人技能方面的优势,将任务在员工之间划分。不同的技术领域往往有特别的专业行话和技术术语,如果团队成员没有有效沟通,这些差异可能就会导致项目失败或者低效运作。团队总体目标的达成有赖于对不同的工作任务进行精细化分工,在不同部门之间沟通与协调,最后借助合作的力量实现总体工作目标。

　　（四）要求实际,强调"落地",注重盈利

　　无论是生产型企业、科技型企业还是服务型企业,都比较强调开展实际工作、解决实际问题,少数企业的研究院可以允许部分岗位的工学博士进行前沿性探索,但是,大多数企业的前沿性技术探索是为了更好地服务于产品生产。在具体的过程中,对想法"落地"、产品"落地"与项目"落地"提出了较为明确的要求。并且,企业必须考虑盈利的目标,工作过程中也颇为注重商业思维、成本及利润等。具体的访谈资料编码如表 4-5 所示。

① Griffith, T. & Sawyer, J. Research Team Design and Management for Centralized R&D[J]. IEEE Transactions of Engineering Management,2010(57):211-224.

② Cordero, R. Developing the Knowledge and Skills of R&D Professionals to Achieve Process Outcomes in Cross-Functional Teams[J]. The Journal of High Technology Management Research, 1999(10):61-78.

③ Watson, J. Work in Progress:Creating Industry Ready Ph. D Graduates[Z]. Presented at the Frontiers in Education Conference, Arlington, VA, 2010.

④ Gratton, L. & Erickson, T. J. 8 Ways to Build Collaborative Teams[J]. Harvard Business Review, 2007(85):100-109.

表 4－5　　　　　　　　　　　产业界工作特征编码表 D

样　句	范畴化
1. 工作之后**解决的就是很实际的问题**,企业里不能天马行空,要保证生产顺行,保证更有竞争力的产品。(Machine2—新产品研发工程师)	要求实际
2. 把**科研成果运用到实际**中。比较注重产品的开发,**都是很实际的事情。做出实际的产品**,会给你成就感。(Internet14—研发经理)	要求实际
3. 产业界**更强调的是它的实际应用效果**,对于为什么会产生这样的效果并不是那么重要,但是要保证很好地应用。(Chemicals6—研发工程师)	要求实际
4. 进入企业之后,他们可以把理论和知识应用到具体的产品上,可以看到自己的产品在某一个汽车上真正**得到实际的应用**,能够看到实际的东西,而不是不停地画蓝图。(Auto-employer8—人事部部长)	要求实际
1. 做产品不一样,**要让产品"落地"**,在"落地"的过程中你就会发现之前的很多小问题都会造成研发不成功,这个是学术性的研究,和在企业的研发很不一样的,研发出来的东西**要能"落地"、要能用**。（Auto-employer8—人事部部长)	强调"落地"
2. 进入企业之后,**能够更快地、更直观地感受到创意的想法落地成产品**,科研机构可能是一些理论,很长一段时间只能停留在纸上。(Internet11—人工智能算法研究员)	强调"落地"
3. 企业里你研究的东西用得上,业务方认可了你这个技术,确实**代表比较先进的技术本身**,那么这件事才算"落地"完成。(Internet11—人工智能算法研究员)	强调"落地"
4. 企业里做研发有产品的需求,所以**整个产品的设计都是围绕产品本身生产制造而来**,技术都非常**容易"落地"**。(Machine8—高级研发工程师)	强调"落地"
1. 企业说到底是**要盈利的,要转换成产品,也要工业化**,要把它转化成一个具体的产品或者解决方案,博士进入企业之后除了在技术上要保持一些创新以外,还要稍微考虑一下它的可转化性。(Internet11—人工智能算法研究员)	注重盈利
2. 工作后**商业气息更重**,要看**产出、看利润**,必定**要有经济效益**。(Chemicals3—研发主管)	注重盈利
3. 企业做出来的产品要切合市场,**盈利是生命线,不赚钱就出局**。(Finance5—总经理)	注重盈利
4. 工作后开发产品,不只是写论文,而是写专利,而且还**跟经济效益挂钩**,做的产品要**产生利润**。(Chemicals-employer16—副总裁)	注重盈利

公司承担的大多数项目都需要经济分析。分析成本效益,以确定项目的未来方向。如果一个项目的成本效益不令人满意,资金可能会重新分配到另一个项目。[①] 相应的工作也很难自由探索,大多需要在实际的、具体的要求之下执行,强调观点和想法的"顶天"和"立地",从而更大限度地实现经济效益。

通过对产业界工作特征的编码分析,研究发现:整体而言,企业的工作强调共同的目标,突出规范性的流程。在具体的工作任务中,颇为突出任务和时间的紧凑性,需要工学博士具有高效的自学能力以应对新项目或新任务。在具体的工作执行过程中,强调精细化分工,部门间协调以及团队合作。在工作成效方面,注重实际、具体的产品"落地",以及获取经济效益。和高校注重博士作为独立个体应具备独立钻研并完成学术发表等特征还是存在较大的差异。对工学博士在企业的工作内容及特征的梳理有助于对工学博士在产业界的工作认识,也是我们对后续其他问题展开进一步分析的前提。正是因为工作内容及特征与工学博士在高校做研究训练时存在较大的差异,故而,对相应能力素质的需求及看重程度也不完全一致,还需要进一步挖掘和细分。

第三节　能力素质需求现状及差异的定量分析

从产业界的需求侧来看,企业需要集"知识—能力—经验"于一身的工程师。[②] 讨论产业界对人才的需求,实质是要直面大学的社会服务功能,培养适合产业界所需的工程人才。就毕业生能力素质而言,来自产业界需求侧的观点反映了企业的直接呼声。[③] 产业界的需求为高校人才培养带来最新的任务与挑战。[④] 目前产教融合已有很多方面的积累与实践,但是产业界参与高校培养活动的方式并不完全通畅,产业界表达人才需求的诉求渠道也尚未成熟。目前,我国高校仍然延续以学科、专业、学历教育为主,应对产业界需求存在一定的偏差,这也是我国高校

① 崔军,汪霞. 社会对高等工程教育课程改革的诉求研究——基于工业界企业雇主的调查[J]. 高等工程教育研究,2013(2):82-89.
② Richard,V. Technical Excellence:The Need for Consistency in Global Training and Experiential Learning[Z]. Presented at Symposium on Multi-/Inter- Disciplinary Engineering Education,August 16-20,2006.
③ 陈以一. 面向工业界 培养能干事善创新的卓越工程人才[J]. 中国高等教育,2013(22):11-13.
④ 黄春梅,罗鸣. 美国顶尖大学 NAE 院士与工业界的互动合作[J]. 中国高等教育,2010(19):61-62.

目前难以很好地对接产业界需求的原因之一。① 目前学界关于产业界对工学博士能力素质的需求还存在较大的盲区,相应的实证研究也并不多见。本书尝试对产业界就职的工学博士进行问卷调查和深度访谈,以对此问题展开探讨。

一、能力素质指标提取及分析思路

提升博士生培养质量是研究生教育的重要任务。我国国务院学位委员会第二十八次会议决定,组织专家研究制定的《一级学科博士、硕士学位基本要求》,是各类研究生学位授予应该达到的基本标准,其中对各专业博士生、硕士生所应具备的能力素质都有相应的要求。加之,高校对各个学科博士生的培养目标也对其应具备的能力素质有相关规定。

梳理能力素质指标是一项复杂的系统工作,也是开展本书的前提。产业界作为与高校完全不同的工作场域,其职业适应与发展对人才应具备的能力素质要求有何不同? 产业界更需要具备哪些能力素质的人才? 基于以上研究问题,本书能力素质指标提取主要遵循以下几个步骤。

一是结合理论基础,参考国内外研究文献及对工学博士的开放式预访谈,梳理与提炼能力素质指标,共形成 30 项能力素质指标体系。

二是根据研究问题,围绕产业界对工学博士能力素质需求,形成自编调查问卷。内含"产业界工作中各项能力素质的重要程度"以及"工学博士在校期间,高校对各项能力素质培养的重视程度"两个不同的时空维度观测能力素质。再运用定量研究方法精炼能力素质指标。

三是结合访谈提纲,还原实际工作场域,呈现能力素质的需求序次,并比照在校期间的实际培养状况评价。

二、研究结果与分析

（一）工学博士所在行业、企业及岗位的特征

本书对调查对象所在行业、企业及职位进行划分（见图 4 - 1）。行业类别涉及工学博士就业时集中度较高的大多数行业。行业分布方面,来自信息传输、计算机服务及软件业的博士居于首位,占 24.5%,来自制造业的博士占 22.3%。

---

① 倪小敏,张玲玲,钱昌吉,等.英国高校与产业界互动机制的形成及其启示[J].现代教育科学,2008(11): 149 - 152.

其余的建筑业、金融业、电力热力生产和供应业及其他行业的博士各占10%左右，来自水利环境和公共设施管理业的博士最少，仅占2.4%。企业分布方面，包括了央企、国企、民企、"三资"企业。来自民企的博士样本最多，占42.40%，其次是央企占22.30%、国企占21.20%，"三资"企业相对较少，占6.5%。员工职位分布方面，员工职位分为高层管理人员、中层管理人员、基层管理人员和基层员工。其中，基层员工人数最多，占56.3%，基层管理人员占25.5%，中层管理人员占10.30%，高层管理人员及其他不足5%。

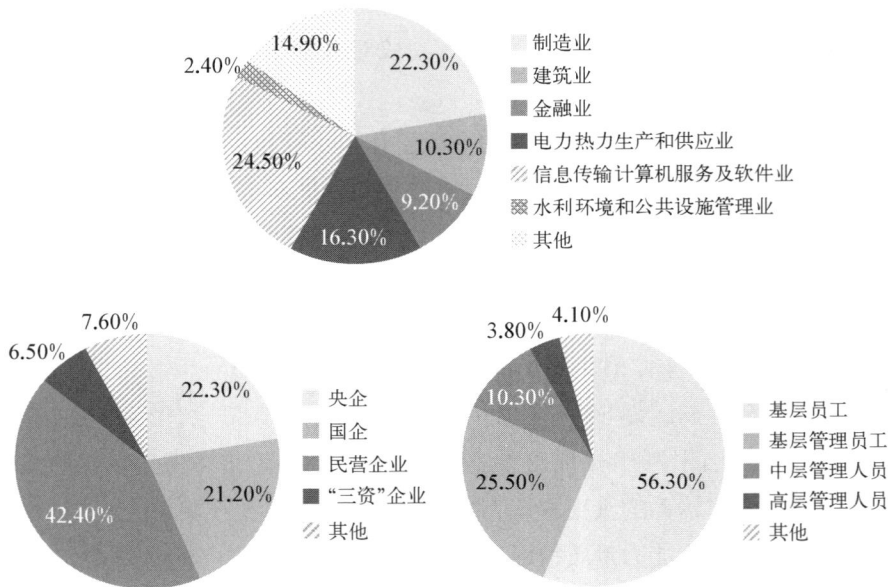

图4-1　样本所在行业、企业及员工岗位分布

本书对工学博士的工作年限及薪酬状况也进行了调研。结果显示，47.80%的工学博士工作经验在2～5年（含5年）之间，占总样本的50%左右。工作2年及以下（含2年）及工作5～10年（含10年）的工学博士分别占23.10%和21.50%。总体而言，工作年限在5年及以下的工学博士占大多数，共计70.90%。薪酬指个体在企事业单位进行工作所得的劳动补偿，以货币和非货币的形式表现，是工资和酬劳的总称。包括工资、奖金、福利、股票期权等。① 在问卷中，本书用税前年总收入这项指标来进行调查。绝大多数工学博士在40万元

---

① 王林雪.新编人力资源管理概论[M].西安：西安电子科技大学出版社，2016：8.

及以下,其中以 20 万~30 万元年薪的人数最多,占 30.20％。也有部分高新技术企业、金融科技企业薪资在 50 万元及以上。

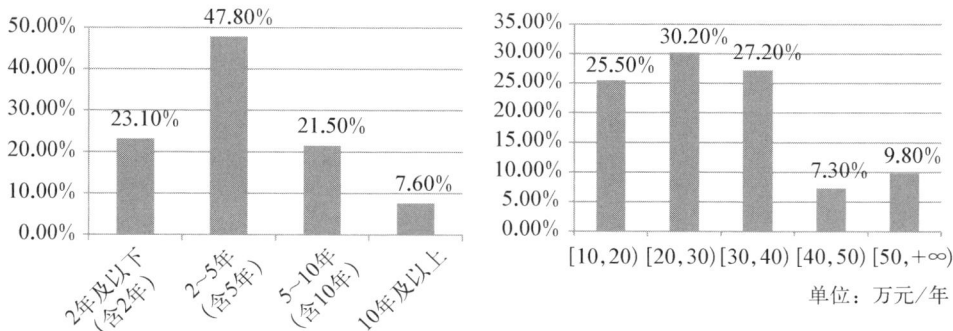

图 4-2 样本的工作年限及薪酬状况(税前年收入)

(二)能力素质需求现状分析

1. 探索性因子分析

本书对 30 项能力素质指标的题项均采用李克特五级量表评分(1＝最不重要,5＝最重要)。随后,拟对 30 个能力素质指标进行探索性因子分析。探索性因子分析要求问卷题项与样本数量之比为 1∶5 以上,最少样本数量为 100。本书涉及的题项为 30 项,样本的问卷数量为 368 份,满足探索性因子分析的样本数量要求。

使用 SPSS22.0 软件进行相关分析、探索性因子分析,然后,采用 KMO 和巴特利特(Bartlet)球形检验检验采样充足度及因子分析适宜性。KMO 检验的用途在于考察变量间的偏相关性,取值在 0~1 之间。KMO 统计量越临近 1,说明变量间的偏相关性越强,进一步表明因子分析的效果越好。实际分析中,KMO 统计量在 0.7 以上时,因子分析效具一般会比较好。① 本书中 KMO 值为 0.879,大于 0.7,说明分析效果较好,原变量适合因子分析。巴特利特球形检验概率值为 0.000($p < 0.001$),拒绝各变量独立的假设,即变量间有较强相关性,可进行因子分析。

在因子分析的时候,从统计学意义来看,选取因子数目的标准是:因子特征值大于 1,每一个因子至少包含 3 个及以上项目,才能符合碎石检验。而删除项

---

① 张文彤,董伟.SPSS 统计分析高级教程[M].第 2 版.北京:高等教育出版社,2013(3):219.

目的标准为：负荷在 0.4 以下，表明多重负荷无法对项目与因子的关系做出适当的解释。本书运用最大方差法进行正交旋转分析求得旋转因子负荷矩阵，经过反复正交旋转，结果显示 6 个指标题项应该被删除，提取的 24 个公因子的方差均在 0.4 以上（见表 4 - 6）。

表 4 - 6　　　　　　　　　　　　提取的公因子方差

公　因　子	提　　取
专业基础理论	0.700
学科专门知识	0.634
问题发现与解决能力	0.645
研究技术与方法运用能力	0.470
自主学习能力	0.508
独立钻研	0.453
创新思维	0.503
批判性思维	0.634
与人交往的能力	0.709
团队合作能力	0.648
公众展示能力	0.609
语言表达能力	0.592
沟通协调能力	0.619
领导力	0.534
执行力	0.425
项目管理能力	0.605
时间管理能力	0.578
压力管理能力	0.728
职业规划能力	0.735
自信	0.632

续　表

公　因　子	提　取
身心健康	0.545
灵活变通	0.643
商业思维	0.517
国际视野	0.542

利用方差最大旋转加以分析,结果输出中的变化如表 4-7 所示,一共提取了 4 个初始特征值大于 1 的公因子,在经过旋转后 4 个公因子的方差贡献率均发生了变化,彼此差距有所缩小,重新分配信息量,但仍然保持从大到小的排列顺序,且累计方差贡献率仍然是 54.788,和旋转前完全相同。

表 4-7　　　　　　　　　　　解释的总方差

主成分	初始特征值	提取后方差贡献率(%)	提取后累计方差贡献率(%)
1	6.868	28.617	20.461
2	2.958	12.326	33.891
3	2.219	9.247	44.912
4	1.103	4.598	54.788

利用相关—双变量对 30 个指标进行相关分析,筛除了 6 个指标,分别是:知识产权知识、资料搜集与处理能力、逻辑推理能力、动手操作能力、英文交流能力、写作技巧。再对剩下的 24 个指标进行主成分分析,运用方差最大正交旋转,旋转在 10 次迭代后收敛,共萃取出 4 个公因子(见表 4-8)。

表 4-8　　　　　　　能力素质指标因子分析旋转后的成分矩阵

公　因　子	因子 1	因子 2	因子 3	因子 4
职业规划能力	0.792			
压力管理能力	0.734			

公 因 子	因子1	因子2	因子3	因子4
项目管理能力	0.659			
时间管理能力	0.639			
执行力	0.526			
领导力	0.438			
自信		0.770		
批判性思维		0.689		
国际视野		0.625		
灵活变通		0.608		
身心健康		0.581		
创新思维		0.425		
商业思维		0.411		
沟通能力			0.747	
团队合作能力			0.744	
公众展示能力			0.723	
与人交往能力			0.618	
语言表达能力			0.427	
学科专门知识				0.737
专业基础理论				0.657
独立钻研				0.638
研究技术与方法运用能力				0.552
自主学习				0.527
问题发现与解决能力				0.435

注：因子提取方法：主成分法。旋转法：方差最大正交旋转法，旋转在10次迭代后收敛。

根据探索性因子分析的结果,最后提取 4 个公因子,本书将其概括命名为:
(1) 专业知识、方法与技能,包括 6 项指标:学科专门知识、专业基础理论、独立钻研、研究技术与方法运用能力、自主学习能力、问题发现与解决能力;(2) 沟通、表达与交际能力,包括 5 项指标:沟通能力、团队合作能力、公众展示能力、与人交往能力、语言表达能力;(3) 领导与管理能力,包括 6 项指标:职业规划能力、压力管理能力、项目管理能力、时间管理能力、执行力、领导力;(4) 个人特质与思维,包括 7 项指标:自信、批判性思维、国际视野、灵活变通、身心健康、创新思维、商业思维。

2. 各指标的均值分析

关于能力素质指标,从科研能力、沟通及交际能力、其他管理能力及个人特质等方面考察了 24 项能力素质,并对其进行了均值分析,结果如图 4 - 3所示。

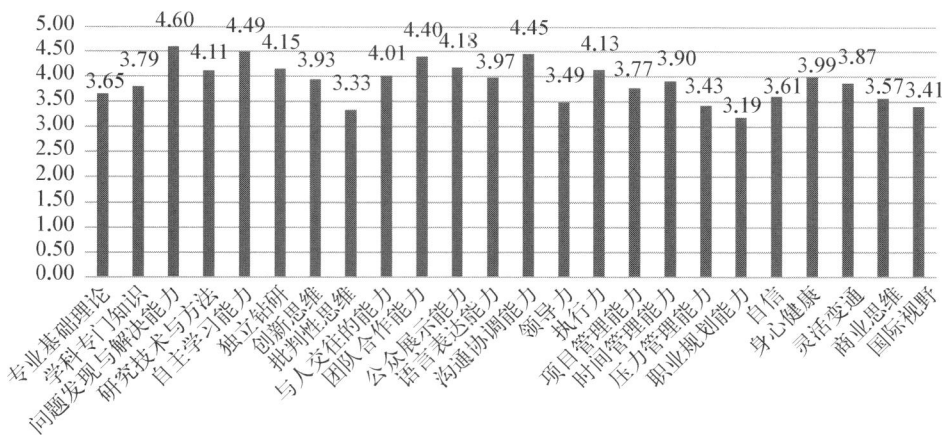

图 4 - 3　产业界能力素质重要性均值

采用李克特五级量表(1＝非常不重要,5＝非常重要)对各项能力素质进行评分。按照均值对 24 项能力素质排序(如图 4 - 4 所示):问题发现与解决能力(M=4.60)、自主学习能力(M=4.49)、沟通协调能力(M=4.45)、团队合作能力(M=4.40)以及独立钻研(M=4.15)五项能力素质指标的均值位列前 5 位。此外,职业规划能力(M=3.19)、批判性思维(M=3.33)、国际视野(M=3.41)、压力管理能力(M=3.43)以及领导力(M=3.49)五项能力素质指标的均值位列后 5 位。

从整体上对能力素质的重要程度进行均值分析后,对 24 个变量分别从四个维度的变量进行均值分析(见图 4-4)。得出如下结论:在"专业知识、方法及技能"方面,问题发现与解决能力($M=4.6$)均值最高;在"沟通、表达与交际能力"方面,沟通协调能力($M=4.45$)均值最高;在"个人特质及思维"方面,身心健康($M=3.99$)均值最高;在"领导及管理能力"方面,执行力($M=4.13$)均值最高。

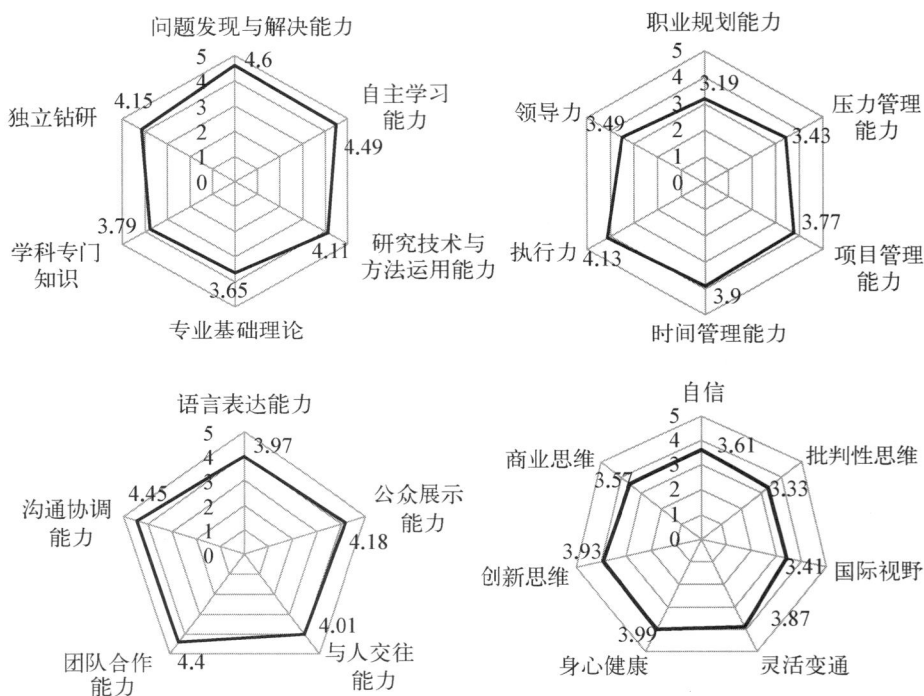

图 4-4　四个维度下的能力素质重要性的均值

(三)对能力素质需求的差异分析

对各个能力素质进行了维度划分及归类,同时对其进行均值分析,便于更好地把握各项能力素质在工作中的重要程度。此外,在不同的行业及企业、岗位之间,能力素质的需求是否存在差异? 如若存在,是怎样的差异? 本书按照四个维度对能力素质进行内部加和与平均,形成四个单独的变量,分别是"专业知识、方法与技能需求(总)""沟通、表达与交际能力需求(总)""领导及管理能力需求(总)""个人特质及思维需求(总)"。同时,将需求状况放在两个维度里观测,一方面是不同行业、不同属性的企业对能力素质需求的差异（行业、企业）；另一方面是不同特征的个体对能力素质重要性认识的差异，所以，分为不同行业、不同企业、不同的职位三个维度来查考能力素质需求方面的差异。

1. 不同行业在能力素质需求方面的差异

对各因变量的方差齐性检验结果显示，"沟通、表达与交际能力需求（总）"（$p=0.494$）、"专业知识、方法与技能需求（总）"（$p=0.936$）、"个人特质及思维需求（总）"（$p=0.462$），p 值均大于 0.05 方差齐性，可以进行方差分析，而"领导及管理能力需求（总）"（$p=0.000<0.05$）。因此，本书选择在 Dunnett'sT3(3) 进行方差分析（见表 4 - 9）。

表 4 - 9　　　　　　　不同行业对能力素质需求的差异的方差齐性检验

	Levene 统计量	df1	df2	p
沟通、表达与交际能力需求（总）	0.901	6	361	0.494
专业知识、方法与技能需求（总）	0.301	6	361	0.936
个人特质及思维需求（总）	0.946	6	361	0.462
	Brown-Forsythe 统计量	df1	df2	p
领导及管理能力需求（总）	6.041	6	77.363	0.000

选择了不同的行业为因子，观测不同的行业（制造业、建筑业、金融业、电力热力生产和供应业、信息传输计算机服务及软件业、水利环境和公共设施管理业及其他行业）在四个维度的能力素质需求方面的差异，结果如表 4 - 10 所示。

表 4 - 10　　　　　　　不同行业对能力素质需求的差异的方差分析

		平方和	均方	F	sig
沟通、表达与交际能力需求（总）	组间	3.946	0.658	2.676*	0.015
	组内	88.733	0.246		

		平方和	均方	*F*	sig
专业知识、方法与技能需求（总）	组间	4.880	0.813	4.392***	0.000
	组内	66.856	0.185		
个人特质及思维需求（总）	组间	15.236	2.539	8.572***	0.000
	组内	106.942	0.296		
领导及管理能力需求（总）	组间	14.418	2.403	7.455***	0.000
	组内	116.356	0.322		

注：* 代表 $p<0.05$，*** 代表 $p<0.001$。

　　各个行业在"专业知识、方法与技能需求（总）""个人特质及思维需求（总）""领导及管理能力需求（总）"三个方面存在极显著差异，在"沟通、表达与交际能力需求（总）"方面存在差异。对此，本书进一步对不同行业在能力素质需求方面的差异进行了事后检验。数据分析发现：在"沟通能力需求（总）"方面：金融行业与制造业（均值差＝0.378 05，$p＝0.000$）、建筑业（均值差＝0.278 95，$p＝0.018$）、电力热力生产与供应业（均值差＝0.330 00，$p＝0.002$）、信息传输计算机服务及软件业（均值差＝0.331 11，$p＝0.001$）存在显著差异。然而，对比性较为突出的是在"专业知识、方法与技能需求（总）"这个方面，则呈现出相反的趋势，金融行业与其他行业呈现出均值逆差，且差异性显著。金融行业与制造业（均值差＝−0.189 50，$p＝0.032$）、信息传输计算机服务及软件业（均值差＝−0.238 78，$p＝0.006$）、水利环境与公共设施管理业（均值差＝−0.459 15，$p＝0.005$）存在显著差异。

　　2. 不同企业在能力素质需求方面的差异

　　对各因变量的方差齐性检验结果显示，"沟通、表达与交际能力需求（总）"（$p＝0.571$）、"专业知识、方法与技能需求（总）"（$p＝0.495$）、"个人特质及思维需求（总）"（$p＝0.695$）、"领导及管理能力需求"（$p＝0.308$），p 值均大于 0.05 的方差是齐性的，可以进行方差分析。选择不同的企业作为因子（央企、国企、民营企业、"三资"企业及其他），观测其在四个维度的能力素质需求方面的差异，结果如表 4-11 所示。

表 4-11　　　　　　　　　　　不同属性的企业对能力素质的需求差异

		平方和	均方	F	sig
沟通、表达与交际能力需求（总）	组间	0.228	0.057	0.224	0.925
	组内	92.451	0.255		
专业知识、方法与技能需求（总）	组间	2.059	0.515	2.681*	0.031
	组内	69.678	0.192		
个人特质及思维需求（总）	组间	12.519	3.130	10.360***	0.000
	组内	109.659	0.302		
领导及管理能力需求（总）	组间	7.947	1.987	5.872***	0.000
	组内	122.827	0.338		

注：* 代表 $p < 0.05$，*** 代表 $p < 0.001$。

随后，本书对不同企业在能力素质方面的需求差异进行了事后检验。不同企业对"沟通、表达与交际能力需求（总）"方面没有显著性差异。在"专业知识、方法与技能需求（总）""领导及管理能力需求（总）"方面，央企、国企与民企两两之间没有显著性差异。但是其他企业同央企、国企与民企之间存在着显著性差异。

3. 不同职位对能力素质需求的差异分析

对各因变量的方差齐性检验结果显示，"沟通、表达与交际能力需求（总）"（$p = 0.463$）、"专业知识、方法与技能需求（总）"（$p = 0.780$）、"个人特质及思维需求（总）"（$p = 0.476$）、"领导及管理能力需求"（$p = 0.678$），p 值均大于 0.05（方差是齐性的），可以进行方差分析。

选择不同的职位为因子（一般或基层员工、基层管理员工、中层管理员工以及高层管理员工），观测其在四个维度的能力素质重要性认识的差异，结果如表 4-12 所示。

进一步从不同职位对能力素质需求的差异进行事后检验。在"沟通、表达与交际能力需求（总）"方面，高层管理人员与基层员工（均值差 = 0.287 85，$p = 0.038$）、基层管理人员（均值差 = 0.286 32，$p = 0.047$）、其他员工（均值差 = 0.391 43，$p = 0.036$）存在显著性差异。在"领导及管理能力需求（总）"方面，高

表 4 - 12   不同职位对能力素质需求的差异

		平方和	均方	F	sig
沟通、表达与交际能力需求（总）	组间	1.627	0.407	1.622	0.168
	组内	91.052	0.251		
专业知识、方法与技能需求（总）	组间	0.542	0.135	0.691	0.599
	组内	71.195	0.196		
个人特质及思维需求（总）	组间	4.417	1.104	3.403***	0.009
	组内	117.761	0.324		
领导及管理能力需求（总）	组间	6.623	1.656	4.841***	0.001
	组内	124.151	0.342		

注：*** 代表 $p < 0.001$。

层管理人员与基层员工（均值差＝0.455 03，$p = 0.005$）、基层管理人员（均值差＝0.448 33，$p = 0.008$）存在显著性差异，与中层管理人员没有显著性差异。在"专业知识、方法与技能需求（总）"方面，不同职位之间差异性不显著。

　　研究发现各项能力素质因其在工作中的重要程度不同，呈现出较大的需求差异。加之，不同行业、不同企业及不同岗位的工作要求、工作环境及工作性征差异较大，其对能力素质的需求也不尽相同，呈现出一定的差异性。所以，能力素质重要程度也因外界因素的影响呈现出序次差别，有待进一步深入、细致的探究。

第四节　能力素质需求重要程度的质性分析

　　国外既有研究发现产业界企业雇主寻求的是先进的通用技能，而不是专业化。[1] 企业雇主注重博士个体表现出具有深度和广度的批判性思维、创造力、领导力、团队合作、人际关系、书面和口头交流技能以及营销、经济、商业等方面的工作知识。[2] 他们关心的不是博士的具体论文主题，而是个体在攻读博士学位过

①　Carnevale，A. P，Smith，N. & Strohl，J. Help Wanted：Projections of Jobs and Education Requirements through 2018[R]. Georgetown University Center on Education and the Workforce，2010.

②　Carr，J. P. Life Science Graduates Face Daunting Labor Market[J]. Biological Science，2013(6)：922-923.

程中所培养出来的能力素质。他们期盼能培养一种"新型科学家",即具有卓越的研究技能,同时又能通过跨学科工作为社会和全球问题做出贡献。他们确定某人是不是一个好的"技能匹配者",强调必须有一个技能集合。还有雇主在受访中强调,他们被希望灌输给博士那些大局观、批判性思维和研究开发技能。但是,实际上他们更希望看到博士个体表现出出色的沟通协调能力、领导和团队合作能力。[①]

　　本书在分析产业界招聘工学博士的原因以及其工作内容与特征的基础上,利用定量分析对能力素质的重要程度进行了因子分析。便于从整体上了解工学博士进入产业界工作的缘由,进一步悉知其在产业界究竟从事何种内容和特征的工作。并用因子分析对各项能力素质进行了类属及差异分析,本节将借助质性分析更深入全面地探究产业界对工学博士能力素质的需求状况以及各项能力素质的重要程度。主要从工学博士及企业雇主两个群体的视角出发,使用Nvivo11.0对访谈资料进行编码分析及内容呈现,以期更生动、具体地还原具体的工作情景,把握各项能力素质的需求及重要程度。

一、产业界对能力素质需求的概况

　　根据之前章节对能力素质公因子的提取分类,本部分把能力素质按图 4-5 所示的维度编码和分类,主要包括"专业知识、方法与技能""沟通、表达与交际能力""领导及管理能力""个人特质与思维"以及"其他"。增设了"其他"一项,在问卷调查的基础上,通过访谈资料补充没有被研究者考虑到的内容,但却在工作中表现出重要性的能力素质,便于从整体和实践中更好地完善能力素质的内容体系。

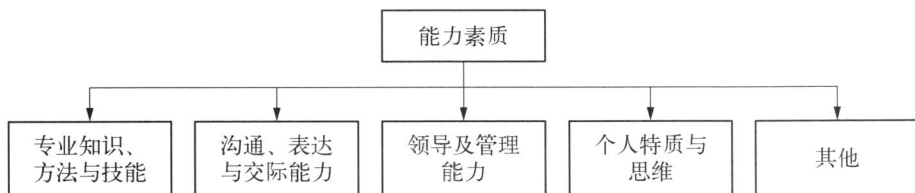

图 4-5　能力素质分类维度

　　使用 Nvivo11.0 对 50 位工学博士的访谈材料编码。首先,创建"能力素质"为总节点,细分 5 个子节点:"专业知识、方法与技能""沟通、表达与交际能力"

①　Elizabeth, G. The Value of a STEM Ph. D[D]. Arizona State University, 2018(5): 50.

"领导与管理能力""个人特质与思维"以及"其他";其次,对访谈资料逐字逐句编码;最后,统计各项能力素质指标的参考点数、子节点的参考点总数,得出各项能力素质指标的参考点信息如表4-13所示:

表4-13　　　　　　　　　　　能力素质各个维度及其指标例举

节　点	子节点	能力素质内容指标例举
能力素质需求	专业知识、方法与技能	专业知识、科研能力、专业技术、自主学习能力、问题发现与解决能力等
	沟通、表达与交际能力	沟通协调能力、语言表达能力、谈判、沟通协作、人际交往、团队合作能力、与人打交道、公众展示能力、"推销"的能力、团队协作、作报告的能力等
	领导及管理能力	领导力、号召力、组织能力、时间管理能力、项目管理能力、抗压能力、执行力等
	个人特质与思维	灵活变通、创新思维、市场敏锐力、身心健康、踏实、自信、真诚、悟性、办事靠谱、毅力、坚韧、严谨、虚心、意志力、自制力等
	其他	动手能力、实践能力、预判能力、适应能力、主动管理、目标分解任务、大局观、系统观、资源整合能力等

经过对访谈资料逐字逐句的编码,使用 Nvivo11.0 对表4-13中提及的有关能力素质的内容进行了统计,得出各项能力素质指标的对应参考点信息(如表4-14所示),分别从工学博士及企业雇主两个群体分类呈现。

表4-14　　　　　　　　　　　能力素质需求编码信息

	分　类	维度分类	材料来源	参考点
能力素质需求	工学博士的视角	专业知识、方法与技能	31	71
		沟通、表达与交际能力	33	102
		领导及管理能力	18	32
		个人特质与思维	22	49
		其他	20	33

续　表

	分　类	维度分类	材料来源	参考点
能力素质需求	企业雇主的视角	专业知识、方法与技能	15	30
		沟通、表达与交际能力	11	24
		领导及管理能力	10	16
		个人特质与思维	12	24
		其他	10	21

从表 4-17 可以看出，工学博士个体及企业雇主对能力素质重要程度的看法稍显不同。工学博士个体视角下"沟道、表达与交际能力"维度的参考点最多(102)，其次是"专业知识、方法与技能"(71)，而后，依次是"个人特质与思维"(49)、"其他"(33)、"领导及管理能力"(32)。而企业雇主视角下，"专业知识、方法与技能"维度的参考点最多(30)，其他依次是"沟通、表达与交际能力"(24)、"个人特质与思维"(24)、"其他"(21)及"领导及管理能力"(16)。

在前一节的定量研究部分，我们将四个维度的能力素质的重要程度进行平均均值分析，研究发现："沟通、表达与交际能力"平均均值最高($M=4.20$)，其次是"专业知识、方法与技能"($M=4.13$)，再次是"个人特质及思维"($M=3.67$)，最后是"领导及管理能力"($M=3.65$)，我们进一步在质性研究部分将这四个大类的能力素质进行参考点求和(工学博士个体的视角及企业雇主的视角)研究发现：其重要程度的序次排列与定量研究部分完全一致。参考点数由多到少依次是："沟通、表达与交际能力"维度参考点最多(126)，其次是"专业知识、方法与技能"(101)，再次是"个人特质与思维"(73)，最后是"领导与管理能力"(48)。

除此之外，本部分将被访者在访谈中提及的但并未包括在四个主要大类范畴之中的能力素质归入"其他"类别，在访谈过程中得到了企业雇主和工学博士的积极回应，将在后续的研究部分呈现其相应的内容。

二、重要能力素质解析

使用 Nvivo11.0 对 50 位工学博士的访谈材料编码。首先，创建"能力素质"为总节点，细分 5 个子节点："专业知识、方法与技能""沟通、表达与交际能力""领导与管理能力""个人特质与思维"以及"其他"；其次，对访谈资料逐字逐句编码;最后,统计各项能力素质指标的参考点数、子节点的参考点总数,得出各项能力素质指标的参考点信息如表 4 - 15 所示。

表 4 - 15　　　　　　　　　　　　能力素质指标的参考点信息

子节点	材料来源	参考点总数	能力素质	参考点数
沟通、表达与 交际能力	33	102	沟通协调能力	53
			团队合作能力	16
			人际交往能力	15
			公众展示能力	11
			语言表达能力	11
专业知识、 方法与技能	31	71	自主学习能力	27
			技术技能	15
			专业知识	9
			问题发现与解决能力	7
个人特质与思维	22	49	创新思维	9
			灵活变通	8
			坚韧	7
			身心健康	7
			商业思维	5
领导与管理能力	18	32	领导力	9
			项目管理能力	7
			时间管理能力	6
			执行力	3
			压力管理能力	3
其他	20	33	动手操作能力	6
			适应能力	4
			预判能力	3

（一）沟通、表达与交际能力

沟通、表达与交际是相互交织、相互促进的社会交往行为。[①] 对访谈资料编码，"沟通、表达与交际能力"的参考点总数为102，显著高于其他子节点。

1. 沟通协调能力

横向沟通能力尤为重要，且与在校期间师生间的沟通略有不同。访谈过程中，不同行业、部门、岗位的工学博士，不约而同地谈及沟通协调能力的重要性，并提及创获知识技术的能力、与他人交流思想和观点的能力不能孤立存在，需要紧密地交织在一起以获得更加显著的工作成效。

　　　为同一个公司项目效力是互助共赢的体现，其中存在一定的专业认知壁垒和问题理解偏差，抑或是涉及不同利益攸关方，如何规避理解偏差和行为惯性，保障产业界工作高效地完成？这对沟通协调能力存在一定的考验，需要与不同部门、不同岗位的员工沟通协调。（Electric1—综合评估与大数据分析师）

值得一提的是，在校期间与老师、同学的沟通相对简单，大多不牵涉经济利益得失，试错成本较低。但是，在产业界工作中，不同利益主体之间的沟通兴许还带有谈判的可能，沟通协调能力可能影响的是具体的工作成效，进而影响公司的具体利益。

2. 团队合作能力

一人独行可以走得快，但众人同行可以走得更远。团队合作能力的参考点数为16，在所有能力素质指标的显示频次中位列第3；问卷调查结果显示，团队合作能力均值为4.40，在所有能力素质指标中位列第4。谈及在产业界的工作，受访者总结：在颇具规模的公司，服膺于企业的共同目标，需要协调各方资源一起完成具体的项目，团队合作能力尤为重要。国外研究中，一家跨国公司的副总裁谈道："与他人合作的能力，对获取成功至关重要。在高校，最优秀的研究人员应该也能做到这一点，但我认为在产业界不具备团队合作能力，可能受到的限制更多、带来的负面影响更大。"[②]

---

① Watson, J. Creating Industry-Ready Ph. D Graduates[J]. Dissertations Theses-Gradworks, 2011(1)：88.

② Elizabeth, G. The Value of a STEM Ph. D[D]. Arizona State University, 2018(5)：30.

3. 公众展示能力

面向多元群体,在关键时刻合理地展示自己。在产业界工作中,公众展示需要面向的群体和对象更加多元化,展示的目的也不尽相同,尤其是涉及产品和客户,公众展示能力会被赋予新的要求和期待。受访者提及,产业界工作中不管是跟领导还是客户汇报,涉及展示的内容和方式,哪些该侧重,哪些不便显现,都需要注意。因为一旦涉及产品,就会涉及利润。有别于科研工作所需的埋头苦干,产业界工作需要适时、合理地展示自己。

(二)专业知识、方法与技能

知识运用是提高生产率和创新性的关键因素[①],博士在产业界的工作是知识的提供者,这一角色深深植根于博士对产业界的贡献。[②] 通过编码,专业知识、方法与技能的参考点数为 71。

1. 自主学习能力

不断切换的新任务要求不断地自学。高校和产业界之间的知识生产整合并非自动形成,需要具备一定知识和技术的人转化、处理。有些问题甚至超出了一定阈限,需要专门人员通过自主学习找到解决的方法。

> 大多是到了岗位后自学的,入职后做的事情不可能跟读博的专业方向完全匹配,而且我们会不断地切换工作,可能上一个项目和现在的项目一点相关性也没有。一个新任务、新需求来了,我们就得做,自学能力很重要。(Internet2—算法工程师)

2. 知识和技术缺一不可

科研能力是生存的生命线。知识生产和使用方式的变化强化了高校与产业界之间的互动关系。[③] 技术的不断进步要求公司扩大其科学知识库,而技术开发也是一项旨在发现产生实际应用所需的科学知识的活动,需要研究人员与市

---

① Reisman, A. Transfer of Technologies: A Cross-disciplinary Taxonomy[J]. Omega, 2005, 33(3), 189 - 202. doi: http://dx. doi. org/10. 1016/j. omega. 2004. 04. 004.

② Luo, X. R., Koput, K. W. & Powell, W. Intellectual Capital or Signal? The Effects of Scientists on Alliance Formation in Knowledge-intensive Industries[J]. Research Policy, 2009, 38(8): 1313 - 1325.

③ Bozeman, B., Rimes, H. & Youtie, J. The Evolving State-of-the-art in Technology Transfer Research: Revisiting the Contingent Effectiveness Model[J]. Research Policy, 2015, 44(1): 34 - 49. doi: http://dx. doi. org/10. 1016/j. respol. 2014. 06. 008.

场和公司密切联系。① 科学知识对技术进步和经济发展具有非常重要的作用，依靠科学的公司可以获得多种优势，其中包括快速获得新发现。为了利用这些知识，公司需要招聘能够生产这些知识的科学家。② 研究表明，博士是生产具有商业价值的科学知识的主要来源，他们也为研发活动提供了关键技能。③ 在访谈过程中，受访者表示：

> 科研是我们生存的生命线，高精尖技术一定需要专门的人才去做，我们这块的定位是你要做别人做不了的技术技能，同时你也要懂别人都懂的事情。（Architecture3—研发工程师）
> 专业基础知识和技能是根本。如果没有专业基础，根本无法开展工作。（Manufacturing8—科研人员）

博士教育通过原创性研究为知识进步做出贡献，博士也被要求应在知识经济和知识社会建立的过程中起到关键作用。④ 工学博士在产业界运用自己的知识背景及技术技能工作，也可以从不同的角度监测和评估新问题及新方向。

（三）个人特质与思维

对博士而言，有价值的品质包括追求学位的过程中所培养出来的一系列品质，例如决心、毅力、好奇心、激情等。⑤ 经过对访谈资料的编码，个人特质与思维的参考点数为49。

1. 创新思维

想要锦上添花就得创新。模仿，能够使企业缩短与竞争对手的差距，但是，在模仿的过程中企业也容易丢失自身的原创力，很难具备核心竞争力。只有在模仿的基础上，进一步改进、创新，才能从根本上提升企业的综合实力和核心竞

① Roach, M. & Sauermann, H. A taste for Science? Ph. D Scientists' Academic Orientation and Self-selection into Research Careers in Industry[J]. Research Policy, 2010, 39(3): 422-434.
② Stern, S. Do Scientists Pay to Be Scientists? [J]. Management Science, 2004, 50(6): 835-853.
③ Herrera, L. & Nieto, M. The Determinants of Firms/Ph. D Recruitment to Undertake R&D Activities[J]. European Management Journal, 2015, 33(2): 132-142.
④ European University Association (EUA). Doctoral Programmes in Europe's Universities: Achievements and Challenges[R]. Report Prepared for European Universities and Ministers of Higher Education. Brussels, 2007: 15.
⑤ Elizabeth, G. The Value of a STEM Ph. D[D]. Arizona State University, 2018(5): 65.

争力。[①] 新工业革命背景下,产品的更新换代速度空前,企业需要不停地创新以实现其生命的延续。创新是新型工业化的根本动力,坚持把产业发展基点放在创新上,深入实施创新驱动发展战略,以科技创新推动产业创新,进而催生新产业、新模式、新动能,发展新质生产力。[②]

> 现在比较要求创新能力,我们做的部分事情目前国际上都没有人做。查文献也是查不到的,都得自己去做。(Manufacturing1—动力系统研发工程师)

2. 灵活变通

执行任务时遇到问题是求助还是沉默。国外的研究对就职于企业的博士进行了访谈,受访者 Sam 谈道"对于一个入门级的博士工程师来说,最重要的素质之一就是灵活性。在工作过程中,可能需要同时参与多个项目,在项目之间灵活切换和处理非常重要。此外,在知识、技术的基线上应对各项任务,考验的正是灵活变通能力"。[③]

> 多年的博士生教育容易让人的思维观念存在一种现象,即对于新事物,符合自己观念的,很容易接受,但是面对与自己观念相对的情形,有时会容易抗拒,年龄越大,弹性反而可能越小。(Manufacturing-employer8—科研人员)

企业的具体工作环境和事务相对来说比较复杂,又涉及经济成本和利益,灵活变通不仅在对内工作时需要,在对外接洽过程中也时常用到,这是复杂的工作场域中不可或缺的能力素质。

(四) 领导与管理能力

管理是对组织的资源进行整合以达到组织既定目标的动态性、创造性活动。[④]

---

① 丁栋虹. 企业家精神全球价值的道商解析[M]. 上海:复旦大学出版社,2015:192.
② 中共工业和信息化部党组. 坚决扛牢实现新型工业化这个关键任务[J]. 求是,2024(1):57.
③ Watson, J. Creating Industry-Ready Ph. D. Graduates[J]. Dissertations & Theses-Gradworks, 2011:147.
④ 李长萍. 管理心理学[M]. 北京:中国农业大学出版社,2011:40.

1. 项目管理能力

组织大家一起实现项目的总体目标。

一个项目拿到手后，对周期、时间、人力资源的分配一定要反复揣摩，不然到时候时间节点到了，东西出不来，很容易出问题。（Manufacturing3—算法主管）

也有的工学博士对比了高校的科研工作，指出高校与产业界对项目管理能力的要求不尽相同。

项目管理能力很重要，我入职差不多两年，已经不是别人叫你干什么就干什么了，需要有一些会管理项目的能力，别人只是给你一个方向。（Manufacturing9—高级研发工程师）

2. 时间管理能力

时间节点密集，如何保持各项工作的序次。很多博士习惯自由探索和钻研，工作中时间节点很密集，要求对任务不断地反馈与推进。

工作中杂事很多：工作会议、行政事务，要让事情有优先级，所以时间管理能力非常重要。（Internet2—算法工程师）

也有受访者从时间管理能力对项目进展的影响及其后果阐明其重要性。

通过时间管理能力，把一些关键任务布置下去，追踪进展，项目的交互都有时间节点。如果因为一个环节有问题，影响会比较严重，产线上每耽误一天，或者因为一个东西导致产线不能如期量产，所耽误的东西每天都涉及经济利益。（Internet3—研发工程师）

第五章
高校对工学博士能力素质的培养

　　人才培养是高校的职能之一,是高校生存和发展的基石。博士生培养是研究生教育的重要议题,随着博士人才培养目标定位的嬗变,博士生培养的宗旨也在不断变化。吉本斯(Gibbons)等人的研究指出:知识生产模式在知识经济发展过程中发生了变化,促使博士生培养目标及过程受到影响。模式Ⅰ背景下博士生教育主要培养"学科看护者",而模式Ⅱ背景下更倡导培养知识的应用者。[①]博士个体不同的就业偏好及职业取向的变化,也引发各界对博士生培养质量的思考,尤其是对博士生培养能否有效地对接诸多变化趋势。与此同时,新时期经济社会发展以及科技进步,创新型人才有大量的需求空间,也进一步从外部要求其提高高等教育质量,呼吁推进博士生人才培养模式改革。[②]

　　博士生培养在坚守自身传统逻辑的基础上,如何满足国家和社会对高层次人才的需求,满足博士个体对接受博士教育后对未来职业发展的期待。尤其工学博士大范围向产业界溢出,能力素质能否满足产业界的需求。在厘清这一问题之前,有必要分析我国现行的博士生培养状况,尤其是当前高校对工学博士培养过程中对能力素质的培养现状如何? 从宏观层面(国家层面)的学位要求、中观层面(高校层面)的培养目标以及微观层面(院系层面)的培养过程对能力素质的培育与要求呈现出怎样的样态。本章通过文本分析法分析博士学位的基本要求,通过内容分析法探究培养目标,再进一步使用问卷调查法及访谈法对已毕业工学博士及在校工学博士生进行调研,综合三方面的研究素材观测高校对工学博士生能力素质的培养状况。

---

① 顾剑秀,罗英姿. 是"管道的泄露"还是"培养的滞后"[J]. 高等教育研究,2013(9):46-53.
② 张卫国.完善体制机制,探索创新型人才培养模式[J].中国高等教育,2011(22):21-22.

第一节　国家层面对博士学位
基本要求的文本分析

1980 年，第五届全国人民代表大会常务委员会第十三次会议通过《中华人民共和国学位条例（草案）》提出"建立学位制度，是一个国家发展教育、科学事业的一项重要立法"，设学士、硕士、博士三级学位。1981 年 1 月 1 日，《中华人民共和国学位条例（草案）》正式实施，新中国的学位制度正式诞生。自学位制度建立以来，先后经过了恢复初建期、调节整改期以及积极发展期。然而，我国博士教育目标大致都在《中华人民共和国学位条例》（简称《学位条例》）的基础上做进一步规定，即培养博士生扎实宽广的学科基础知识，具有独立从事科研的能力，以及具有独创性质的科学或专门技术方面的成果。《学位条例》从整体上体现了培养学术人才的理念，即主要培养高校和科研院所的科研工作者。[①]《学位条例》也从宏观方面对人才培养理念做了整体规定。

2000 年 1 月，教育部发布《关于加强和改进研究生培养工作的几点意见》，指出目前学位与研究生培养过程中存在的一些较为明显的问题，即现存的研究生培养制度并不能很好地满足社会及个人发展的需求，研究生培养模式还不能完全对接社会对高层次创新人才的需求，目前，能够适应当前社会主义市场经济的研究生培养机制尚未完全建立。[②]《国家中长期教育改革和发展规划纲要（2010—2020 年）》也对我国研究生培养质量提升做出要求，提倡调整和优化研究生教育结构，培养对接社会需求的高层次创新型人才，是今后研究生教育改革与发展的重要方向。2013 年，国务院学位委员会第二十八次会议决定，组织专家研究制定《一级学科博士、硕士学位基本要求》（以下简称《基本要求》），其中对博士、硕士学位特点的规定，对研究生培养具有重要的指导意义，是博士、硕士学位授予的重要参考。[③] 强调不断优化人才培养体系，建立与社会需求相联系的机制。

结合本书问卷调查及访谈中关涉最多的学科，本书选取了 10 个一级学科（机械工程、光学工程、材料科学与工程、电气工程、电子科学及技术、信息与通信

---

①　王东芳. 培养学科看护者——博士教育目标的学科差异[J]. 复旦教育论坛，2015(2)：18 - 24.
②　谢延龙. 中国学位与研究生教育 30 年：历程、成就和经验[J]. 中国高教研究，2008(6)：22 - 24.
③　国务院学位委员会编. 一级学科博士、硕士学位基本要求（上册）[M]. 北京：高等教育出版社，2014(1)：275.

工程、控制科学与工程、计算机科学与技术、土木工程、化学工程与技术），对其学位的基本要求进行文本分析，以期从宏观政策文本中把握国家层面对博士生培养的要求与规定。

一、资料来源与分析

本部分主要采用文本分析法分析《基本要求》。文本分析法是指从某一研究问题出发，对其关涉的相关文本、资料进行梳理、分析、归纳，从中提炼出对研究主题有用的要素及语言。它隶属定性分析，通过诊释文本中字、词、句以及符号，对事实资料做出评述性说明。这是一种根据文本的实际情况解析的过程，没有固定流程和步骤，一般表现为文本查阅、鉴别评价、归类整理。[①]《基本要求》主要包括"获本学科博士学位应掌握的基本知识及结构""获本学科博士学位应具备的基本素质""获本学科博士学位应具备的基本学术能力"及"学位论文基本要求"四个方面（见图 5-1）。

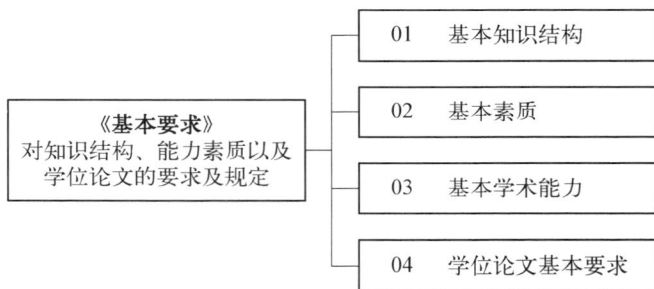

《基本要求》
对知识结构、能力素质以及
学位论文的要求及规定

01　基本知识结构

02　基本素质

03　基本学术能力

04　学位论文基本要求

图 5-1　博士学位的基本要求

本书进一步对"基本知识结构""基本素质""基本学术能力""学位论文基本要求"四个部分进行文本分析，提取相关信息。

（一）《基本要求》对博士基本知识结构的规定

基本知识结构是《基本要求》中的首要规定，是博士学位获得者最核心的东西。一般是从理论知识、学科专门知识、跨学科知识或者其他领域相关知识来规定。本书对选取 10 个一级学科的基本知识结构进行文本内容条目提取和归纳，其信息如表 5-1 所示：

---

① 陈振明. 政策科学［M］. 北京：中国人民大学出版社，2003（4）：167-174.

表 5 - 1　　　　　　　　　　　　　基本知识结构文本分析

类别	学　科	文本内容条目
基本知识及结构	机械工程	(1) 基础理论知识;(2) 专业知识;(3) 多学科知识
	光学工程	(1) 基础理论知识;(2) 专业基础理论知识;(3) 不同方向的专业知识
	材料科学与工程	(1) 坚实宽广的基础理论知识;(2) 系统深入的专业知识;(3) 全面掌握学科常用的研究方法、实验技能、测试手段、仪器设备、分析软件、计算工具等;(4) 交叉学科知识及学科前沿最新知识;(5) 掌握至少一门外国语
	电气工程	(1) 人文社会科学及自然科学基础知识;(2) 学科技术基础、计算机应用能力、仿真软件的使用;(3) 相关领域的专业知识
	电子科学及技术	本学科包含的物理电子学、电磁场与电磁波、电子材料、光电材料与器件、集成电路、信号与信息、电路与系统等方面广泛的理论和背景知识,对所研究的具体领域方向有全面的掌握;能够清楚了解本学科主要发展趋势
	信息与通信工程	(1) 坚实宽广的基础理论和系统深入的专门知识;(2) 学科国内外发展现状和发展趋势;(3) 掌握自然辩证法等社会科学的人文知识,培养人文精神和哲学思维习惯;(4) 至少掌握一门外语
	控制科学与工程	(1) 坚实宽广的基础理论、掌握本学科系统深入的专业知识、掌握本学科的前沿动态及掌握交叉学科相关知识;(2) 工具性知识:熟练掌握一门外国语;熟练掌握学科的实验方法、熟悉常用的对象建模、理论分析、数据处理的方法和工具;了解从事科学研究相关的社会、管理、法律等专业知识
	计算机科学与技术	(1) 坚实宽广的基础理论和系统深入的专门知识;(2) 深入了解学科的发展现状、趋势及研究前沿,熟练掌握一门外语
	土木工程	(1) 数学、物理、化学、材料科学和力学有广泛的知识面;(2) 基础理论知识和专业知识;(3) 本专业知识的理论体系、学科历时、研究方法、学科前沿以及相邻专业领域知识、本专业国内外的最新动态等方面有清晰了解和认识
	化学工程与技术	(1) 坚实的基础理论知识;(2) 系统深入的专业知识;(3) 学科常用研究方法;(4) 相关交叉学科知识;(5) 掌握一门外语

　　不难发现,对"基本知识及结构"的规定,各个学科都从基础理论、学科专门知识等方面进行了详细规定,尤其是"基础理论知识"和"学科专门知识"这两个部分是每个学科必不可少的基本要求。在此基础上,不同学科对其他方面的知

识提出了不同的要求。部分学科也对外语能力提出了一定的要求。

(二)《基本要求》对博士基本素质的规定

除了基本知识之外,素质也是博士个体综合发展必不可少的方面。关于《基本要求》中关于素质的规定则相对单一,趋同性较高。主要从学术素养和学术道德两个方面展开,绝大多数关于素质的要求还是围绕学术训练方面(如表 5-2 所示)。

表 5-2   基本素质文本分析

类别	学科	文本内容条目
基本素质	机械工程	(1) 学术素养;(2) 学术道德
	光学工程	(1) 学术素养;(2) 学术道德
	材料科学与工程	(1) 学术素养;(2) 学术道德
	电气工程	(1) 学术素养;(2) 学术道德
	电子科学及技术	(1) 学术素养;(2) 学术道德
	信息与通信工程	(1) 学术素养;(2) 学术道德
	控制科学与工程	(1) 学术素养;(2) 学术道德
	计算机科学与技术	(1) 学术素养;(2) 学术道德
	土木工程	(1) 学术素养(科学素养、学术潜力、掌握本学科相关的知识产权、研究伦理); (2) 学术道德(恪守学术规范和学术道德规范、遵纪守法)
	化学工程与技术	(1) 学术素养;(2) 学术道德

绝大多数学科对素质的规定仅限于学术素养和学术道德,都是围绕学术展开,而关于学术之外的能力素质的规定则无迹可寻。

(三)《基本要求》对博士基本学术能力的规定

除了规定知识和素质之外,对能力的规定也在基本要求的范畴之内。关于"基本学术能力",从基本能力与其他能力两个方面规定(如表 5-3 所示)。

前者主要从获取知识、学术鉴别、科学研究、学术创新、学术交流五个方面展开。所选取的学科皆对这五个方面的能力做出了相应的要求。仅仅在其他能力里面对科研能力之外的能力素质有少许着墨。各个专业的要求呈现出各自的特点和差异。

表 5 - 3　　　　　　　　　　　　基本学术能力文本分析

类别	学科		文本内容条目
基本学术能力	机械工程	(1) 获取知识的能力 (2) 学术鉴别能力 (3) 科学研究能力 (4) 学术创新能力 (5) 学术交流能力	(6) 其他能力(具有一定的规划、组织、协调等能力;具有良好的社会适应能力)
	光学工程		(6) 其他能力(具备熟练使用现代化信息工具和软件的能力;具备强健的体魄和心理素质;具备较好的团队合作精神、沟通协调能力和组织能力)
	材料科学与工程		(6) 其他能力(较强的组织协调能力和工作实践能力)
	电气工程		(6) 其他能力(哲学理论的能力,用以正确指导科研与实践活动)
	电子科学及技术		(6) 其他能力(国际视野和国际竞争力,了解社会文化,具有一定社会生活阅历,对社会有责任感)
	信息与通信工程		(6) 其他能力(德智体美综合素质,积极参加公益活动,具有高雅朴实的举止及健康的体魄;增强法制观念、社交能力和自我保护能力)
	控制科学与工程		无
	计算机科学与技术		(6) 其他能力(具备一定的组织能力、管理能力、协调能力;具备较好的交流能力,特别是能够与同行进行通畅交流并获取所需要的信息)
	土木工程		(6) 其他能力(科学洞察能力和良好的国际视野)
	化学工程与技术		无

（四）《基本要求》对学位论文的规定

学位论文是博士生科研训练阶段最具代表性的作品。它反映了博士个体对学科基础知识、研究方法以及技术技能的掌握,一定程度上彰显了个体的研究能力及水平。对于"学位论文基本要求"的规定,主要从选题、规范性以及创新性三个方面做出要求(如表 5 - 4 所示)。

表5-4　　　　　　　　　学位论文基本要求文本分析

类　　　别	学　　　科	文本内容条目
学位论文基本要求	机械工程	（1）选题与综述的要求 （2）规范性要求 （3）成果创新性要求
	光学工程	
	材料科学与工程	
	电气工程	
	电子科学及技术	
	信息与通信工程	
	控制科学与工程	
	计算机科学与技术	
	土木工程	
	化学工程与技术	

　　值得注意的是，我国的博士生教育在沿袭传统的基础上强调培养学者及科研工作者，大多数情况下他们在相应的领域进行"知识生产及创新"，学术发表和学位论文是衡量博士生的重要评价指标，这也在一定程度上导致博士生培养的片面化和功利化。博士学位论文的重要性不容置疑，但是，仅仅注重博士论文等学术成果是不够的，博士生更应该在博士生教育期间获得一些技能、素质和方法。[1] 以在学术发表及学位论文撰写的过程中，提升自己从事研究工作的能力和素质，完善自己的知识体系。

二、国家层面的博士学位要求的特征

　　《基本要求》作为国家层面规范博士学位要求的政策文本，从宏观层面对博士学位获得者理应具备的知识结构、基本素质、基本学术能力以及学位论文方面做了提纲挈领的规定。基本知识结构着重强调的是学科基础理论和专门知识；

---

① Golde，C. M. & Dore，T. M. At Cross Purposes：What the Experience of Doctoral Students Reveal about the Doctoral Education［EB/OL］. 2001，Philadelphia，PA：A Report for the Pew Charitable Trust. Retrieved from http：//www. phd-survey. org.

基本素质着重规定了学术素养及学术道德；基本学术能力对获取知识、创新、交流等方面的能力做了较为一致的规定，同时，也对科研能力之外的其他能力素质稍有提及。学位论文的要求聚焦于选题、创新以及研究的规范性。

总体而言，《基本要求》对知识、能力、素质等方面的规定大多围绕学术及科研方面来进行，具有非常明显的学科逻辑特征，较为遵从学术本位的出发点来对博士各个方面进行规定。而学术之外的其他方面的能力素质则提及不多，且在各个学科之间虽然有些许差异，但是，大多数内容皆是围绕学术能力与素养出发。《基本要求》作为大多数高校制定培养目标过程中的重要参照，具有一定的方向性和指导性。

第二节　高校层面对博士生培养目标规定的内容分析

教育目的是国家对教育的总体要求，是各个学校教育目标系统的最高层级，主要规定"把受教育者培养成什么样的人"这一根本问题。教育目的是适应社会制度、文化传统以及社会需求等各个方面的综合体现。[1] 而培养目标则是根据国家的教育目的，再综合不同学校的性质、特色、任务提出的有针对性的、具体的培养要求。[2] 不同类别、不同层次的高校培养目标差异较大，培养目标也并非一成不变，它会随着社会的发展和需求发生动态变化。博士生教育的培养目标，是博士生教育目的的直接体现，也是博士生教育改革及发展的前提和起点。它的原则是特殊性、适应性和可行性。[3] 此外，博士生培养目标不仅仅是简单的政策文本，更重要的是对博士生教育的认知以及对博士生培养质量的承诺。[4] 为了更好地研究博士生培养这一问题，有必要以博士生培养目标为切入点，探寻其对博士能力素质的要求和规定，从而观测目前的培养现状。

国内有研究者分析了我国工学学科的培养目标，研究发现我国各类高校工程类专业培养目标随着工业及社会的发展不断变化，但是，总体呈现出重知识轻

① 顾明远. 教育大辞典[M]. 上海：上海教育出版社，1998(8)：128.
② 雷庆. 高等工程教育专业培养目标分析[J]. 高等教育研究，2007(11)：7-15.
③ 赵世奎，沈文钦. 博士就业的多元化与我国博士教育目标定位的现实选择[J]. 教育与职业，2010(27)：14-16.
④ 刘俭，刘少雪. 我国高校工科领域博士生培养目标设置现状分析及建议[J]. 高等工程教育研究，2019(2)：167-177.

能力、重专业轻素质、重研究轻实践等特征。① 也有研究者围绕培养目标,对博士生导师以及企业雇主这两个不同的群体进行访谈,探寻他们对培养目标的认识差异。研究发现:对于知识的掌握方面,两个群体的认识比较一致,皆认为知识的掌握能力是其他能力的"核心基础";而对于能力素质的构成及重要性方面,两个群体的认识差异较大,尤其是对"博士生教育应该培养什么样的人"有着不同的认知,因此,在创新能力、团队合作能力以及胜任力方面的理解存在较大的差异。② 还有的研究者通过对美国高校教师的访谈,进一步指出美国的博士教育目标总体趋势是从学科看护者向可雇用者转化,但是,不同学科对科学研究能力之外的能力素质的侧重程度呈现出较大的差异。③ 可见,从研究目标出发,观测博士生培养状况已经在不同的研究视野下逐步展开,在对国家层面的培养要求有了整体的梳理之后,本部分将从高校层面分析博士生培养目标,以期从中观层面把握高校对博士生培养过程对能力素质的重视程度呈现的特征。

一、资料来源与分析

本部分使用内容分析法分析样本高校的培养目标。内容分析法最早显现于传播学领域,而后被延伸使用到社会科学等领域。它是对传播符号的考察,并运用有效的测量规则对符号赋值,随后对其中涉及的关系使用统计方法分析。④ 本部分选取 36 所双一流(A 类)高校的博士生培养目标为分析对象,通过登录各个高校的官方网站搜索,由于部分高校没有设置总体的博士生培养目标,分别按照不同学科规定;也有部分高校没有公开博士生总体培养目标;部分军校的培养目标较为特殊化;排除以上三种情况后共选取了 27 所高校的博士生培养目标作为研究样本。而后,对培养目标进行内容分析,按照语义分解的方法先将培养目标进行内容拆分,然后对每个语义进行要素提取及能力素质归类,27 所高校的培养目标一共得出 251 条语义。登录各个高校网站公开信息,搜集各个学科博士生培养方案及其培养目标,然后,对培养目标的内容进行梳理、归纳和要素提取,并进一步分析其具

① 赵婷婷,冯磊. 我国工程教育的社会适应性:基于工科专业培养目标的实证研究[J]. 高等教育研究,2016,37(2):64-73.
② 刘俭,刘少雪. 博士生培养目标在学术界与工业界之间的理解差异——以工科博士生培养目标为例[J]. 高等工程教育研究,2018(4):113-119.
③ 王东芳. 培养学科看护者——博士教育目标的学科差异[J]. 复旦教育论坛,2015(2):18-24.
④ 丹尼尔·里夫,斯蒂文·赖斯,弗雷德里克·G.菲克. 内容分析法:媒介信息量化研究技巧[M]. 第 2版. 嵇美云译. 北京:清华大学出版社,2010:25.

体的内容。调查时间截至 2017 年 8 月底,有 27 所高校的培养目标表述完整,9 所高校没有在外网公布信息。按照上述方法,对培养目标的具体内容进行语义分解,将其拆分为 8 个语句,再对每个语句进行要素提取、分解与提取,共拆分出 251 条语义,"专业知识、方法与技能"类的 90 条,"沟通、表达与交际能力"类的 24 条,"领导及管理能力"类的 5 条,"个人特质与思维"类的 106 条,其他类别 26 条。以某个高校的培养目标为例,语义分析—要素提取—归类过程如图 5-2 所示。

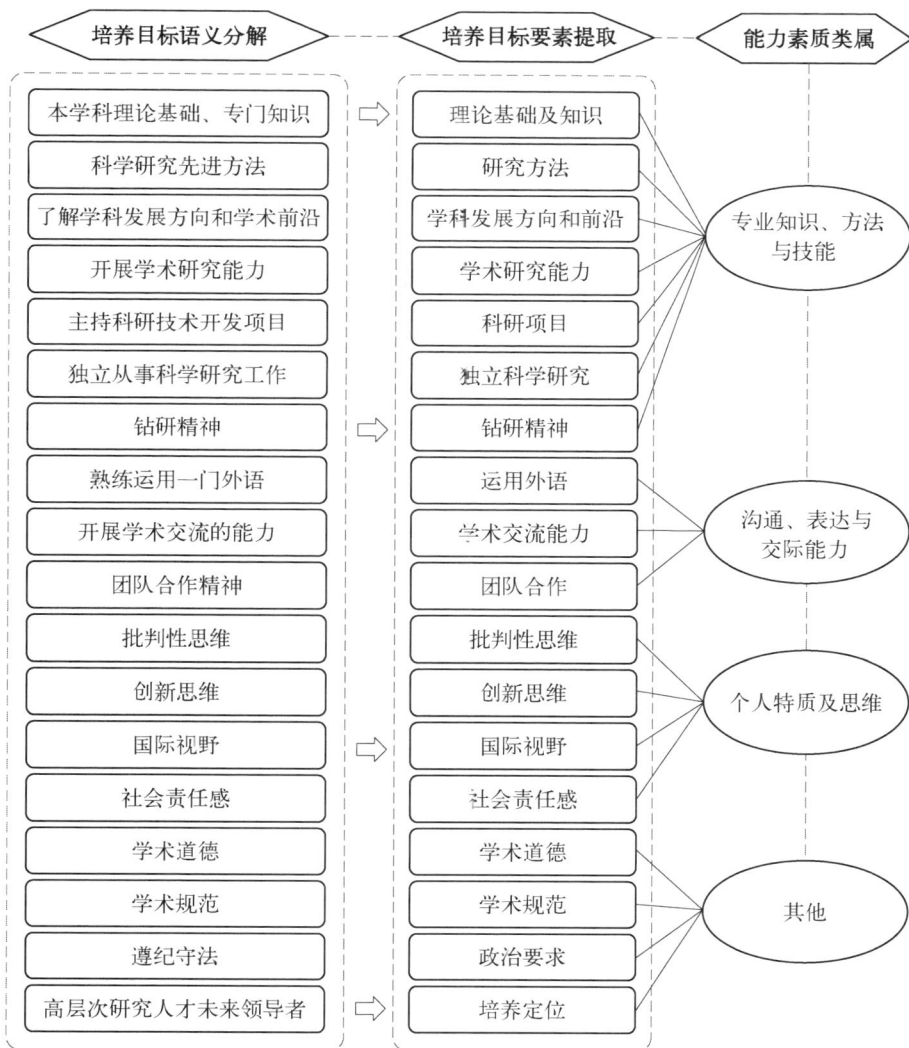

图 5-2 培养目标要素提取及归类案例

　　再将培养目标按照"一级类目—二级类目—三级类目"进行语义分解后的统计结果如表5-5所示。

表5-5　　　　　　　　　　　　27所高校培养目标统计结果

一级类目	二级类目	三级类目	频次	占比
能力素质	专业知识、方法与技能	理论基础与专门知识、独立创造性的从事科研工作、在科学技术上做出创造性的成果、研究方法、实验方法、学科发展方向和学术前沿等	90	35.85%
	沟通、表达与交际能力	沟通协调能力、语言表达能力、人际交往、团队合作能力、做报告的能力、学术交流能力、外语交流能力等	24	9.56%
	领导及管理能力	领导力、号召力、时间管理能力、项目管理能力、抗压能力、执行力等	5	1.99%
	个人特质与思维	诚实守信、品行端正、创新思维、批判性思维、国际视野、身心健康、事业心、责任感、奉献精神、服务精神、虚心等	106	42.23%
	其他	政治要求、培养定位、学术道德和学术规范、教学能力、实践能力等	26	10.36%

　　在27所高校的培养目标中分解出251条语义,提及率最高的是"个人特质及思维"类共106条,占总数的42.23%;其次是"专业知识、方法与技能"类90条,占总数的35.85%,随后是其他类别的能力素质26条,占总数的10.36%;"沟通、表达与交际能力"类24条,相对较低,仅占总数的9.56%;最低的为"领导及管理能力"类共约5条,仅占总数的1.99%。

　　同时,本部分选取在27所高校中被提及频次在5次及以上的能力素质进行展示,可以发现"学科基础理论和专门知识""独立开展科学研究的能力"占据绝对高位,被提及频次为27,即每所高校的培养目标中都强调了这两个方面的能力素质,这也是博士培养的核心与重点。其次是"做出创造性的成果"24次,除此之外,"品行端正""身心健康""奉献精神"等个人特质及思维类的能力素质被提及频次也较高。超过一半的高校提及了"沟通交流"能力的重要性,频次为14(见表5-6)。

表 5 - 6　　　　　　　　各项能力素质被提及的频次及频率

单项目标要素	被提及的频次	被提及的次数占目标校数的频率
学科基础理论和专门知识	27	100%
独立开展科学研究的能力	27	100%
做出创造性的成果	24	88.89%
政治要求	21	77.78%
品行端正	16	59.26%
身心健康	15	55.56%
奉献精神	15	55.56%
沟通交流	14	51.85%
事业心	9	33.33%
服务精神	9	33.34%
创新思维	7	25.93%
国际视野	6	22.22%
团队合作	5	18.52%
学术道德与规范	5	18.52%

二、高校层面对培养目标规定的特征

国家层面对培养要求的规定,主要是围绕学科逻辑对学术方面能力素质的规定。高校从中观层面确立博士培养的目标定位,提及了诸多方面的能力素质,综观各个高校的培养目标,目前呈现出三个方面的特征。

（一）注重知识结构及独立进行科研的能力

博士教育作为我国学历教育中的最高层次,面临着知识生产及创新的重要任务,对其他层次的教育具有引领作用,在知识体系中处于重要地位。这也致使博士教育具有一定的特殊性。[1]　对知识的运用程度要更为精深、专业,知识是培

---

① 赵世奎,沈文钦. 博士就业的多元化与我国博士教育目标定位的现实选择[J]. 教育与职业,2010(27)：
14 - 16.

养目标中的基础性要素,是其他能力素质的先导。对于学术型博士而言,培养其专业基础理论及知识,并且能够独立进行科学研究的能力几乎是所有学科的核心目标和根本宗旨。在我国高校层面的培养目标中也强调了知识结构以及独立进行科研能力的重要性。

（二）强调为人为学的作风和素质

知识基础和独立科研的能力位于培养目标的核心位置,个人特质及思维则处于培养目标的主体地位,在我国高校层面的培养目标中,对为人为学的作风和素质的描述强调占据了较大的比重,尤其强调品行修养、奉献及服务精神等。对作风和素质等方面的提及频次最高。

（三）对领导、管理等其他方面的能力素质提及不多

相较于对知识基础、独立科研能力以及个人作风素质等方面的重视程度而言,高校层面关于培养目标中对其他领导、管理等方面的能力则鲜有提及。知识基础以及独立科研能力的核心地位固然重要,但过分弱化其他能力素质,容易窄化培养目标的指导作用。学术水平、社会价值和人本取向是高等教育质量标准中的三个基本维度,忽略其中一种价值取向,可能导致高等教育的发展陷入困境。在博士的培养过程中,应该以科学研究能力为根本,人本素质特征为核心,社会管理能力为补充。

第三节　院系层面对工学博士生能力素质培养过程的实证分析

国家层面对博士学位的具体要求是培养目标及培养过程的重要指引性文件,它从宏观层面对博士学位理应具备的知识、能力、素质等方面做出了框架性的规定。高校层面对培养目标做出了更具操作化的规定,从中观层面确立了博士生培养的核心及重点。在此政策文本分析的基础上,结合调查问卷及质性访谈对已就业的工学博士以及在校工学博士生进行了调研,进一步从微观院系层面分析具体培养过程中对各项能力素质的重视程度。

一、院系层面对工学博士生能力素质培养的定量研究

通过对 368 名已毕业工学博士的问卷调查,我们对博士生培养阶段的状况进行回溯式评价(样本信息详见第一章表 1－3)。问卷主要考察高校工学博士

生培养过程中的学术发表、科研项目、出国学习及交流、实习实践等方面，以及在培养过程中对各项能力素质的重视程度。

（一）培养过程中各个环节的参与及表现

1. 学术发表

学术交流的最佳途径是学术发表，包括期刊论文和学术著作。衡量科研能力的一个标准是学术发表是否权威，虽然大家普遍认为不能以发表的数量为基础，而应该以文章的质量为标准，但是，目前对文章质量很难有统一的标准。[①]博士生培养过程中，学术发表一直是重要环节之一，培养单位通过学术发表的要求让学生学会规范地进行科学研究并呈现科研成果。从对学位基本要求及各高校培养目标的分析，不难发现，科学研究能力是博士培养过程中的核心，而在博士培养阶段，学术发表被视为一个重要衡量指标以考查博士独立进行科学研究的水平。部分高校明确要求博士生科研发表达到一定要求才能具备申请学位的资格。本书中 368 名产业界就职工学博士，博士生阶段发表过 2 篇及以上 SCI 文章的工学博士占 79.1%，未发表过 SCI 文章的工学博士仅占 9.2%，发表过 2 篇及以上 EI 文章的工学博士占 51.35%，未发表过 EI 文章的工学博士占 24.2%。

2. 科研项目

科研项目是指与科学研究相关联的活动，有相应的目标、时间、资源、经费的规定，包括国家各级政府成立的纵向科研项目以及和社会各界合作的横向科研项目。在科研项目参与过程中，提升博士生各方面能力素质。调查数据显示，工学博士参加科研项目、横向项目、纵向项目的情况如图 5 - 3 所示。98.4% 的工学博士有过科研项目参与经历，其中 91.1% 的工学博士参加过 2 项及以上科研项目，45.6% 的工学博士参加过 4 项及以上科研项目。参加过纵向项目的工学博士占 87.5%，参加过 2 项及以上纵向项目的工学博士占 61.1%，参加过横向项目的工学博士占 78.8%，参加过 2 项及以上横向项目的工学博士占 46.7%。绝大多数工学博士在读期间有过科研项目参与经历，那么，在如此频繁的项目参与过程中，是否有利于能力素质提升？横向项目参与经历与纵向项目参加经历是否对能力素质的提升存在差异？有待借助质性访谈资料进行更为细致深入的分析。

3. 出国学习及交流

高等教育国际化是我国高等教育发展战略的重要目标。提升博士生的国际

① 阎光才.美国的学术体制：历史、结构与运行特征[M].北京：教育科学出版社，2011：63.

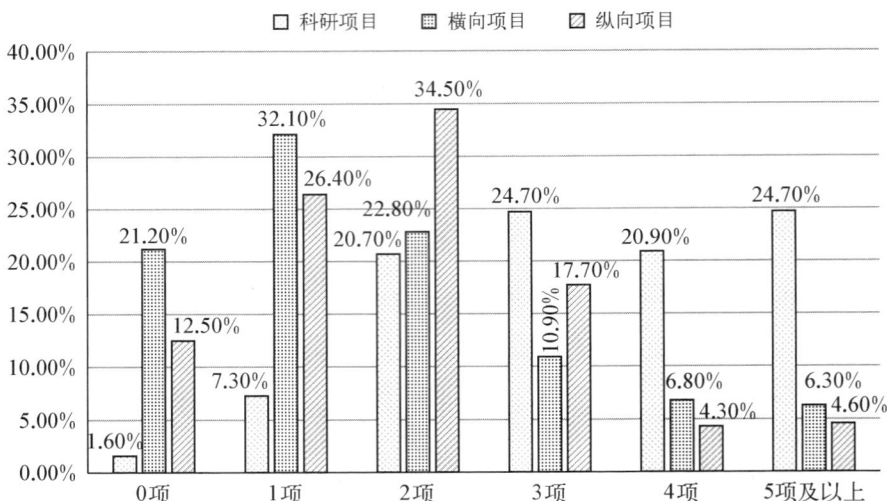

图 5-3   博士培养期间科研项目参与分布

化视野对于提高博士生能力素质培养尤为重要。高校采取多种形式鼓励博士生积极接触学科前沿,通过支持博士生参加出国联合培养、短期访学、参加交换项目、参加学术交流等多种方式拓展博士生的国际视野,提升其学术水平。[①] 此外,出国学习及交流不仅有助于与国外高校知名学者建立密切联系,提高博士生的学术水平,也有助于提高国内高校相关学科的学术影响力,为高校间的国际合作建立纽带。我国研究型大学支持博士生出国学习及交流的项目也日益增多,旨在切实提升学生国际视野以及学术研究能力(见图 5-4)。

对 368 名产业界就职工学博士的调查发现,53.5% 的工学博士在读期间曾经有过出国交流或学习经历,从未出国学习及交流过的工学博士占 46.5%。并且,统计了出国学习及交流的最长时间,发现出国学习及交流在 3 个月以下的占72.9%,7~12 个月及以上的仅占 8.7%。可见,大部分工学博士出国参加短期访学及学术会议较多,一定时长内深入学习交流的机会则稍显不足。

4. 实习实践

实习实践是高校博士生培养教育中的重要环节和有效途径,探索博士生实习实践对于发挥社会实践育人功能以及优化博士生培养方案具有重要意义。[②]

① 中国学位与研究生教育学会工科工作委员会,哈尔滨工业大学,清华大学. 工科研究生教育创新与改革探索[M]. 哈尔滨:哈尔滨工业大学出版社,2015: 227.
② 甲千初,谈思嘉,金彤. 高校博士生社会实践必修化工作推进策略探析[J]. 思想理论教育,2017(5):106-109.

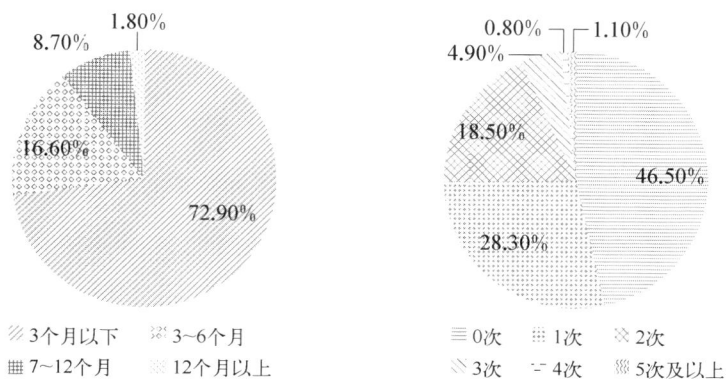

图 5-4　博士培养期间出国学习及交流时长分布

2002 年,清华大学将社会实践调整为博士生培养的必修环节和硕士生培养的选修环节,实践时间由原来的 4 周延长至 6 周,社会实践结合博士生的培养特点采用项目化方式,实践项目由学校在全国各地建立的近 70 家校级实践基地统一提供,博士生从中自主选择与专业相关或者自己擅长的科研课题,并到实践单位工作 6 周完成课题。[①]　目前,全国高校中仅有少数高校(如清华大学和浙江大学)将社会实践作为博士培养阶段的必修环节,其他高校囿于各种因素尚未将社会实践作为博士生培养的必修环节,大多数博士实习实践还是自发为主或者依托实验室项目进行相应的实习实践活动。在本次调查中,工学博士参与实习以及社会实践的大致情况如图 5-5 所示。

　　研究发现超过一半的工学博士没有参加过企业实习和社会实践。52.7％的工学博士在培养期间没有参加过企业实习,57.9％的学生没有参加过社会实践。四成左右的工学博士有过一次及以上企业实习及社会实践经历。企业实习及社会实践对于提升工学博士对学校之外的工作场域和需求的认识具有重要作用,也可以帮助工学博士提升综合素质。目前,大部分研究型高校对实习实践方面的重视程度还稍显不足。

　　工学博士在读期间,高校对博士生学术发表较为看重,有各种明确的要求;科研项目的参与率也较高,大部分工学博士有过科研项目参与经历;但是,出国学习及交流的力度稍显不足,集中在短期参与学术会议的较多;企业实习及社会

---

①　李泽芳,张小平,黄红选.清华大学博士生社会实践育人成效调查——基于参与实践的博士生的评价[J].学位与研究生教育,2014(6):23-27.

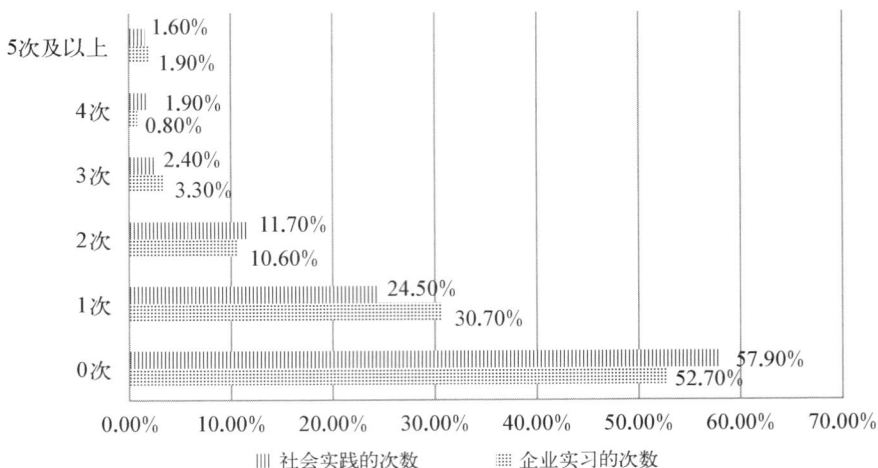

图 5 - 5　博士培养期间参与实习实践的分布

实践的普及程度还不够到位,大多数高校没有统一组织博士的社会实践,个人自主联系的较多,近半数的工学博士还没有参与过企业实习或社会实践。

（二）培养过程中对各项能力素质的重视程度

我们通过对各项能力指标进行五级评分,衡量高校对工学博士在读期间对各项能力素质的重视程度,其均值分析结果如图 5 - 6 所示。

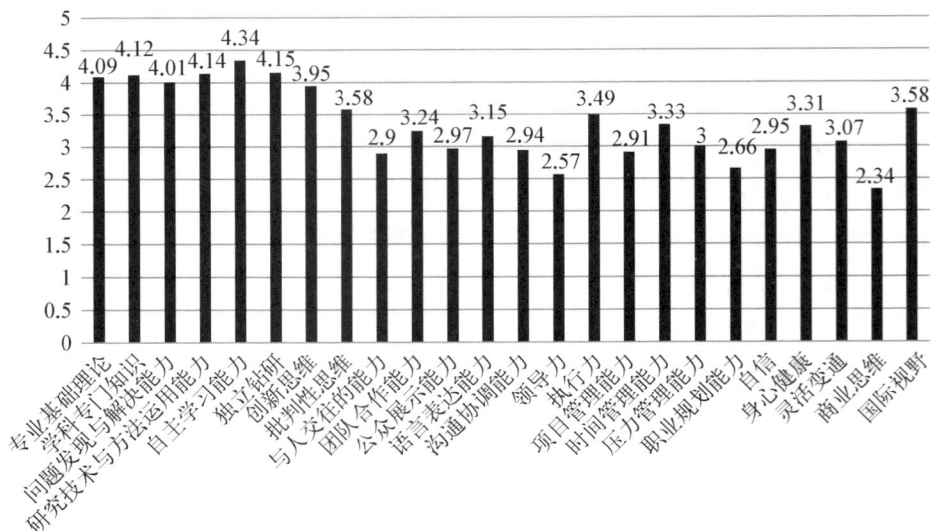

图 5 - 6　高校培养过程中对各项能力素质重视程度的均值

均值最高的 5 项能力素质指标分别为：自主学习能力（$M=4.34$）、独立钻研（$M=4.15$）、研究技术与方法运用能力（$M=4.14$）、学科专门知识（$M=4.12$）、专业基础理论（$M=4.09$），全部集中在"专门知识、方法与技能"方面。均值最低的 5 项能力素质指标分别为：商业思维（$M=2.34$）、领导力（$M=2.57$）、职业规划能力（$M=2.66$）、与人交往的能力（$M=2.90$）、项目管理能力（$M=2.91$），主要集中在"专门知识、方法及技能"之外的能力素质。研究发现，目前高校对工学博士生能力素质的培养中最为重视的仍然是"专门知识、方法与技能"，而对于专门知识、方法与技能之外的其他"沟通、协调与人际交往能力""领导及管理能力"的重视程度则稍显不足。

二、院系层面对工学博士生能力素质培养的质性研究

除了使用调查问卷调查高校对工学博士生各项能力素质的重视程度之外，本书也通过访谈在产业界就职的工学博士（样本信息详见第一章），呈现其对高校培养的回溯性评价。主要依据课程体验、项目参与及导师指导三个方面的培养状况依次观测，分析各项能力素质在培养过程中的现实状况。使用 Nvivo11.0 对访谈资料编码，资料来源及各个部分的参考点如表 5-7 所示。

表 5-7 高校培养状况的编码信息

类　　别	资料来源	参　考　点
课程体验	36	104
项目参与	35	68
导师指导	36	117

（一）课程体验："对科研能力以及其他能力素质提升及帮助不大"

博士生课程是博士培养的重要方面，对博士生培养起着重要作用。在相应的学分要求下，主要从学科基础理论、专门知识、学科前沿方面来展开。根据各个高校及院系自行安排。博士个体围绕课程的重要性及必要性陈述了看法。

课程就相当于给你打开一个窗口，让你知道这个领域要用的东西是哪些，你能接触到的圈子怎么样？比较前沿的东西到哪一步了？这个还是非

常有必要的，有点像做一个新的课题和方向的时候给的"入门砖"。（Internet5—项目经理）

笔者通过访谈在产业界就职工学博士，用于开放式编码，对原始文本逐行编码再聚焦编码的方式，归纳提炼出工学博士课程的特征及其参与其中的收获等范畴。具体信息如表 5-8 所示。

表 5-8　　　　　　　　　　　　　　课程体验的编码

原　始　文　本	逐　行　编　码	聚　焦　编　码
从课程中**学到的很少**，基本都是自己搜索资料，有的**老师仅仅是完成教学任务，不同的老师上课质量差异比较大**。（Internet14—研发经理）	学到的很少 老师仅仅是完成教学任务 不同老师课程质量差异大	**教师教学态度及方式：** 不够认真负责 完成教学任务 重视程度不够
很多**课程质量很差**，课程设置一开始就不太对，没有反向约束，很多课纯粹是浪费时间，很多**老师上课不太认真，没有太多更新，学生也懒得去参加。双方都是在浪费时间**。（Electric1—综合评估与大数据分析）	课程质量很差 没有太多更新 双方都在浪费时间	
当时的**课比较"水"**，有的**老师会让博士生来给我们讲或者让学生自己讲**，或者就是那种**读书、读PPT**的情况，这个也很没有意思。（Finance6—数据挖掘工程师）	课比较"水"，没有意思 老师让博士生或者学生自己讲 读书、读PPT	**学生修课态度：** 没花心思 多数仅为了拿学分 没太多兴趣
博士的时候很多人可能就觉得过了就行，**也没花多少心思、纯粹为了拿学分**，大多数是没有多大价值。有的**课程内容不够前沿**，不要把面铺得很广，但很多都是很浅显的东西。毕竟博士的时间很有限，最后课程变得很鸡肋。（Internet1—云计算架构师）	学生没花心思，仅为了拿学分 课程内容不够前沿	**课程质量及作用：** 质量较差且差异性大 内容不够前沿 针对性不太强 对科研帮助不大 作用不大
学校和**老师对博士的课程本身重视程度不够**，老师也不会精心设计一门课程，让学生了解，可能**也只是完成任务**。（Finance4—新功能开发）	师生对课程重视程度不够 老师只是完成任务	
整体来说**课程的针对性不是特别强**。（Internet10—5G咨询总监）	针对性不是特别强	

续　表

原 始 文 本	逐 行 编 码	聚 焦 编 码
说实话，没什么用。**课都比较"水"，老师也不好好上，学生也不好好听**。（Internet2—算法二程师）	课比较"水" 师生态度不够	
没什么用，我上了两年课，但是那些课程用处真的不大，**讲得也很浅**，对研究来说，只是有一个基本背景的认识。我们有些课程其实已经很老了。**课程的前沿性不是特别够**。（Finance1—业务分析岗）	课程用处不大，讲得浅 课程前沿性不够	
基本上其实就是**为了修学分**啦，课程**内容倒是也挺多样化**，但是仅**就对科研的帮助**，我觉得**不大**。（Finance7—部门经理）	为了修学分 内容多样化 对科研帮助不大	

　　对访谈资料的编码发现，多数工学博士表示博士生阶段的课程质量差异性较大，也有少部分学生肯定了博士阶段的课程作用，尤其认同数学类课程的重要性。布鲁贝克曾提及：数学是各门学科的"皇后"，因为是所有其他学科赖以存在的基础。[①] 受访对象在访谈中表示：数学类的一些很基本的东西现在也很有用，个别课程还是很有帮助。（Architecture3—研发工程师）不同专业的学生都对数学类课程的作用给予了高度评价：博士生课程有两种比较有用，一种是基础性的：数学、矩阵论，这些我现在都还用得到，另一种是开阔眼界性的，科学研究进展之类。（Internet4—预研工程师）也有工学博士对文献检索类课程的重要性持肯定态度，尤其是在工作中还可以迁移使用此类探索及思考问题的方式：体会比较深的，我觉得文献检索是对博士非常重要而且必要的一门课程，当时我们学校是强制要上的，这个对于帮助我们搜集信息、找文献、进行文献综述都非常重要，包括在现在的工作中也是，很多工作拿到之后，你得首先思考这个事情做到什么程度了，别人做到哪一步了，接下来还有哪些空间可以做，这些其实都需要查找一些信息，这就是当时做文献综述迁移过来的能力。（Internet15—质量管理经理）

　　国外研究中，产业界雇主对博士生培养质量也有微词，认为博士生教育过于

---

① 　约翰·S. 布鲁贝克. 高等教育哲学[M]. 王承旭. 等译. 杭州：浙江教育出版社，2002：110.

狭隘和精深,博士生个体对就业市场的最新动态和需求缺乏了解。[①] 20世纪90年代初,美国国家研究委员会启动"全国博士课程的评估"(Doctoral Program Assessment),结果显示多个学科的博士生认为博士教育质量堪忧,接受的教育和训练非常窄化;必要的专业技能训练不足,譬如群体工作中的有效协作及组织、协调与管理能力;博士课程大多围绕如何提升博士生的学术研究能力,对其他方面能力素质的重视则稍显不足,并不能满足社会其他方面的需求,许多转移到学术界外就业的博士并不能迅速找到合适自身发展的工作。[②] 随后,美国科学基金会、美国研究院协会以及美国研究生院联合会采取了一系列围绕博士生课程的创新计划,格外重视能力的训练,采取多种方式开课程学习、研讨会、社会实践、教学实习、实验室轮转,提倡自主学习、合作式学习和探究式学习。[③] 课程兼顾专业价值和应用价值,强调理论与实践相结合,使得课程质量得以提升。

　　在本书中部分有出国访学或联合培养经历的工学博士以国外的课程为对比,进行了相关的评价。国外的每个课程有个大作业(做一个 project),倡导学生去建模、去实现,把握各个环节,最后把这个 project 做出来。这种其实锻炼蛮大的,deadline 很紧。老师把上课当回事,很认真地备课,因为他们觉得教学还是老师非常主要的任务;其次,给的 project 非常有深度有难度,培养学生的思维能力、工程能力、统筹能力、时间管理能力、压力管理能力。这方面更贴近于实际,因为国外很多学生毕业后就是为了进企业,感觉更倾向于面向企业培养的。他们很多博士生的确都是高手,比如写程序、结构加工一个人可以从头到尾搞定很多东西。(Internet2—算法工程师)可以看出,学生在强调国外的某些课程值得借鉴的时候,主要突出的是老师对备课以及上课的重视程度,以及课程对学生实际科研能力以及其他能力素质的提升,通过具体的小项目实现的方式,比较具体而又针对性地让博士生个体的能力素质得以强化。还有的工学博士强调参与课堂的项目过程让合作能力以及研究设计的能力得以提升。他们会让你做一个project,这个可能是几个人,每个人分工,而且他们强调的也不完全是你要把这个东西做出来,他们可能强调的是这个研究设计。(Finance1—业务分析岗)

　　研究发现工学博士对培养过程中课程体验方面的满意度较低,其认为目前博士生课程存在的问题主要表现在:课程质量不高、前沿性不够、教师上课重视

①　菲利普·G.阿特巴赫,别敦荣,陈丽.美国博士教育的现状与问题[J].教育研究,2004(6):34-41.
②　何逢春.20世纪90年代以来美国博士教育的问题与改革[J].高等教育研究,2005(4):90-94.
③　陈斌.中美学术型博士研究生培养模式比较研究[J].研究生教育研究,2014(12):85-90.

程度不够、学生兴趣不够、对学术科研的帮助不大等方面。我们将其归纳为"教师教学态度及方式""学生修课态度""课程质量及作用"三个方面。与国外相较而言，我国的工学博士生课程结构性失衡，公共课比例较高，专业课实践性以及前沿性不足，跨学科的课程也相对有限。总而言之，对工学博士生而言，针对性不强、对科研能力以及其他能力素质提升及帮助不大。

（二）项目参与："对把握科学前沿、了解市场及行业需求有积极作用"

科研项目参与是博士生培养过程的重要环节，但因为各个学校、专业尤其是导师的不同，呈现出较大的参与频率及体验差异。对工学博士在校期间科研项目参与质性资料的编码分析发现，项目参与的经历对工学博士生的沟通协调能力、问题发现与解决能力以及对市场和行业的了解都有一定的助推作用。项目一般分为横向项目和纵向项目，其对工学博士能力素质的强化和提升作用也不尽相同。

1. 纵向项目：提升发现及解决问题等方面能力，有助于把握科学前沿

纵向项目属于科技项目的一种，着重强调理论创新及科研突破，倾向于在学科前沿以及未知领域探索。主要是针对国家各级各类组织自上而下的科学研究项目，包括自然科学基金项目，国家重大专项项目以及省部级的一些科学研究项目。纵向项目对发现问题的能力、创新能力以及写作能力要求较高。

本书中梳理工学博士个体参与项目的过程及体验并选取具有代表性的访谈资料进行了三级编码，提炼其对应的能力素质并归类，主要编码信息如表 5-9 所示：

表 5-9　　　　　　　　纵向项目参与对能力素质提升的编码表

原 始 文 本	逐行编码	聚焦编码
参与国家的一些重大发展科研项目，对一些国际国内或缺的东西、同类型的课题、**行业的前沿有个很好的把握。对一个人的敏锐力是很好的锻炼**。（Architecture3—研发工程师）	对行业前沿有很好的把握 对敏锐力有很好的锻炼	**纵向项目：** 创新能力 发现问题的能力 解决问题的能力 对前沿热点问题的把握 规划能力 架构能力
纵向项目大概就是国家自然科学基金的项目，主要就是做实验、发文章，还是有一些提升的主要就是**发现问题的能力、解决问题的能力、创新的能力**。（Auto2—测试工程师）	发现问题的能力 解决问题的能力 创新的能力	

续　表

原 始 文 本	逐行编码	聚焦编码
当时参加**纵向项目**比较多，都是导师的基金项目等。**总结能力以及对前沿、热点问题的把握能力有提升**，说服别人认可我要做的这个东西是重要的。（Internet11—人工智能算法研究员）	总结能力 对前沿、热点问题的把握	沟通能力 团队合作能力 写作能力 总结能力 敏锐力
主要是参加国家的一些**纵向课题**。**锻炼的能力还是一个自主处理问题的能力，遇到新的问题后学习、掌握以及解决的能力**。（Internet7—算法工程师）	自主处理问题的能力 自主学习能力 解决问题的能力 团队合作能力 沟通能力	
参加**纵向项目的时候规划能力和架构能力能得到不错的锻炼**，包括写作能力。（Finance1—业务分析岗）	规划能力 架构能力 写作能力	

2. 横向项目：强化沟通协调以及团队合作能力，有助于熟悉市场及行业需求

横向项目主要是指受各种企事业单位委托的关于科技开发、转让、服务、咨询方面的项目，也包括政府部门通过其他方式下达的可供申请的项目。横向项目相对于纵向项目而言，来源较广、类型较多、面向的范围也更广。其研究内容可能更贴近社会需要，研究经费也更多，讲究对实际工程及技术问题的研究与解决，对个体的沟通协调能力、团队合作能力、解决实际问题的能力有较高的要求。

本书选择了部分具有代表性的访谈资料对横向项目提升工学博士个体的能力进行三级编码及分析，如表5－10所示。

表5－10　　　　　　　　横向项目参与对能力素质提升的编码

原 始 文 本	逐行编码	聚焦编码
横向项目影响大一点，非常锻炼人。我们当时是跟某科技公司合作的一个项目，是在手机上做一些东西，那个**对编程能力、解决问题的能力起到了很好的锻炼**。横向项目大部分都是要解决实际问题的。并且，**对于这个行业的发展、实际需求有了一定的把握**，另外，**沟通协调能力、处理问题的能力都会得到强化**。（Internet1—云计算架构师）	横向项目影响大 非常锻炼人 对编程能力、解决问题的能力起到了很好的锻炼 对于这个行业的发展、实际需求有了一定的把握 沟通协调能力、处理问题的能力都会得到强化	**横向项目：** 对市场需求的把握 对行业发展的了解 沟通协调能力 团队合作能力 解决问题的能力 人际交往能力 工程能力

续　表

原　始　文　本	逐行编码	聚焦编码
参加横向项目的过程中**主要锻炼的是工程能力**，一般博士就是做一些理论，在电脑上做仿真，**工程中有很多实际问题要解决，要把一些功能都实现，所以一些基本的编程能力是在项目或者说工程中得以提高的**。（Internet2—算法工程师）	主要锻炼的是工程能力 编程能力是在项目或者说工程中得以提高	
横向项目方面大概就是一些比较"飘在空中的东西"如何应用在实际过程中的**沟通协调能力、人际交往能力得到提升**。（Auto1—动力系统研发工程师）	"飘在空中的东西"如何应用在实际 沟通协调能力 人际交往能力	
横向项目也有一些参与，让学生在读书的时候**对企业有一定的了解，对市场有了解**，项目需要**跟对方企业去沟通的时候，我会去参与**。（Electric1—综合评估与大数据分析）	对企业有一定的了解 对市场有了解 参与企业的沟通	
横向项目蛮重要的是跟一些企业老板沟通，其实**在人的沟通协调能力和人际交往能力方面还是有一个很好的锻炼的**。（Electric2—材料技术员）	沟通协调能力 人际交往能力	
我去和公司做项目的过程中，看到了很多他们公司里的工作方式和领导的管理方式，跟学校肯定是不一样的，**对我的沟通协调能力肯定也是有一定的作用的**。（Internet13—运营总监）	公司的工作方式和领导的管理方式 对沟通协调能力有一定作用	

从编码的结果及分析来看，大部分工学博士较为肯定在校期间项目参与经历带来的收获，对能力素质的提升有较大的帮助，但两种不同类型的项目参与过程对能力素质的提升稍显差别：纵向项目则更倾向于对发现及解决问题的能力、创新能力存在影响，有助于工学博士个体了解本学科的前沿及核心问题；横向项目对沟通、交际等方面的能力影响较大，有助于工学博士个体了解市场需求以及行业动态。虽然在学校期间的项目与正式进入职业之后历经的项目有所不同，但是，受访的工学博士还是表示有过项目参与的经历，对实际工作存在积极作用。做的项目跟我现在的工作都不相关，但是如果参加过项目，团队合作意识会好一些，这会对我现在的工作有所帮助，如果有真正负责过一些项目，会有一种整体的沟通协调能力，这种独当一面的能力很重要。（Internet12—算法工

程师)

也有少部分工学博士对项目参与抱持不支持的看法,譬如认为参加项目"只是参与其中一环,不能系统感受整个项目""项目参与是为他人作嫁衣,并不是学生学术训练阶段的主业""在多个项目之间轮转,无法真正就某个问题进行深入的研究,对能力素质的提升效果不明显"等。

> 我们当时并没有参与到项目比较宏观的内容,我只是在其中做材料研发探索的一个"螺丝钉"的工作,这个项目的宏观上我们是了解不到的,基本都是博士生导师在把握,我的任务就是做课题、发文章、毕业。(Finance7——部门经理)

> 很多项目的时间都是为期三四年,时间比较长,而且这些基金项目也并不是一开始就让我们参与,有些也是中间参与的,对能力素质的提升我觉得反而比较弱化。(Internet5——项目经理)

也有极少数工学博士对参与部分横向项目的科技含量以及自身参与这些项目所获得的科研价值、对今后在科研上的发展提出了质疑,思考学生选择权是否得到相应的权益保障。

> 我认为博士不应该整天做这种事情,尤其是我觉得有些项目并不具备很高的科技含量,这样的工作并不具备太大的意义,也不是博士的主业。我不是说博士不应该和企业关联和接触,如果说所研究的是顶尖、领先的领域,而我们的方向又正好是做这个,去企业合作参与项目我相信是很好的,但是像我当时参与的那些横向项目,我认为从科研上对自己的发展完全没有作用。所以很多博士不是排斥接触企业,而是不太喜欢被动地接受被安排到企业去长时间工作。(Internet13——运营总监)

通过以上分析,国内的工学博士参与科研项目的过程绝大多数是通过导师的项目进入,是否真的有利于博士能力素质的提升,也存在不同立场的界说。美国宾州州立大学采取学习工厂模式,选择适合学生团队的来自市场的真实项目,使学生经历产品设计、产品创新及产品制造这一系列整体流程。大多数项目是在严谨的工业环境之下,按照既定的流程和管理模式展开,并辅以市场调查、技术分析、安全管控、质量监控等方面都严格按照公司的要求，整个设计、制造及商业化阶段都得到及时反馈与控制。[①] 这种具体的、实际的、有针对性的项目参与过程能够真正锻炼学生的实践能力。项目参与也是研究训练的一种方式，但是，随着项目多样化、繁杂化的显现，项目参与过程及安排还有待进一步规范，而不是"螺丝钉"式的按项目紧急程度或者需要程度盲目分配学生参与其中。

（三）导师指导："对能力素质的重视程度因导师个体差异而指向各异"

博士生导师在博士研究生培养过程中的思想境界、行为作风、学术水平直接关系到博士研究生培养质量。导师在培养博士研究生过程中绝不是简单的政策文件的执行者。还需要付出策划、创造、组织、研究等多种复杂的主体性劳动，是作为一个积极主动和有创造潜能的个体教育博士生个体的过程。[②] 导师作为博士生的主要负责人，对其培养过程是促使其规范化学术训练的过程，也是将博士生学科社会化的过程，这其中更为微小的体现即是对博士个体能力素质的指引和提点。

在访谈的过程中谈及对"毕业后就职于高校还是产业界"的问题，绝大部分工学博士表示导师对于学生择业问题的态度较为开明，尊重并支持学生本人的真切意愿。也有一些导师由最初的希望学生"以学术为业"转变为尊重支持学生个人意愿及发展。

经过初始编码，"导师指导"部分的参考点为117，表现为在校期间对学生的指导、影响以及能力素质提升等方面。其三级编码的主要信息如表5-11所示。

表 5-11　　　　　　　　　　导师指导对能力素质提升的编码

原 始 文 本	逐行编码	聚焦编码
学业能力、科研能力方面还是比较为主。我自己的导师年纪比较大，比较传统。（Internet15—质量管理经理）	科研能力	**导师对能力素质的强调：** 科研能力 自主学习能力 沟通能力 团队合作能力 公众展示能力 写作能力 国际视野
老师不仅负责培养我们的**科研素质**，对于**做人、社交能力**方面也非常重视。（Internet1—云计算架构师）	科研素质 为人品质 社交能力	

---

① 张竞,梁喜凤,李孝禄.学习工厂：培养适应全球先进制造的卓越人才——美国宾州州立大学工程教育案例[J].高等工程教育研究,2018(2)：125-128.
② 蒙冰峰,廉永杰.博士研究生培养主体的"1+1+1=1"模式探讨——基于主体间性哲学思想的实践应用[J].学位与研究生教育,2009(2)：27-30.

续　表

原　始　文　本	逐行编码	聚焦编码
我们导师强调学生的<u>自主性</u>,自己要有想法,要有<u>分享意识</u>、<u>集体意识</u>、<u>团队意识</u>。（Electric1—综合评估与大数据分析）	强调学生的自主性 分享意识 集体意识 团队意识	
导师<u>强调学生的自主性</u>,他也允许一定的犯错率,<u>包容力</u>还可以,<u>鼓励</u>我们和别人、和别的课题组<u>合作</u>,遇到问题之后很<u>愿意帮我们解决</u>,解决不了还会找别人帮你解决。（Chemicals1—副总裁）	强调学生的自主性 鼓励合作 导师有包容力、助人	
导师对他的每一个博士生,都会给予适当的建议。强调<u>沟通能力,展示自己的能力</u>。（Internet7—算法工程师）	对学生因材施教 沟通能力 展示自己的能力	
他很强调<u>静下心来做事,不能浮躁</u>。（Architecture3—研发工程师）	静心做事、不能浮躁	
<u>写作能力、公众展示能力、科研数据的真实性、引用的规范性</u>等老师当时都比较强调。（Chemicals5—研发主管）	写作能力 公众展示能力 求真务实 引用规范	
对我们的<u>公众展示能力</u>特别重视,比如做PPT、讲PPT都特别重视,我们导师很强调这个,还给我们买了做PPT的书,甚至用哪种字体、哪个字号。对<u>写作能力</u>、写作的语句语法也比较强调。（Finance4—新功能开发）	公众展示能力 写作能力	
经常让我们做"杂活",相当于实验室的管理,高年级的管理低年级的。对<u>管理能力</u>、<u>沟通协调能力</u>、<u>协作能力</u>还是有一定的提高的,包括与<u>人交往的能力</u>。（Chemicals6—研发工程师）	管理能力 沟通协调能力 人际交往能力	
导师非常支持我们出国去交流、学习,扩展<u>国际视野</u>。（Machine6—研发工程师）	拓展国际视野	

　　大多数工学博士对导师指导持肯定性评价,尤其是对能力素质提升方面的影响,大多数导师对工学博士"知识、方法与技能"方面的能力素质更为看重与强

调,对其他方面能力素质的重视程度因导师个人的习性品格而呈现出差异,也有极少数工学博士对在校期间导师因忙碌而忽视对学生的指导发表了看法。

> 有些 title 比较多的老师基本是没时间管学生的,基本处于放养状态。这种对学生还是比较不负责任的。毕竟花了几年时间在这里,在需要指导的时候都只能靠自己。(Finance5——总经理)

国内的博士生培养多采取单一导师负责制,少数具有一定规模的实验室采取团队指导的方式。除了最初的德国大学师徒制之外,其他国家逐渐演变为采取双导师制或者导师小组制。2008 年,澳大利亚发布《澳大利亚博士生教育最佳实践框架》,主张在导师之外,辅以配备一位副导师,或者成立导师小组制度。2009 年,英国经济与社会研究委员会(Economic and Social Science Council)发布《博士生训练与发展准则》,主张新导师或指导学生经验不够丰富的导师可以和经验丰富的老师组成联合导师制,同时鼓励双导师制,尤其是针对跨学科研究的博士生。[1]

对课程体验、项目参与、导师指导三个方面对工学博士在读期间培养状况的回溯性评价发现,首先,工学博士生课程质量亟待提高,工学博士生对课程的兴趣及积极性都表现不高,且教师对教学的重视程度还有加强的空间。大多数工学博士希望在课程里就学科前沿等方面的内容有一定的涉猎或者有一些实践操作类的项目,可以助力一些科学研究能力以及提升其他方面能力素质。其次,项目参与的体验使得能力素质得到一定的锻炼,且对市场、行业及企业需求加深了了解,多数工学博士肯定了项目参与对提升能力素质的作用,但是,也有少数工学博士持中立态度,尤其是对被动参加导师安排的科研项目提出了异议。最后,大多数工学博士肯定导师指导的作用和意义,同时,表明大多数导师更为关注科研能力培养,对其他能力素质的看重程度则因导师的个人风格和习性表现出较大差异。

---

[1] 王东芳.美国博士生培养的理念与制度[J].高等教育研究,2013,34(9):54-60.

第六章
能力素质需求与培养之间的契合与偏差

　　欧洲五国博士生的调查研究表明,博士生能力素质需求与培养之间存在失配现象,这也意味着现在博士所能提供的能力素质与劳动力市场的需求之间确实存在失衡现象。[①] 另一项"博士生职业(CDH)"项目的数据表明,在比利时、西班牙、荷兰和拉脱维亚等国家,15%～30%的博士毕业生认为他们的工作与博士学位无关,工作所需能力素质并没有在博士阶段得到有针对性的培养。[②] 在"工业革命4.0"背景下,以高端智能装备、新能源新材料、人工智能技术等为代表的新兴产业显现,非学术界劳动力市场对高技能复合型人才的需求空前增大,毕业生能力素质滞后于市场需求的现象仍然存在。因此,在专业知识与技能提升方面必须考虑市场对毕业生能力素质的需求。[③]

　　产业界对工学博士能力素质需求强调博士需具备专门的学科知识以及科研能力,同时,兼具良好的沟通、表达及交际能力以及管理能力。高校对工学博士的培养虽然兼顾了其他能力素质,但仍然更为注重理论基础、专门知识以及独立进行科学研究能力的培养。高校培养的工学博士到了产业界就职后,是否与产业界需求适配? 工学博士在产业界的适应状况如何? 高校培养的工学博士所具备的能力素质与产业界需求之间的匹配性如何? 偏差之处又表现在哪些方面? 本章试图对以上问题展开探索与分析。

---

① Allen, J. & Van Der Velden, R. What Do Educational Mismatches Tell Us about Skill Mismatches? A Cross-Country Analysis[J]. European Journal of Education, 2007, 42(1): 59-73.
② Auriol, L., Misu, M. & Freeman, R. A. Careers of Doctorate Holders: Analysis of Labour Market and Mobility Indicators[R]. OECD Science, Technology and Industry Working Papers, 2013/04. OECD Publishing.
③ 徐小洲,辛越优,倪好. 论经济转型升级背景下我国高等教育结构改革[J]. 教育研究,2017,38(8): 64-71.

第一节　工学博士对产业界就职的适应性

　　探究高校培养的工学博士与产业界需求的匹配状况,有必要对两个前置问题展开分析:一是高校学习与产业界工作的特征差异,如若两者之间的差异较大,一定程度上会影响工学博士个体进入产业界就职后的适应与转变;二是工学博士进入产业界就职后的适应。对这两个问题的梳理有利于更准确地分析工学博士个体所具备的能力素质与产业界的需求之间的契合与偏差之处。为此,本部分的研究将以"工学博士对产业界就职的适应性"作为一个重要的查考方面,利用 Nvivo11.0 以"工学博士在产业界的适应状况"为节点,对所有访谈资料逐行编码,共有 27 份材料来源,56 个参考点。

一、高校学习与产业界工作特征的比较

　　高校和产业界作为两个完全不同的场域,工学博士从在校学生到职场人士的身份转变过程中,在适应性方面可能需要一定的过渡期,这种适应与否以及其原因到底是不同工作场域引起的,还是能力素质准备不足造成的,还有待进一步分析。博士阶段的学习及研究有着不同于其他教育阶段的特征,也会在一定程度上形塑工学博士的思维方式,带着这样的思维及行为惯性进入产业界就职其适应性如何需要进一步探究。对产业界工作特征的编码与分析,归纳得出如下四个方面的特征(见图 6-1)。

　　在明确了产业界工作特征的基础上,将对高校工作的特征进行提炼分析。通过使用 Nvivo11.0 对访谈资料的编码分析,以"高校学习的特征"为节点名称,共有 31 份资料来源及 59 个参考点关涉了相应的内容,信息如表 6-1 所示。

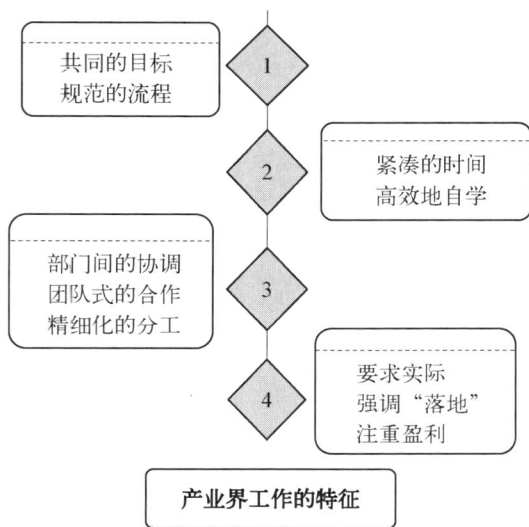

图 6-1　产业界工作特征

表6-1　　　　　　　　　　　　　　高校学习特征编码

样　　句	范　畴　化
在学校做的东西是<u>以毕业、发表文章作为主要目标</u>。（Internet6—光器件工程师）	**目标及规范性要求：** 以毕业及学术发表为主要目标 强调完整、规范、逻辑、创新
高校<u>更强调完整性、规范性、逻辑性，在研究里面创新性是放在首位的</u>。（Chemicals6—研发工程师）	
在学校里<u>时间相对自由</u>，高校<u>做的东西更前沿，但更难落地</u>。（Internet14—研发经理）	**时间要求与学习方式：** 相对自由的时间 独立的自学和钻研
读博士期间比较<u>强调独立钻研</u>，高校的工作还是<u>做自己感兴趣的</u>，自由度较高，自己的<u>兴趣还是可以得到一定程度的满足</u>。（Machine5—首席工程师）	
以前在高校，很多东西都是需要自己<u>从头到尾独立的自学和钻研</u>。（Finance6—数据挖掘工程师）	
从陌生的领域学习新的知识，<u>自学的方法</u>在博士阶段得到了不错的培养。（Internet10—5G咨询总监）	
原来在学校的时候基本<u>不太需要沟通</u>，都是<u>自己做自己的研究</u>，跟别人做的东西也不一样，<u>主要就是跟导师交流汇报一下</u>。（Auto2—测试工程师）	**沟通、交流及合作的特点：** 不太需要沟通 自己做自己的研究 独自探索为主 独立的研究者
以前做学术更多的是垂直化的，<u>做一个方向就一直往这个方向钻。搞科研，一个人单打独斗就行</u>。（Auto1—动力系统研发工程师）	
在学校的时候一个人专注于自己的研究单打独斗的多。博士生的时候<u>只针对一个点来写文章、做研究</u>。（Architecture2—科研人员）	
一天13、14个小时在那里看文献，做东西，做一些计算、模拟、仿真之类的，<u>做研究基本上都是自己一个人做</u>，虽然有合作，但是也<u>仅限于很小范围的合作</u>。（Internet13—运营总监）	
在学校的时候，<u>更多的是纯学术、纯理论的东西，看的东西相对比较局限</u>，基本以<u>自己探索为主</u>。（Chemicals2—研发总监）	
读博士的时候是<u>要求独立的探索、钻研，要求自己成为一个独立的研究者</u>。（Technology-employer14—首席运营官）	

续　表

样　句	范　畴　化
学校的话是**以研究为主**，不然就是**以推出一个新的算法或者一个新的技术为主**。在技术**是否能落地并没有强烈的要求**。（Machine8—高级研发工程师）	
在高校每天就是**埋头做研究、写论文、参加会议交流**。学校里做的项目**跟外面的项目有点脱节**。（Finance3—技术开发岗）	**科研的要求及特征：** 创新 重学术发表 不强制要求能"落地"
一直都是**重视论文的发表**居多。（Internet12—算法工程师）	
在学校比较**关注在学术上的成果**，做科研**对创新的要求比较高**。（Electric2—材料技术员）	

编码分析发现，高校科学训练时的特征与产业界工作的特征存在较大差异：一是目标及规范性要求方面，高校以科研训练为主，以毕业及学术发表为主要目标，强调研究过程中的完整、规范、逻辑、创新；而产业界有共同的工作愿景及目标，在具体的工作过程中需要遵循规范化流程；二是时间要求与学习方式方面，高校的时间相对自由，倡导独立的自学和钻研，而产业界工作任务排列时间则较为紧凑，大多数工作需要在规定的时间内交互，诸多新任务要求从业者高效地自学相关的知识及技能以应对；三是沟通交流与合作特点方面，高校强调成为独立的研究者，鼓励自由探索，并未过多强调沟通协作能力；而产业界则更强调各部门间的协调，协调各部门的资源，进行精细化分工以及团队合作；四是科研要求及特征方面，高校强调学术发表以及科研创新，对成果能否"落地"没有格外要求，而产业界则要求在实际的基础上，强调产品"落地"，较为注重盈利。便于更清晰地对照，本部分归纳、对比高校学习及产业界工作，结果如图6-2所示。

国外的研究也提及高校与产业界的差异，有研究对新入职产业界的工程学类博士进行了访谈，受访者卡尔其表示，"在高校，学术研究通常是以个人为基础，但在产业界，大多数工作在团队中完成。新的环境将考验个体如何为团队做贡献。他所面临的最大挑战是如何从'单独工作'过渡到'团队工作'，加之，又受到业务环境的约束。在研究问题方面，他认为在高校问题都是'捏造的'，而到了产业界问题大多来自'现实世界'，如何进行知识和技术上的应对？是需要思考

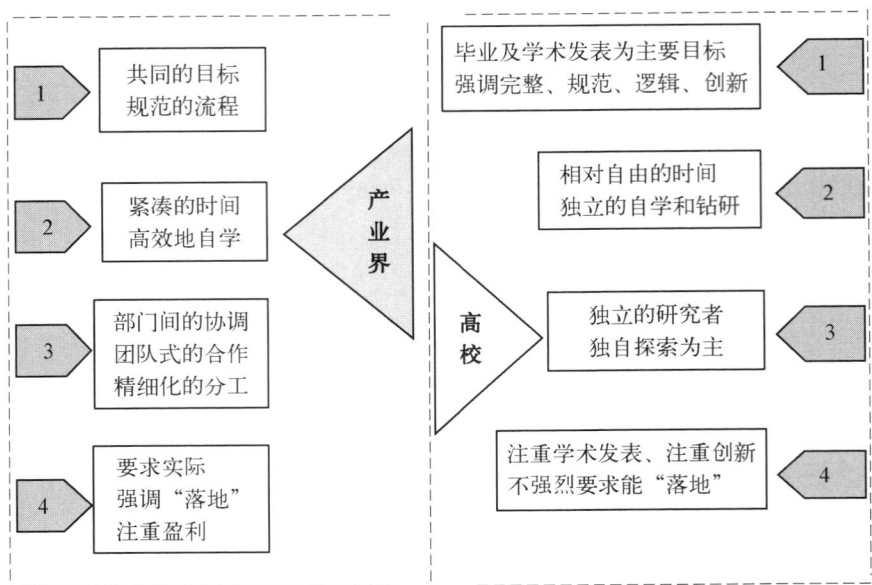

图 6-2　高校学习及产业界工作的特征对比

的问题"。另一名受访者山姆表示：产业界希望工作结束后有一个好产品，而高校希望有学术论文可以发表。此外，高校和产业界都以目标为导向，但目标是不同的，高校工作被理解问题的好奇心所驱使，而产业界则被这个问题本身所驱使。[1] 这种差异不仅表现在高校与产业界之间，还表现在与产业界不同的公司之间，还有的研究通过分析博士在企业中的职业生涯，指出产业界的公司是一个同质性较高的工作场所，但没有考虑到公司的异质性，进一步表明并非所有公司都能吸引博士，因此即使同在产业界，不同的公司特征以及接纳博士的能力也存在差异。[2] 本书中还有受访者对在两个场域做事犯错代价的大小做出了自己的评价，也便于我们进一步了解两者的环境及特征差异。在学校里面犯错的代价其实是比较低的。没沟通好一件事情，一个活动出现了一点小纰漏，后果可能还是可以修补的，老师们还会告诉你怎么调整，下次怎么注意。但是到了公司可能就不是这么简单了，很多能力不足造成的损失可能会超出我们的承受范围。

---

① Watson, J. Creating Industry-Ready Ph. D Graduates[J]. Dissertations & Theses-Gradworks, 2011：56.

② Mangematin, V., Mandran, N. & Crozet, A. The Careers of Social Science Doctoral Graduates in France：the Influence of How the Research was Carried Out[J]. European Journal of Education, 2000，35(1)：111-124.

（Internet5—项目经理）以上这些差异都可能影响工学博士个体对产业界工作的适应。

　　高校的主要任务是培养科学研究者，但这一宗旨并不一定助力未来在产业界发展的个体。同样的能力素质在不同的场域中受用程度及差异较大。一方面，不同的场域对能力素质的需求不同；另一方面，即使同一能力素质在不同场域发挥的作用和影响也大为不同。国外有研究对能力素质在高校、产业界的价值进行了对比分析①，研究发现如图 6-3 所示。

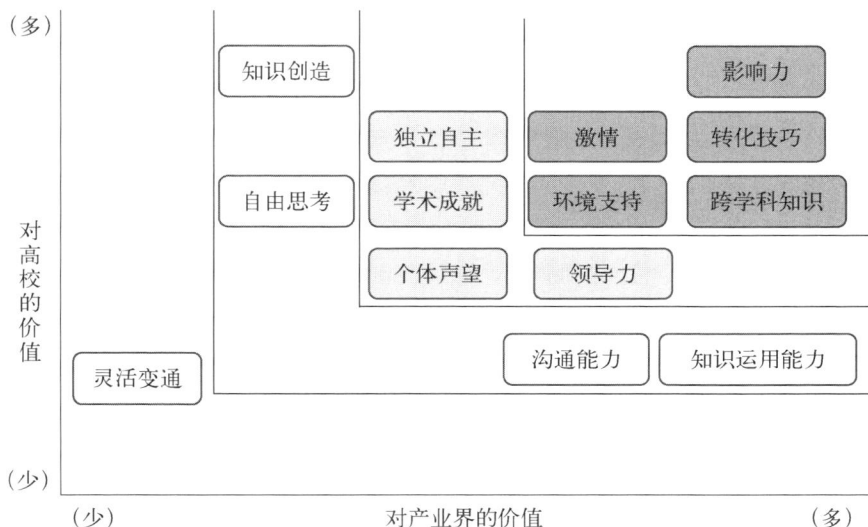

图 6-3　能力素质在高校及产业界的价值差异

　　产业界和高校不同的特征也造成了同一项能力素质在不同的场域有完全不同的重要序次，因此，把握能力素质的需求及培养状况，便于了解其真正的适用性，前提是厘清高校和产业界这两个领域的具体工作特征。由此可见，分析高校和产业界工作特征的差异是诸多问题的前置问题，有其重要性和必要性。

二、博士对产业界工作的适应状况

　　大部分工学博士对博士转身进入产业界后的工作较为适应，也比较肯定产业界带给个人的机会、平台以及收益。当然也有部分工学博士进入产业界之后，

---

① Elizabeth, G. The Value of a STEM Ph. D[D]. Arizona State University, 2018(5): 46.

对环境、心理和技术技能方面存在一定的不适。

（一）公司适合"博士转身"，专业和工作对口

适应性（adaptation），出自生物学术语，指生物体在长期自然选择过程中，为了生存和发展的需要，通过改变自身特征，达到与环境发展相适合的发展模式。现代社会学研究中，一般将适应性理解为主体通过学习和经验积累，从而对环境变化适应的过程。[①] 适应的过程是个体与环境交互往来的过程，也是需求和供给平衡的过程。进入产业界就职的工学博士职业生涯中，适应性是走好职场之路的开端，在访谈中，专业和工作较为对口的工学博士表示，公司的规范化管理以及所涉猎的技术类项目较为适合工学博士做职场角色转换：我们公司还是比较适合博士的转身的，基本上都是技术相关的项目。最主要是我的专业和我从事的工作很对口。（Internet5—项目经理）还有部分近年来大批量招聘博士的公司，在用人制度、培养体系、管理系统方面都受到了博士个体的赞许，给予了一定的适应时间。我们公司博士比较多，培养体系比较成熟，有整整半年的时间让你协调、适应，会配导师，每一个新员工都有，都是一对一的，最多一对二，一般是工作几年的、级别比较高一点的来做你的导师，如果你有什么问题都可以去问他，他们会逐渐带你去熟悉这个行业、领域。（Internet4—预研工程师）

（二）领域的"水土不服"，位置的"不上不下"

与此同时，也有少部分工学博士在适应上呈现出一定的困难。对原始文本的三级编码，发现了存在的问题，凝练出四个方面的表征（见图6-4）。

1. 心理偏差

目前招聘工学博士的企业大多提供的是研发岗或者技术岗，即使同样是做研究，产业界的研究和高校的研究还是存在一定的区别，不管是过程还是结果的要求上都较为不同，许多工学博士对产业界的情况不甚了解，就容易出现心理偏差：博士来公司的心理预期和公司对博士的期待有偏差。当时招我的时候说的是来做科研的，感觉跟高校的实验室是差不多的，结果来了发现博士会下放到每个开发组里去，和一般的人员有点细微的差别。这个位置让人心理不太踏实，首先，你不太会编码；其次，也不会发论文，有点不上不下的状态，非常煎熬。（Internet1—云计算架构师）

---

① 恩斯特·迈尔. 进化是什么[M]. 田铭译. 上海：上海科学技术出版社，2009：137.

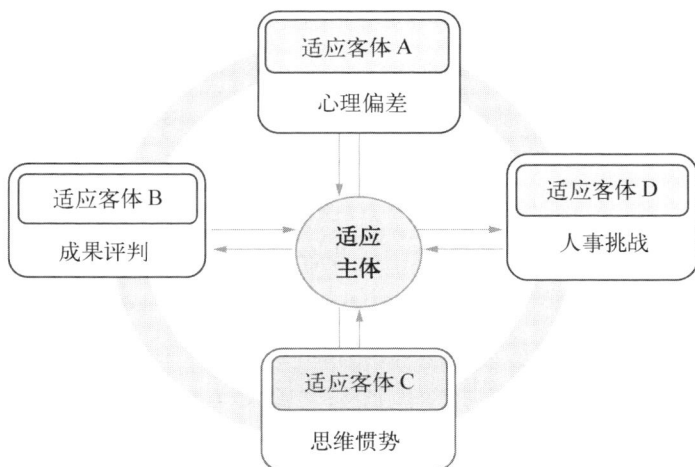

图 6-4　适应主体与各个客体之间的关系

2. 成果评判

无论是在高校还是产业界，都需要跟进最前沿的科学与技术成果。不同之处在于高校以高水平的学术发表为目标，但是，在产业界研究的东西多次被提及需要与现实生活接轨，更多地应用于实际。在访谈中有受访者表示：成果认定的时候，不仅仅是需要做出产品，还需要业务方认可这项技术，确实代表比较先进的技术本身，那么这件事才完成。（Internet11—人工智能算法研究员）

3. 思维惯势

在高校接受博士生教育习惯创新争优、追求卓越。工学博士生个体也更愿意在科研中不断深挖，追求更为精深的成果或者作品，但是，产业界的思维习惯可能有一定差别。诚然，产业界也追求高质量的产品及市场效应，要求工学博士具备丰富的基础知识及专业技术，但是，尤其是在生产性企业，多数情况下还需要考虑到成本和盈利等问题，因此，在具体的设计、安排、实施过程中也许不能一味地追求"最好的"，需要灵活平衡和处理较多方面的关系和资源。很多东西不是你觉得是最好的，就是最应该做的。我觉得这是刚毕业的学生必须扭转的一个思维习惯。有一些事情不是最好的，但是是最适合的。（Finance-employer6—部门经理）

4. 人事挑战

产业界的环境相对于高校更为复杂，工学博士在高校的工作期间习惯单打独斗,独立钻研,即使有部分需要沟通协调的事宜,一般而言,师生和同学之间的配合度也较高。但是,在产业界很多的工作涉及不同的部门,需要协调各个部门的资源一起合作。甚至,企业希望工学博士能够成为团队的带头人,那么势必需要他们进行工作分配、任务监督以及带领团队。在访谈中,有受访的企业雇主指出,部分工学博士在这个方面难以适应。见到的很多博士在民营企业会"水土不服",他们工作之后在一些合作性工作的理解和设计上并不能很好地适应。很多博士在企业不适应的地方还有团队合作(teamwork),他们做好了顶层设计,在具体的安排或者执行任务的时候,会发现其他部门的人开始踢皮球,这个事情对于博士来说就是一个非常大的挑战。(Technology-employer15—总经理)

本节的分析厘清了高校学习与产业界工作的特征差异,从而进一步审思工学博士生对产业界工作的适应情况。工学博士个体虽然对产业界的平台及视野较为肯定,但是,在入职初期部分工学博士仍然遇到了适应方面的问题,一方面,出于个体初始心理期待问题;另一方面,由于不同的企业环境及工作特征的影响。国外的研究也涉及工程学类博士在产业界的适应性问题,一名受访博士在博士学位及产业界适应工作期间发表了见解:对于斯科特来说,从高校到产业界的转变并不困难,因为他在研究生课程期间曾在现公司实习一年。他目前的职位包括在处理技术开发的同时创建高水平的研究项目。他认为,只要他一直在核心市场中,能够提炼出生产和管理这些产品的理念,就有很大的灵活性在目前的职位上发挥创造。获得博士学位使他有足够的信心开发知识水平很高的项目。[①] 可见,除了知识储备之外,不同的阅历经验也会对工学博士个体的适应性起到一定的影响。

第二节　能力素质在产业界的需求和高校培养之间的契合与偏差

在剖析产业界的需求后,结合高校对工学博士生培养的探索,两者之间对于能力素质重要性的主张存在一定的共识,皆认为专业知识、技术与方法是工学博

---

① Watson, J. Creating Industry-Ready Ph. D Graduates[J]. Dissertations & Theses-Gradworks, 2011: 58.

士赖以生存与职业发展的核心和根本。但是，对于专业知识与技术能力之外的其他"沟通、协调与表达能力""领导及管理能力"等方面的认识存在较大的差异。因为高校和产业界各自独特的工作特性，造成两者之间的环境氛围及工作特征都存在较大的差异，所倚赖的能力素质也存在一定的差异。关于此类博士的资格和技能与企业生产结构的需求之间可能存在不匹配，研究者也进行了一些讨论，他们认为学术培训往往过于正式化，对职业的了解与定位较少。[1] 高校培养的重心与产业界的需求存在脱节与偏差，这种失配也会对工学博士个体的职业发展产生影响。面对以上情况，目前产业界对工学博士等科技人才有何需求？高校对工学博士能力素质如何培养？工学博士培养能力素质的需求与高校的培养之间到底存在怎样的差距？哪些方面表现得尤为突出？反映了当前工学博士在能力素质方面有哪些薄弱和不足之处？

一、产业界对工学博士的需求

廓清企业对科技人才的需求，对调适工学博士培养目标定位与任务体系具有重要的指引作用。企业对科技人才的需求表现在数量、结构、质量、关键能力等方面。中共中央国务院发布的《关于实施科技规划纲要　增强自主创新能力的决定》指出，建设创新型国家，需要增强自主创新能力，需要构建政府、企业、大学、科研机构等多方力量的创新体系，其中，企业是技术创新的主体。21世纪初，我国企业自主创新仍面临高科技人才严重不足、科技人才流失率高、研发机构数量少、研发经费短缺等现实问题。[2] 经过外部环境和内部管理的改善，近年来这一现状一定程度上得以改善，主要表现在企业研发投入、研发机构数、研发人员队伍都有较大的增幅。根据《中国科技统计年鉴2022》统计数据，2021年我国企业科技活动的基本情况如表6-2所示[3]，2021年有R&D活动的企业数、有研发机构的企业数是2016年的2倍，2021年的R&D机构数、R&D人员数、R&D经费内部支出相较于2016年均有大幅增长。

① Cruz-Castro，L. & Sanz-Menéndez，L. The Employment of Ph. Ds in Firms：Trajectories，Mobility and Innovation[J]. Research Evaluation，2005，14(1)：57-69.
② 郭国庆，钱明辉.优化企业自主创新的外部环境和内部管理[J].国家行政学院学报，2006(5)：24-27.
③ 国家统计局社会科技和文化产业统计司，科学技术部战略规划司.中国科技统计年鉴2022[M].北京：中国统计出版社，2022：29-31.

表 6-2　　　　　　　　　　2021 年我国企业科技活动的基本情况

指　标	2016 年	2017 年	2018 年	2019 年	2020 年	2021 年
有 R&D 活动的企业数(个)	90 770	107 262	110 153	142 078	162 394	185 848
有研发机构的企业数(个)	64 075	73 805	76 167	93 903	104 003	120 148
R&D 机构数(个)	76 740	87 660	88 503	106 510	117 710	134 721
R&D 人员全时当量(万人年)	300.4	311.2	341.7	366.0	405.2	445.6
R&D 经费内部支出(亿元)	12 130.9	13 647.2	15 220.6	16 742.3	18 357.2	21 130.6

　　已有研究指出,21 世纪初每年的工科博士毕业生上万名,但是高级科技人才密集的国家级企业技术中心,近 1/3 的企业没有 1 名博士,研发人员占比也存在严重不足的情况,而日本的企业研发人员占日本科研人员总数的 70%。[①] 随着新工业革命的到来,产业结构转型升级、研发投入大幅增加,科技创新呼唤高层次科技人才,企业科技人才中博士占比不高的现象也发生了变化。根据我国博士毕业生调查数据,2021 年理工科博士到企业就业的比例超过 22%。[②] 除了研发机构数量与科技人才结构有较大的变化之外,企业对科技人才质量的要求也在不断变化,工学博士作为企业科技人才的生力军,企业对其定位、期待与工作要求也在不断明确。

　　对企业雇主访谈资料的分析发现,企业雇主视角下工学博士的角色定位是带领团队实现业务与技术攻关,助力科技产业赋能谋新。工学博士不仅仅是专深人才,如果可以,我们更希望他们是领军人才,带领着大家一起去工作。(Auto-employer7—部门主管)企业雇主期望研究团队在工学博士的带领下提高科技创新投入与产出效率,实现关键技术的积累与突破。有时候解决现场实际问题需要理论支撑,博士有理论基础,希望他们分析问题,找出问题的根本原因,

① 郭国庆,钱明辉. 优化企业自主创新的外部环境和内部管理[J]. 国家行政学院学报,2006(5): 24-27.
② 许丹东,沈文钦,陈洪捷. 博士就业去向与择业心态——基于两次全国调查的对比分析[J]. 中国高教研究,2022,347(7): 69-75.

更快、更有针对性地解决问题。(Steel-employer3—车间书记)对工学博士的工作要求是探索前瞻性的研发与开发，推进科技创新向纵深发展。招聘工学博士主要是基于研发这一块进行创新性、前沿性的研究，需要他们进来之后和公司的一些研究岗位以及正在做的产品有一个非常好的匹配(match)点，基于这个点深入研究和协作。(Internet-employer11—人工智能算法研究员)这些要求对工学博士所应具备的能力素质明确了方向、形成了挑战。

　　对企业就职工学博士的问卷调查发现，企业工作对各项能力素质的需求程度不尽相同且存在差异，问卷采用李克特五级量表(1＝非常不重要，5＝非常重要)，让工学博士根据实际工作内容与任务要求对各项能力素质的重要程度进行评分，各项能力素质的均值如图6-5所示。

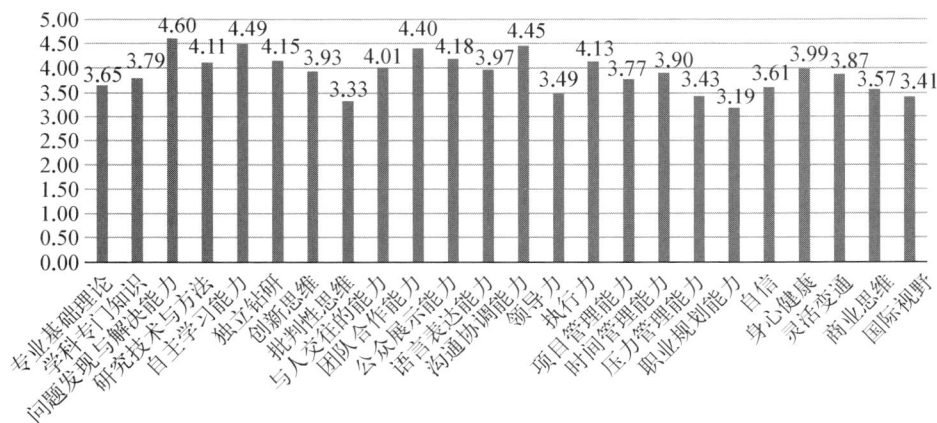

图6-5　产业界能力素质重要性均值

　　如图6-5所示，本书中工学博士认为企业的工作需求中，排序前5的能力素质分别是问题发现与解决能力(M＝4.60)、自主学习能力(M＝4.49)、沟通协调能力(M＝4.45)、团队合作能力(M＝4.40)、公众展示能力(M＝4.18)。主要集中在"专业知识、方法及技能"与"沟通、表达及交际能力"两个维度。访谈发现，专业能力是产业界雇主对工学博士的核心需求。专业理论知识肯定是需要的，这也是我们最看重的。企业要求的理论功底是要能用以解决现场的实际问题，所以，专业知识是一个基础，也是我们最看重的。(Steel-employer3—车间书记)尤其需要博士将多学科知识灵活地迁移应用于解决实际问题的过程中，并与社会需求相结合。现在特别需要博士具有多学科、交叉学科的知识背景，希望他们的多学科混合知识背景碰撞出更多的可能性。（AI-employer23—技术主管）除此之外，企业雇主也非常看重沟通、表达与交际能力，领导与管理能力。横向沟通能力也非常重要，有时候各个部门大家都是平级的，你说你这件事情是首要的，但是对于我来说并不是首要的，你怎么说服我、跟我沟通这个事情是重要的，让我来协助你。（Auto-employer4）有些项目可能需要博士牵头，他们可能是项目负责人，我们会指定一些人，博士作为牵头人，要带领这拨人把一些问题解决掉。怎么领导和带领他们，这个能力也是比较需要的。（Steel-employer3—车间书记）

除了对传统能力素质的需求之外，已有研究指出新工业革命对工程人才的新需求还表现在数字化技能需求（数据管理技能与机器理解力）、人机协作技能需求（人机合作与智能意识）、技术驯化技能需求（领导力、情感技能与创新思维）等方面。① 还有研究发现企业对中高层人才的需求是应同时具备相关行业的技术知识、经济分析、管理能力及实践经验，企业对中高层人才的需求是"一专多能"。② 面对新工业革命对企业科技人才的需求变化，亟须厘清工学博士生培养与之契合与偏差之处，以为工学博士培养改革提供可能思路与未来方向。

二、高校对工学博士能力素质的培养

吉本斯（Gibbons）指出：知识生产模式在知识经济发展过程中发生了变化，促使博士生培养的目标及过程受到影响。模式Ⅰ背景下博士生教育主要培养"学科看护者"，模式Ⅱ背景下更倡导培养"知识的应用者"。③

国家层面对博士学位获得者的要求主要体现在国务院学位委员会制定的《一级学科博士、硕士学位基本要求》（以下简称《基本要求》），《基本要求》对工学博士学位的规定主要包括四个方面：（1）"获本学科博士学位应掌握的基本知识及结构"，强调基础理论、学科专门知识；（2）"获本学科博士学位应具备的基本素质"，强调学术素养与学术道德；（3）"获本学科博士学位应具备的基本学术能力"，强调获取知识能力、学术鉴别能力、科学研究能力、学术创新能力、学术交流能力等；（4）"学位论文基本要求"，强调选题与综述的要求、规范性要求、成果创

---

① 马廷奇,刘思远. 新工业革命时代工程人才就业技能新需求与培养模式改革[J]. 现代教育管理,2022(5)：91－99.
② 黄建欢,张亚斌,尹筑嘉. 企业中高层人才需求与研究生培养机制创新——基于企业中高层人才需求调查的研究[J]. 中国高教研究,2009,190(6)：42－45.
③ ［英］迈克尔·吉本斯. 知识生产的新模式：当代社会科学与研究的动力学[M]. 陈洪捷,沈文钦译. 北京：北京大学出版社,2011：2.

新性要求。总体而言,《基本要求》对博士学位应具备的知识、能力、素质等方面的规定大多围绕学术与科研,具有非常明显的学术逻辑与学术本位特征,对学术与科研之外的能力素质要求则提及不多。

高校层面对工学博士能力素质的培养侧重大多体现在培养目标之中。博士生培养目标不仅是简单的政策文本,更重要的是对博士生教育的认知以及对博士生培养质量的承诺。[①] 选取 36 所双一流(A 类)高校的博士生培养目标为分析对象。通过登录各个高校的官方网站搜索,由于部分高校没有设置总体的博士生培养目标,分别是按照不同学科来规定,也有部分高校没有公开博士生总体培养目标,部分军校的培养目标较为特殊化,排除以上这三种情况后共选取了 27 所高校的博士生培养目标为研究样本。对每个语义进行要素提取及能力素质归类,27 所高校的培养目标一共得出 251 条语义。将培养目标按照"一级类目—二级类目—三级类目"进行语义分解后的统计,"专业知识、方法与技能"类的 90 条,"沟通、表达与交际能力"类的 24 条,"领导及管理能力"类的 5 条,"个人特质与思维"类的 106 条,其他类别 26 条(见表 6 - 3、表 6 - 4)。

表 6 - 3　　　　　　　　　　　　27 所高校培养目标统计结果

一级类目	二级类目	三级类目	频次	占比
能力素质	专业知识、方法与技能	理论基础与专门知识、独立创造性的从事科研工作、在科学技术上做出创造性的成果、研究方法、实验方法、学科发展方向和学术前沿等	90	35.85%
	沟通、表达与交际能力	沟通协调能力、语言表达能力、人际交往、团队合作能力、做报告的能力、学术交流能力、外语交流能力等	24	9.56%
	领导及管理能力	领导力、号召力、时间管理能力、项目管理能力、抗压能力、执行力等	5	1.99%
	个人特质与思维	诚实守信、品行端正、创新思维、批判性思维、国际视野、身心健康、事业心、责任感、奉献精神、服务精神、虚心等	106	42.23%
	其他	政治要求、培养定位、学术道德和学术规范、教学能力、实践能力等	26	10.36%

---

① 刘俭,刘少雪.我国高校工科领域博士生培养目标设置现状分析及建议[J].高等工程教育研究,2019(2):167-177.

表 6‑4 各项能力素质被提及的频次及频率

单项目标要素	被提及的频次	占目标学校数的频率
学科基础理论及专门知识	27	100%
独立开展科学研究的能力	27	100%
做出创造性的成果	24	88.89%
政治要求	21	77.78%
品行端正	16	59.26%
身心健康	15	55.56%
奉献精神	15	55.56%
沟通交流	14	51.85%
事业心	9	33.33%
服务精神	9	33.34%
创新思维	7	25.93%
国际视野	6	22.22%
团队合作	5	18.52%
学术道德与规范	5	18.52%

综上所述,国家层面对博士培养要求进行了总体规定,主要是围绕获得学位应具备的基本知识及结构、基本素质、基本学术能力和学位论文基本要求。高校层面博士生培养目标则特别强调学科基础理论与专门知识、独立开展科学研究的能力以及做出创造性的成果等。高校对工学博士的培养要求呈现出三个特征:注重知识结构、基础理论及独立进行科研的能力,强调为人为学的作风和修养,但是对沟通交流、团队合作、领导力等管理方面的其他能力重视程度体现不足。

三、工学博士培养与企业科技人才需求的契合与偏差

伴随着博士生规模扩张,博士毕业生就业问题的关注度有了明显提升,但是大多围绕就业意向、就业选择、就业趋势与变化等宏观动向,微观方面尤其具体

到博士毕业生学用匹配方面的关注度仍未见有明显提高。新工业革命背景下博士就业情况复杂且差异较大,需要结合社会经济产业结构变化、博士生培养模式,对博士毕业生学用匹配进行更精准的细分研究。[①] 在访谈中,企业雇主与工学博士对能力素质重要性的认知存在一定的共识,皆认为专业知识及技术、方法是工学博士赖以生存与职业发展的生命线。专业基础知识和技能是根本。如果没有专业基础,根本无法开展工作。(Manufacturing8—科研人员)但是,对于专业能力之外的其他能力素质重要性的认知存在着较大差异。国外的研究也指出博士所具备的资格和技能与企业需求之间存在偏差,博士阶段的培养过于专门化,对职业需求的定位和关注较少。[②] 国内高校对工学博士能力素质的培养与企业对科技人才的需求在一些方面也存在差距,这种失配或偏差可能会对企业的生产效率、工学博士个体的职业发展产生影响。本书选取 24 项能力素质指标,以产业界就职工学博士的体认为准,尝试厘清高校对工学博士能力素质的培养与企业对科技人才需求在哪些方面存在偏差。采用李克特五级量表对其评分,比较能力素质均值,以及配对样本 T 检验,结果如表 6-5 所示。

表 6-5　　　　　能力素质培养与需求的均值差及配对样本 T 检验

能力素质指标	高校培养(均值)	企业需求(均值)	均值差	配对样本 T 检验
专业基础理论	4.09	3.65	0.435	8.279***
学科专门知识	4.12	3.79	0.332	6.270***
问题发现与解决能力	4.01	4.60	−0.592	−13.277***
研究技术与方法运用能力	4.14	4.11	0.030	0.708
自主学习能力	4.34	4.49	−0.152	−3.810***
独立钻研	4.15	4.15	0	−0.065
创新思维	3.95	3.93	0.022	0.458
批判性思维	3.58	3.33	0.253	4.730***

① 李锋亮.博士毕业生就业匹配研究应加强[N].中国科学报,2018-12-18(5).
② Cruz-Castro, L. & Sanz-Menéndez, L. The Employment of Ph.Ds in Firms: Trajectories, Mobility and Innovation[J]. Research Evaluation,2005,14(1):57-69.

续　表

能力素质指标	高校培养(均值)	企业需求(均值)	均值差	配对样本 T 检验
与人交往的能力	2.90	4.01	−1.114	−19.950***
团队合作能力	3.24	4.40	−1.152	−20.152***
公众展示能力	2.97	4.18	−1.207	−18.007***
语言表达能力	3.15	3.97	−0.818	−16.477***
沟通协调能力	2.94	4.45	−1.511	−21.452***
领导力	2.57	3.49	−0.921	−15.377***
执行力	3.49	4.13	−0.644	−14.237***
项目管理能力	2.91	3.77	−0.861	−16.327***
时间管理能力	3.33	3.90	−0.571	−11.870***
压力管理能力	3.00	3.43	−0.435	−8.711***
职业规划能力	2.66	3.19	−0.533	−11.197***
自信	2.95	3.61	−0.666	−11.912***
身心健康	3.31	3.99	−0.677	−13.933***
灵活变通	3.07	3.87	−0.799	−15.759***
商业思维	2.34	3.57	−1.234	−17.676***
国际视野	3.58	3.41	0.166	2.998***

注：*** 代表 $p < 0.01$。

对工学博士能力素质培养与需求的均值对比发现，21 项指标差异性显著。（1）高校培养的能力素质均值超过企业需求且差异性显著的主要表现在专业基础理论、学科专门知识、批判性思维、国际视野 4 项指标。（2）高校培养不及企业需求且差异性显著的 17 项指标分别是：沟通协调能力、商业思维、公众展示能力、团队合作能力、与人交往能力等方面，主要集中在"沟通、表达与交际能力""领导及管理能力"等维度。对比高校培养的能力素质与企业需求的能力素质均值，研究结果如图 6-6 所示。

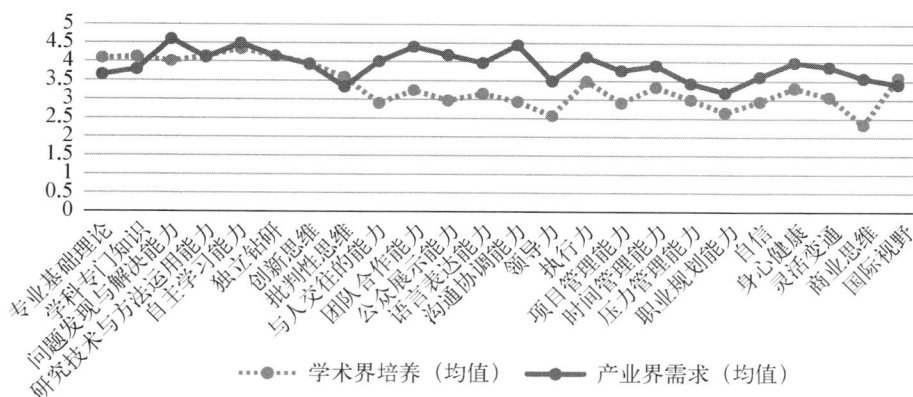

图 6-6　能力素质在高校培养与企业需求之间的契合与偏差

　　进一步对高校培养和产业界需求的能力素质指标进行了序次排列,结果如表 6-6、表 6-7 所示。研究发现:第一,企业需求中均值最高的 5 项能力素质依次是:问题发现与解决能力($M=4.60$)、自主学习能力($M=4.49$)、沟通协调能力($M=4.45$)、团队合作能力($M=4.40$)、公众展示能力($M=4.18$)。主要集中在"专业知识、方法及技能"与"沟通、表达及交际能力"两个维度。第二,高校培养中重视程度最高的 5 项能力素质分别为:自主学习能力($M=4.34$)、独立钻研($M=4.15$)、研究技术与方法运用能力($M=4.14$)、学科专门知识($M=4.12$)、专业基础理论($M=4.09$)。全部集中在"专业知识、方法及技能"维度。第三,两个维度前 5 项能力素质中,都有所提及的只有自主学习能力,除此之外,企业更为看重问题发现与解决能力以及通过沟通、表达与交际来协助问题解决的能力,而高校培养过程中更为强调学科知识以及研究方法等方面。

表 6-6　　　　　　　　　能力素质在高校与产业界的序次对比

排列序次	高校培养(均值)	企业需求
1	自主学习能力($M=4.34$)	问题发现与解决能力($M=4.60$)
2	独立钻研($M=4.15$)	自主学习能力($M=4.49$)
3	研究技术与方法运用能力($M=4.14$)	沟通协调能力($M=4.45$)
4	学科专门知识($M=4.12$)	团队合作能力($M=4.40$)
5	专业基础理论($M=4.09$)	公众展示能力($M=4.18$)

排列序次	高校培养(均值)	企业需求
6	问题发现与解决能力(M=4.01)	独立钻研(M=4.15)
7	创新思维(M=3.95)	执行力(M=4.13)
8	批判性思维(M=3.58)	研究技术与方法运用能力(M=4.11)
9	国际视野(M=3.58)	与人交往的能力(M=4.01)
10	执行力(M=3.49)	身心健康(M=3.99)
11	时间管理能力(M=3.33)	语言表达能力(M=3.97)
12	身心健康(M=3.31)	创新思维(M=3.93)
13	团队合作能力(M=3.24)	时间管理能力(M=3.90)
14	语言表达能力(M=3.15)	灵活变通(M=3.87)
15	灵活变通(M=3.07)	学科专门知识(M=3.79)
16	压力管理能力(M=3.00)	项目管理能力(M=3.77)
17	公众展示能力(M=2.97)	专业基础理论(M=3.65)
18	自信(M=2.95)	自信(M=3.61)
19	沟通协调能力(M=2.94)	商业思维(M=3.57)
20	项目管理能力(M=2.91)	领导力(M=3.49)
21	与人交往的能力(M=2.90)	压力管理能力(M=3.43)
22	职业规划能力(M=2.66)	国际视野(M=3.41)
23	领导力(M=2.57)	批判性思维(M=3.33)
24	商业思维(M=2.34)	职业规划能力(M=3.19)

表 6-7　　　　　　　　　能力素质在高校与产业界的序次对比

类　别	能力素质指标	高校培养(均值)	产业界需求(均值)	高校(序次)	产业界(序次)
专业知识、方法及技能	专业基础理论	4.09	3.65	5	17
	学科专门知识	4.12	3.79	4	15

续　表

类　别	能力素质指标	高校培养（均值）	产业界需求（均值）	高校（序次）	产业界（序次）
专业知识、方法及技能	问题发现与解决能力	4.01	4.60	6	1
	研究技术与方法运用能力	4.14	4.11	3	8
	自主学习能力	4.34	4.49	1	2
	独立钻研	4.15	4.15	2	6
沟通、表达与交际能力	沟通协调能力	2.94	4.45	19	3
	与人交往的能力	2.90	4.01	21	9
	团队合作能力	3.24	4.40	13	4
	公众展示能力	2.97	4.18	17	5
	语言表达能力	3.15	3.97	14	11
个人特质及思维	自信	2.95	3.61	18	18
	身心健康	3.31	3.99	12	10
	灵活变通	3.07	3.87	15	14
	商业思维	2.34	3.57	24	19
	国际视野	3.58	3.41	9	22
	创新思维	3.95	3.93	7	12
	批判性思维	3.58	3.33	8	23
领导及管理能力	执行力	3.49	4.13	10	7
	领导力	2.57	3.49	23	20
	时间管理能力	3.33	3.90	11	13
	项目管理能力	2.91	3.77	20	16
	压力管理能力	3.00	3.43	16	21
	职业规划能力	2.66	3.19	22	24

　　从工学博士的视角研判各项能力素质的培养与需求状况，笔者通过对各项指标进行均值分析及序次对比研究发现：其一，企业除了看重工学博士的"专门

知识、方法与技能"之外,还尤为看重其"沟通、协调与交际能力""领导及管理能力"。其二,高校对自主学习能力、独立钻研、研究技术与方法运用能力、学科专门知识、专业基础理论的重视程度较高,全部集中在"专门知识、方法与技能"方面。对商业思维、领导力、职业规划能力、与人交往的能力、项目管理能力重视程度相对较低,集中在"沟通、协调与交际能力""领导及管理能力"等方面,重视和培养力度还不够。其三,工学博士的能力素质在高校培养与企业需求之间存在较大的偏差,具体表现在高校培养的专门知识、方法与技能超出了企业的需求;而企业所看重的"沟通、协调与交际能力""领导及管理能力"在高校的培养中则体现不足。这一现象在国外的研究中也得出过类似的结论,当前 STEM 博士生培养的问题,更为紧迫的不是人才过剩或人才稀缺等问题,而是博士生在校习得的技能与职场需求不相匹配。[1] 还有研究者认为,STEM 博士生教育和培养的重点应该随着经济变化而变化,应该侧重更广泛的知识和技能提升,而不仅仅是具体而狭义的学术资格。[2]

四、工学博士能力素质准备不足之处

博士习惯在一些领域深耕不辍、专精覃思,同时,也可能因此致使其他方面的能力素质准备不足。美国的一些重大项目和研究报告质疑博士的研究项目过于狭隘,缺乏与更大的社会背景相连互通、转化产出,以及博士对大学以外的职业生涯准备不足,尤其集中在博士毕业生缺乏可迁移能力这个现象之上。[3] 政府、企业和行业领导者则抱怨博士缺乏当代劳动力市场所需要的技能。[4] 还有的企业雇主认为,博士的灵活变通程度、商业思维、公众汇报等能力较为缺乏。[5] 需要注意的是,博士并未及时认识到自己的所长和别人的需求之间存在差距。[6] 在访谈中,企业雇主较为认可工学博士的专业理论知识与技术技能,

[1] Charette, R. N. The STEM Anxiety Business[J]. Computer, 2016, 49(3): 82-87.
[2] Carnevale, A. P., Smith N. & Strohl, J. Help Wanted: Projections of Jobs and Education Requirements through 2018[M]. Lumina Foundation, 2010: 17.
[3] Porter, S. D & Phelps, J. M. Beyond Skills: An Integrative Approach to Doctoral Student Preparation for Diverse Careers[J]. Canadian Journal of Higher Education, 2014(44): 54-67.
[4] Mowbray, S. & Halse, C. The purpose of the Ph. D: Theorising the Skills Acquired by Students[J]. Higher Education Research & Development, 2010, 29(6): 653-664.
[5] Usher, R. A Diversity of Doctorates: Fitness for the Knowledge Economy? [J]. Higher Education Research and Development, 2002, 21(2): 143-153.
[6] Adams, K., Zander, A. & Mullins, G. What do Engineering Postgraduate Research Students Know About Industry Work? [J]. Schools & Disciplines, 2007: 1-8.

同时,明确指出从胜任产业界的工作来看,工学博士科研能力之外的其他能力素质准备不足或略有欠缺,尤其是沟通协调能力、团队合作能力和创新思维等方面。

本书通过对产业界就职工学博士及企业雇主的访谈,一方面,有利于我们把握产业界工作的需求,另一方面,便于对工学博士能力素质的薄弱及不足之处做出判断。利用 Nvivo11.0 将"工学博士能力素质的薄弱与不足"作为一级节点,以四个维度的能力素质指标作为二级节点,分设工学博士及企业雇主两类视角。从工学博士来看,"沟通、表达与交际能力"亟待提高。企业雇主则对"个人特质与思维"方面的意见更明显。主要的材料来源与参考点信息如表 6-8所示。

表 6-8　　　　　　　　　能力素质薄弱与不足之处编码信息

	分　类	维度分类	材料来源	参考点
工学博士能力素质的薄弱与不足	工学博士的视角	专业知识、方法与技能	6	8
		沟通、表达与交际能力	25	45
		领导及管理能力	7	17
		个人特质与思维	13	21
		其他	15	31
	企业雇主的视角	专业知识、方法与技能	2	4
		沟通、表达与交际能力	5	11
		领导及管理能力	5	9
		个人特质与思维	6	14
		其他	2	4

进一步列举参考点内容,同时,对应工学博士及企业雇主对每项指标的参考点数。值得注意的是,采访的企业雇主的人数相对于工学博士个体的人数较少,但两个群体在相应的能力素质薄弱及不足之处的意见方面存在一定的一致性,将参考点进行内容列举及编码,编码信息表详见附录。此处,选取对几个明显的薄弱与不足之处分析。

（一）沟通、表达与交际能力仍需加强

沟通、表达与交际能力在职业环境中的重要性不言自明。在访谈中，多位企业雇主表示工学博士习惯"闷头做事"，热衷独立钻研，沟通、表达与交际能力仍需加强。究其缘由可能有三，一是求学期间培养单位更为注重博士独立研究能力的培养，而针对沟通、表达与交际等方面的能力，大多只有零星形式的锻炼机会，缺乏专门化、体系化、有针对性的培养。二是学术界和产业界的工作特征、工作习惯、工作要求存在差异，沟通、表达所涉及的场合、适切的方式也不尽相同。三是工学博士前期对专业能力之外的其他能力素质可能存在重视程度不够的现象。因此，致使工学博士的沟通、表达与交际能力仍需加强。

> 工学博士们习惯于踏踏实实、勤勤恳恳地工作。给自己的定位就是去做，不需要太多的沟通交流，不需要考虑太多的人际关系。（Auto-employer7—部门主管）

> 他们习惯以自己的专业来看问题，太专业的话对横向缺乏关注，会造成很多沟通障碍。（Auto-employer4—人事部部长）

> 工科的培养方式和做项目的惯性，大家容易"闷头做事情"，以前接触的人广度不够广，打交道的也不够深入，导致这方面的能力没有得到很好的锻炼。（Internet-employer24—研发主管）

> 如果非要提高的话可能沟通能力和人际交往方面还可以更好一些。（Technology-employer12—人事部部长）

（二）调配人力、拉通资源、带领团队以合力实现目标的能力稍显不足

国外的研究发现，企业雇主认为有的博士在协调资源和团队合作方面很吃力，因为他们习惯从自己的个体认知看问题，而不是从团队或公司效益最大化的角度来评判工作。当然，这并不是指摘他们完全不能在团队中工作，而是研究发现，他们在科研中的"独立性"有时候也会转化为一种态度或风格，这在特定工作情景中反而可能成为一种劣势，使得他们不适合某项特定的团队工作。[①] 前文论及企业雇主对工学博士的定位并不仅仅是独立研究者，更希望他们是带领团队的行业领军人才。然而，调配人力、拉通资源、带领团队这些恰恰又是与工学

---

① Elizabeth, G. The Value of a STEM Ph. D[D]. Arizona State University, 2018(5): 168.

博士擅长的、"单打独斗"式的独立钻研背道而驰的能力素质,那么如何在不同的时机,运用最适宜的方法以优化工作程序、提高工作效率进而提升工作成效,这些都是对工学博士的现实考验。在访谈中,企业雇主也提及工学博士带领团队以合力实现目标的能力稍显不足。

> 很多博士喜欢"单打独斗",不善于使用团队的力量,很多时候我们给他们一拨人,他们调动不起来。不知道如何"用人",如何调配一些力量和资源。(Steel-employer3—车间书记)

> 可能有个别的博士没有了解公司招他进来的目的,他们只专注于对自己科研项目的研究,可能看问题的高度还没上升,我们其实需要的是他们过来把这一支队伍建立起来。(Auto-employer9—人力资源总监)

> 一些博士在民营企业容易"水土不服",他们工作之后对一些合作工作的理解和设计并不能很好地适应。很多 teamwork 做好了顶层设计,在具体安排或者执行任务的时候,会发现下面的人开始"踢皮球",这个事情对于博士来说就是一个非常大的挑战。他们用"非技术手段"来解决问题的能力比较薄弱,尤其是在项目里,能否把一个技术团队"揉捏"好以发挥他们的效用,很多中国的博士是一路优等生读过来的,一些学习之外的能力还是锻炼不够、有所欠缺,这也会阻碍他们领导一个团队。(Technology-employer15—总经理/研发总监)

(三) 突破常规的胆识和颠覆性的思维有所欠缺

创新是企业获得竞争优势的源泉。[1] 企业所面临的市场竞争越激烈,其创新需求越强烈,以期降低被市场淘汰的风险,实现企业的生存和发展。[2] 在访谈中,企业雇主充分肯定了工学博士的独立研究能力、开展研究的规范性和专业性,但是他们也指出,有的时候工学博士惯常于把自己曾经的研究方向、研究逻辑奉为圭臬,以至于难以突破常规,且在颠覆性的思维方面有所欠缺,这不利于企业在竞争度高的行业中获得优势,抢占科技创新先机。

---

① Chatzoglou, P. & Chatzoudes, D. The Role of Innovation in Building Competitive Advantages: An Empirical Investigation[J]. European Journal of Innovation Management, 2018, 21(1): 44 – 69.
② 倪骁然,朱玉杰. 劳动保护、劳动密集度与企业创新:来自 2008 年《劳动合同法》实施的证据[J]. 管理世界,2016,32(7): 154 – 167.

个人认为我们国内的博士缺少的还是一种思维的创新能力,包括我本人也是,我们没有真正把方法用起来,大多数人很慌、很急、很少深入思考。(Finance-employer6—部门经理)

有的东西需要突破常规,需要颠覆性的思维,他们有时候就不敢想也不敢做。比如有的工学博士就是突破不了理论、文献,太相信书本而不敢想不可能的事情。(Chemicals-employer16—副总裁)

现在智能制造的需求越来越多,但是很多人的选择方向还是盯着学长学姐怎么选择,没有那么放得开。不愿意或者不敢跳出自己以前的研究方向。(Auto-employer10—校园招聘及雇主品牌中心总监)

他们很难打破自己原来研究的框架,也不乐意放弃原来的方向和基础。(Technology-employer15—总经理/研发总监)

综上所述,对于工学博士生能力素质相对薄弱方面的探讨是衡量工学博士生培养质量的一个有力参考点。对于工学博士生优化策略及建议的提出提供了现实参考。以上分析发现:工学博士个体及企业雇主均表示工学博士"沟通、表达与交际能力"亟待提高;"个人特质及思维"方面的灵活变通、创新思维也有待加强;"领导及管理能力"的领导力、项目管理能力、时间管理能力也被提及。除此之外,工学博士存在"眼高手低"的境况也屡被提及,并且,工学博士个体存在偏好独立钻研而资源整合能力稍显不足的情况。"专业知识、方法与技能"方面的能力素质受到的质疑最少。目前,企业雇主及工学博士对其能力素质薄弱及不足之处的认知也存在一定的偏差,企业雇主突出灵活变通性不足,工学博士个体强调沟通协调能力欠佳。不管博士在其学位获得过程中扮演什么样的角色,相关文献和数据都一致认为,学位的价值完全取决于一个学生能否将在高校受到的学术训练转化为有价值和有成就的职业。入学和毕业之间的过程是如此的漫长,让学生疲惫不堪,以至于到最后,有的博士个体甚至无法向未来的潜在雇主表达自己的价值。①

工学博士生能力素质培养不足的问题不仅仅是在我国出现,其他国家也曾出现过类似的情形。美国的博士生教育历来受到各国效仿,但也曾出现过对博

---

① Abel, M. H. Self-Esteem: Moderator or Mediator between Perceived Stress and Expectancy of Success? [R]. Psychological Reports, 1996(2): 635 - 641.

士生各方面能力不足的批评之声：博士生学制太长,大多以学校环境或者实验室为中心,培养过于狭隘,大多数博士对职业选择及偏好无暇顾及。他们只负责解决高技术含量以及搞专业化的复杂问题,对于应该怎样发现问题,并结合相应的理论和实践,有针对性地解决这些问题,并没有引起足够的重视。① 外界对博士生的问题发现与解决能力、职业规划能力等方面提出了质疑。2004 年,澳大利亚对"八校联盟"(Go8)进行了调研,研究发现：绝大部分博士生缺乏职业场所所需要的可迁移能力。② 并进一步指出,博士生就业危机尤其表现在在校期间所培养的技能与非学术界企业雇主的要求之间存在差距。48%的雇主认为博士生专业知识过于固化、窄化,无法适应非学术界的从业环境和要求。③ 其中,普遍缺乏核心的沟通能力、团队合作能力和项目管理能力等。而后,澳大利亚多数大学投入大量的物力人力致力于可迁移能力项目的开发。英国政府也较为看重企业雇主的意见,强调企业雇主参与到博士生培养过程中来的重要性。2009 年,英国进行了一次全国性的调查,结果表明在全球化的商业环境中,企业雇主对博士生的语言表达能力尤为重视,超过 1/3 的公司在招聘时看重语言技能。此外,企业雇主也强调,那些拥有科研能力之外的其他能力(诸如团队合作能力、沟通协调能力、良好的商业意识)的博士尤其受到雇主的青睐。许多雇主进一步强调,许多博士又往往达不到他们的期望和要求。④ 放眼国内外的相关研究,深感把握工学博士生能力素质的薄弱与不足之处是了解当前培养质量存在哪些缺陷的重要突破口,在认识博士生教育本质的基础之上,采取有针对性的提升策略改进。

---

① Armstrong, J. A. Rethinking the Ph. D[J]. Science and Technology 1994(4)：19 - 22.

② Denise C. & Tebeje M. Ph. D Crisis Discourse：A Critical Approach to the Framing of the Problem and Some Australian "Solutions"[J]. Higher Education，2015，69(1)：33 - 53.

③ John M. G. et al. Review of Australia's Research Training System[R]. Melbourne：Australian Council of Learned Academies，2016：16.

④ 褚艾晶. 以雇主需求为导向的英国博士生教育改革研究[J]. 学位与研究教育，2013(5)：69 - 73.

第七章
高校工学博士生培养的价值、问题与调适策略

　　高等教育的历史,大多是由内部逻辑和外部压力形成的张力谱写而成,高等教育几乎没有完全自治过。[①] 高等教育有其自身的逻辑,同时,又不得不受到外界社会环境的影响。对博士个体而言,攻读博士学位也是一种极其特殊的人生经历,会引发焦虑、压力和自我怀疑。也有研究数据显示,博士期间的斗争、挫折和消极经历会产生积极而有效的影响。参选期间的消极经历提高了学生对世界的认知,增强了他们解决问题和冒险的信心、决心以及坚韧性。正是通过这些经历,博士个体发展了他们关于知识的经验和情感的弹性,成为有创造力、足智多谋的问题解决者,能够冷静、创新地解决新的问题、克服新的困难。[②] 除此之外,也不得不面临获取学位之后,如何将自己多年所学在职业发展中转化为有成就、有价值的东西这一现实问题。尤其,当前工学博士的体量是在校博士生数中最为庞大的,加之,新一轮科技革命和产业变革蓬勃发展,大国竞争和博弈日益加剧,逆全球化思潮抬头,全球产业链供应链深度调整,我国工业化总体上存在的问题仍然突出,一些关键核心技术仍然受制于人,产业链、供应链风险隐患增多[③],这些变化着的形势都对工学博士在产业界的工作提出了更高更具体的要求。通过对进入产业界工学博士职业内容、职业特征、职业适应性以及能力素质需求的分析,并探究高校对能力素质的培养状况,从匹配差距的角度反观工学博士生培养质量。通过两者的互动、对洽、差距,我们重新开始思考博士生培养的本意及其价值,以及在具体的实施过程中尚存在怎样的问题? 在此基础上,进一

① 克拉克·克尔. 高等教育不能回避历史:21 世纪的问题[M]. 王承绪译. 杭州:浙江教育出版社, 2001:1.
② Aristotle. Nicomachean Ethics:Translation, Introduction and Commentary[M]. S. Broadie & C. Rowe, Trans, Oxford:Oxford University Press,2002:148.
③ 中共工业和信息化部党组. 坚决扛牢实现新型工业化这个关键任务[J]. 求是,2024(1):56.

步思考优化工学博士生培养应该采取怎样的策略?

第一节　博士生培养的本意及价值

一、博士生培养的本意

对博士生就业状况的探讨,可在一定程度上反观博士生培养质量。尤其是其在相应的单位及岗位的胜任力、理应具备的能力素质,也可以映射到高校的人才培养质量。博士生就业领域在学术界与非学术界之间的分化,并不是一个孤立的问题,通过这一现象,我们可以进一步反思现有的博士生人才培养目标定位的适切性。培养目标是根据教育目的提出的关于培养的具体要求。不同层次的培养目标对教育目的的规定不尽相同,目前的博士生培养目标大多是从理论基础和专门知识的角度对博士生理应掌握的知识体系进行了规定,对博士生人才培养目标定位的规定更多的是强调其通过博士生阶段的训练和培养成为"独立从事科学研究的人"。教育目的与培养目标之间有着重要的联系,培养目标在教育目的的指向下得以进一步确定,对人才培养的规定更为细致、具体,而教育目的则更多的是从方向性上对特定阶段的教育做出指引。由此可见,博士生阶段的培养到底有何本意? 培养学科接班人? 独立的研究者? 还是某个行业的领军人物? 这只是一个方向性上的规定,而培养具备什么能力素质的研究者? 未来应该在哪些领域开展研究工作? 应该是我们需要进一步明示的问题。

博士生培养的本意应该囊括培养目的及培养目标两个方面,综合概括本质意涵。如若仅仅强调培养学术接班人,不仅窄化了博士生培养的本意,还容易导致对相应的能力素质培养的忽视。对博士生教育历史沿袭的分析发现,博士生学位授予之后的职业面向并没有严格的限制,所谓的更多在学术界就业也仅是一个现实惯性,并不能由此代表博士生教育的本意。

布鲁姆关于教育目标分类学的理论包括认知领域、情感领域以及动作技能三个维度。强调一部分是对知识的记忆及回顾,另一部分是关于能力和技能之外的复杂行为,包括对知识的领会、应用、分析和评价等。霍恩斯坦在布鲁姆的基础上,在建构主义学习哲学的基础上,提出了新的教育目标分类学。强调不应该被动接受知识,应该互动地运用所学的知识。其目标分类学里面包括认知领域、情感领域、动作技能领域以及行为领域。[①] 目前我国的博士生教育培养目标里对于知识的强调较为突出,而对于其他能力素质以及行为的凸显则不足,培养目的对培养什么样的人具有方向性的指引,而相对应的培养目标则个体化特征更明显。各个高校亦可根据具体的社会需求以及学校的层次做出相应的更为细致的规定,不仅仅是关于知识层面,更应该包括具体的能力素质以及人才培养定位。在此基础上更准确地诠释和彰显博士生教育的本意,而不是用固有的、传统的、狭隘的既定观念去限制博士生教育的人才培养目标定位。

博士生培养的本意应该是培养在某一领域从事科学研究的人才,而在目前的现实背景下,对于其从事科学研究的具体场域是学术界还是非学术界则不必刻意的窄化,除此之外,对其能力素质的规定除了科研能力之外,也应该提及其他必要的可迁移能力。并且,在人才培养的目标定位上,博士生教育应该是培养某一个行业的专门人才、领军人物,而不应该仅仅局限于科研人员。

二、博士生培养的价值

中世纪的博士学位只有对希望留在学校任教的人来说是必需的[②],大学是探究高深学问的场所。随着知识生产模式的转型,大学在社会中已不仅仅是保存知识与探索学问的"乌托邦"。关于高等教育的哲学基础是认识论还是政治论的争议不断。关于高等教育应该追求"闲逸的好奇"还是一定限度的社会服务功能,社会各界各执一词。秉持认识论观点的人认为,大学之所以存在,在于其将一群富于想象、富有创造力的学生和教师聚集在一起,探讨高深知识是高等教育的目的。他们将学术和现实画出了一条难以逾越的界线。也不主张博士生教育与职业过于紧密。他们强调,大学的本质应该重教育而非培训,当博士生教育与学生的短期职业目标发生更大的关联时,教育会不可避免地出现关注短期需要而非长期需求的趋势,如果博士生教育也出现这种情况,那么,大学就会从培养学者的机构沦为培训技师的场所[③](将大学默认为培养学者的机构)。

与此相对应的,持政治论观点的人则认为大学里探究知识不止是因为满足对闲逸的好奇,还因为他们对国家和社会有功用和影响。随着工业革命的发生,

---

① 丁念金.霍恩斯坦教育目标分类与布鲁姆教育目标分类的比较[J].外国教育研究,2004(12):10-13.
② 希尔德·德·里德-西蒙斯.欧洲大学史(第一卷)[M].张斌贤等译.保定:河北大学出版社,2007:161.
③ 菲利普·G.阿特巴赫等.为美国高等教育辩护[M].别敦荣、陈艺波译.青岛:中国海洋大学出版社,2007:223.

两种哲学基础并驾齐驱,甚至政治论的观点占据上风,1936 年,怀特海强调不应该割断大学与职业和专业实践的密切联系。[①] 博士生教育作为高等教育的类型和阶段之一,同样不可避免经受认识论和政治论之争的困扰,博士生教育秉持培养科研人才这一论断只是早期德国的"舶来品",这种思想在各个国家不同时期与其他思想的较量和角逐中,不可一味地置于顶端。博士生培养在认识论的指引下,坚守对个体科研能力的培养,对纯粹知识的探索具有相当大的合理性。但是,在不同时期,经受不同外界环境的影响,博士生培养很难做到对政治论影响的区隔,对国家的战略和社会需求做到充耳不闻。外界环境和市场需求也会形成一种客观真实的力量,对博士生培养形成一种问责和倒逼,迫使其对外界的变化和需求做出一定程度的反应。尽管认识论和政治论之间缺乏和谐,但是在具体的博士生培养阶段,结合工学博士生的特殊性,高校应当努力在两者之间寻求一种平衡。这两种价值论点并不是两者居其一的关系,也并不是非此即彼的关系。博士生教育的价值意蕴应该是多元的,在具体的科研能力和可迁移能力培养之间寻求一种合理的平衡,而不只是墨守在传统的、既定的、主观的培养逻辑和主旨之中。

第二节　高校工学博士生培养的问题

博士生培养存在的问题在国内外的研究中皆有诸多显现。类似的研究结论在国外的研究中也明确被提出。一项对北美 27 所大学的博士生的调查结果表明:博士生接受的培训不一定是他们想要的,也不一定为他们未来从事工作做好相应的准备;许多学生不清楚如何进行博士期间的研究,如何让研究这个过程有效。[②] 而我国的博士生培养历经了 30 余年的发展,虽然也取得了一定的成效,但仍然存在一些改进的空间。本书通过对企业雇主及工学博士的访谈发现:相关群体对工学博士生专业知识、技能与方法的认可度较高,且对工学博士生自主学习能力、独立钻研能力也给予了很大程度的肯定。不过,在实际的工作运行过程中,工学博士在科研能力之外的其他可迁移能力方面存在一定的薄弱与不足。如若能得以相应的提升,可以保证工作更好地开展。对企业

---

① 约翰・S. 布鲁贝克. 高等教育哲学[M]. 王承旭等译. 杭州:浙江教育出版社,2002:27.
② Golde, C. M. & Dore, T. M. At Cross Purposes: What the Experiences of Today's Doctoral Students Reveal about Doctoral Education[J]. the Pew Charitable Trusts, 2001:1-65.

雇主以及工学博士群体的调研可以反观目前工学博士生培养的诸多方面的问题,尤其是高校的相关管理部门及培养机构还存在以下几个方面的不足之处。

一、对工学博士生入学动机的把握与了解不够全面

动机,作为诱发和维持个体行动的内在机理,朝着个体的既定目标持续活动。[①] 它并不是一个单一的因素,而是由个人的意愿、对目标的期望和信念以及完成任务的决心、毅力和执行力综合组成。[②] 结合教育领域来看,个体的入学动机是指个人在进入某个阶段的学习时出于怎样的缘由和初衷,它是个体持续进行活动的源动力和内驱力,可以对个体的学业兴趣、学业表现造成影响。[③] 同时,也会对学生个体的精神状态和压力来源产生作用。[④] 是与学业成就密切相关的内在因素。[⑤] 关于入学动机的类型并不存在统一的规定,研究者各有所奉。内部动机和外部动机的分类法较为常见。但其实关于其归类,并不啻于内部动机和外部动机的二分法,也包含着两者兼而有之的混合动机。对目前的工学博士生而言,入学动机呈现多样化特征,在"对科研的兴趣"这个内部动机的驱使下攻读博士的比例远远低于外部动机和混合动机。不同的入学动机又会对工学博士生在读期间的学术表现及就业偏好产生不同的影响。在调研中,我们发现院系及导师都存在对工学博士生的入学动机把握和了解不全的现象。易于墨守一个隐含的假定:大多数工学博士生出于学术抱负而攻读博士,且有志于毕业后继续从事学术科研工作,忽略了现实状况的变换。对于工学博士生入学动机把握不全容易导致在后续的培养过程中采取趋同性的方式方法来对待秉持不同动机的工学博士生。博士生招生遴选过程中,高校应该更严格地把握博士生为何读博?是否出于对学术研究的热情和兴趣,能否持续保持科研的动力应该成为招生过程中重要的查考点。此外,导师也应该首先清楚学生的入学动机,不要简

---

① 黄希庭.心理学[M].上海:上海教育出版社,1997:88.

② Amrai, K. et al. The Relationship between Academic Motivation and Academic Achievement Students[J]. Procedia-Social and Behavioral Sciences, 2011, 15: 399 - 402.

③ 楼成礼,傅志刚,邬小撑.论大学生的求学动机及其目标[J].浙江师范大学学报(哲学社会科学版),1993(3): 79 - 82.

④ Reeve, J. Understanding Motivation and Emotion[M]. Hoboken, NJ: John Wiley & Sons, 2014: 14.

⑤ Slavin R. E. Educational Psychology: Theory and Practice[J]. Educational Psychology Theory & Practice, 2003, 20(4): 513 - 514.

易地将工学博士生都理解为怀揣着学术梦想的实践者,对不同动机的学生因材施教,分类指导。

二、对工学博士生就业偏好的认识与重视程度不够

就业偏好是个体在择业过程中的一种心理状态,反映在对各个不同种类的职业因素的认知和倾向。① 在传统的就业趋势下,就业偏好的表现并不是那么明显和突出,更多时候博士生遵循着于既定轨迹在学术界从事学术科研工作,以为当时主要的就业市场就是学术劳动力市场,其他可供选择的场域并不活跃。后来,在内外部环境变动下,学术界外部对博士的需求悄然增长,传统意义上培养博士就是培养未来的大学教师这一惯性的趋势面临着分化。在本书的访谈中,我们进一步了解,培养单位及导师关注工学博士生的"毕业"更多,对"就业"的重视则稍显不够。对就业多元化趋势下应该如何助力工学博士生更好地择业及就业,大多数导师表现出的仅是民主的、精神上的支持,其他针对性的支持措施相对较少。为此,对于工学博士生培养,尤其是对于其就业择业问题也应有相应的措施:各个利益相关主体应该根据现实的需求对工学博士生培养提供相应的指导,博士生培养不完全是高校内部的事情,也可以联合科研院所、企业单位以及工学博士生个体多方联动,为相应的人才在更合适的岗位发挥余力做好准备。

三、对工学博士生可迁移能力的培养与准备不足

传统的博士生教育培养学术科研人才,主要培养博士生的科研能力。但对于进入产业界工作的工学博士群体,仅仅具备科研能力对于胜任复杂、多变的企业环境和工作岗位还远远不够。在调研中,研究发现产业界就职的工学博士及企业雇主不约而同地表示工学博士的沟通、交流及表达能力、领导及管理能力等方面亟待提高,且这些能力素质也是在非学术界工作极其重要的方面。那么,高校还在固守传统的以"科研能力"为绝对主导、缺乏系统的可迁移能力的培养模式可能引起进入非学术界的工学博士对非学术工作产生难以适应及胜任的状态。国外高校已对博士生可转换能力的提高引起高度重视,2010 年以来,澳大利亚各高校重视可迁移能力的培养,投入相当大的支持力度用以研究、开发对可

① 石永昌.基于偏好视角的大学生就业促进制度研究[D].北京:北京交通大学经济管理学院,2010: 60.

迁移能力有提升效果的方法。博士生可迁移能力的培养成为各高校博士生教育中的重要任务。[①] 如何打破传统的工学博士生教育及其学科中心论的壁垒,充分尊重工学博士生个体的就业偏好及意向,实现工学博士生"科研能力＋可迁移能力"的培养是值得我们思考及实践的现实性问题。

四、对工学博士生培养目标及环节的调整不够及时

培养要求指引着培养目标,分析我国工学博士生的培养要求发现,对工学博士生的要求大多从学术方面的规定出发,对能力素质的要求亦是在学术的范围之下,其他能力素质的规定及要求着墨相对较少。培养目标是各个学校及学科依据培养要求做出的更为细致、更为有针对性的规定。我国关于工学博士生培养目标的界定大多也对学科基础理论、专门知识、研究方法与技能等方面都有较为明确的规定,而对于科学研究之外的可迁移能力的倡导及工学博士生人才定位的规定则稍显简略。并且,根据工学博士生就业状况的变化及劳动力市场的要求,应作为一定的参考,对培养目标关涉的知识、能力、素质进行相应的补充及修订。

第三节　促进高校工学博士生培养与
需求之间的调适策略

人才培养模式改革的根本策略是突破既有模式赖以延续的利益格局,通过重塑高校与社会之间的互动关系来构建人才培养新模式以及创新的动力机制。[②] 美国的博士生教育历来是各国效仿的对象,其成功得益于能够根据外界环境及需求的变化及时做出灵活性的调整,以及在坚持知识笃诚和职业发展之间保持适度的张力、距离和平衡。不论是以学术研究为主旨还是兼顾职业选择的需求,坚持高水平的研究能力从未与博士生教育发生分离。[③] 这对调适我国工学博士生培养与需求之间关系具有重要的启示意义。

我国新型工业化发展建议聚焦产业链关键短板,尤其"卡脖子"环节和产业,

---

① 邓光平. 澳大利亚博士生可转化技能培养模式与启示[J]. 中国高教研究,2017(9):63-66.
② 易丽. 着力人才培养模式 创新提升服务区域经济发展能力——地方应用型本科院校改革发展高层论坛综述[J]. 中国高等教育,2011(21):58-59.
③ 黄海刚. 以学术为业——美国博士生教育本质之争[J]. 清华大学教育研究,2009(12):84-89.

将这些短板作为重点突破口,统筹产学研等多方面优势资源以提升自主创新能力,改善技术创新的顶层设计,争取五至十年取得关键核心技术的重点突破。[①]这在一定程度上也要求进入产业界就职的工学博士更好地践行学用结合。在分析了博士生教育的本质及价值意蕴的基础上,我们更加明确应该坚持工学博士生培养以科研能力训练为主,兼顾其他能力素质的培养这一逻辑主线。根据多重制度逻辑的启示,本书主要从政府、市场以及高校三方来提出优化策略,伯顿·克拉克提出的高等教育发展的"三角协调模式"也强调了高等教育发展主要受政府权力、市场动向及学术权威三种力量的影响。[②]下面将从三个方面提出建议。

一、政府层面：发挥主导与调控作用,推进产教融合体系建设,适时调整培养要求以促进人才培养供给侧与产业需求侧的适应与平衡

博士人才已经成为各国战略创新的主力军。工学博士生就业特征有利于帮助我们更好地反思工学博士生培养问题,由此,不得不引入博士生的培养要求及培养目标,这是一个复杂的联动事项,不可能由某个个体主观决定。到底注重其学术性还是实用性,都不单单是学校内部的事情,与国家的重大战略以及社会的阶段性需求息息相关。越来越多的工学博士向非学术界尤其是产业界溢出的现实使得相关的利益主体不得不重新考虑工学博士生的培养要求与培养目标的适切性。

政府作为国家社会发展的主导性部门,一定程度上通过法律法规和行政管理手段作用于高校的办学方向和模式。面对越来越多的工学博士向非学术界尤其是产业界溢出的现象,欧美发达国家从宏观层面实施了一系列改革行动。美国研究生管理部门指出,博士生教育并不局限于培养学术科研人才,也应该为产业界的需求提供相应的准备。[③]并且,1980 年后,美国管理部门开始呼吁为学术界之外的产业界等输送研发人员、技术人员以及高新科技人员的重要性。[④]并且采取了一系列措施丰富博士生在校课程、科研实践项目、联合培养活动,以帮

①　李德轩,许召元,柯俊强. 新阶段我国新型工业化发展的若干思考[J]. 理论探索,2023(1)：98－105.
②　伯顿·克拉克. 高等教育系统——学术组织的跨国研究[M]. 王承绪,徐辉,殷企平,等译. 杭州：杭州大学出版社,1994：159.
③　黄海刚. 以学术为业——美国博士生教育本质之争[J]. 清华大学教育研究,2009(6)：84－89.
④　邹海燕. 美国专业博士及其培养研究[J]. 中国高教研究,2005(2)：41－44.

助博士生更好地适应学术界外的工作要求。① 随着这些改革措施的推行,博士的综合能力素质得到较为明显的提升。

与此同时,欧洲的一些发达国家也明确提出博士生培养应该向更宽广的就业领域输送高层次人才。就业领域并不仅仅是各个高校的学术职位,产业界的各种职位也值得关注,并且应该创新其他类型的博士培养方式和学位制度。② 法国提出"两种不同概念的博士并存",该理念强调,新的形式的博士生培养目标不仅仅是培养研究型的博士,同时,应用型博士以及复合型博士也是其培养的重心。研究型博士强调独立钻研,做出独创性的科研成果;应用型博士强调理论联系实践,解决复杂问题的能力。③ 随后,经济合作与发展组织(OECD)在研究报告中审思了博士生培养目标及其功用,主张学术型博士不要仅仅局限于从事高校的学术职业,也应该为高校之外更广阔的就业市场输送人才,从事更多类型的、不同形式的、与科研相关的工作。④ 2002 年,英国政府发布《投资创新、科学、工程与技术战略》,设立新的专用资金。英国研究理事会(RCUK)为 170 多所博士培养机构资助 1.2 亿英镑以支持研究人员的职业发展以及可迁移能力的训练。⑤

高校各个学科的博士培养要求是由国务院学位委员会所制定,各个高校的培养目标、培养环节、培养重心都据此为参考,为博士生的培养提供相应的引导和依据。对我国博士培养要求的分析发现,培养要求着重强调知识结构、学术能力以及学位论文的基本要求,对其他的能力素质的规定则着墨太少。培养博士生的科学研究能力无可厚非,它是博士的象征和核心能力。但是,结合当前博士就业趋势来观照,已经有很大部分博士流入产业界工作,以工学为甚。而产业界对工学博士能力素质的要求却不仅仅限于学术能力,即使是涉及专业知识,各个学科的知识本身充满着复杂性、丰富性,不可能应有尽有地囊括在高等教育系统

---

① Cuthbert, D. & Molla, T. Ph. D Crisis Discourse: A Critical Approach to the Framing of the Problem and some Australian "Solutions"[J]. Higher Education, 2015, 69(1): 45 - 70.

② European University Association. Salzburg Ⅱ Recommendations: European Universities' Achievements since 2005 in Implementing the Salzburg Principles[EB/OL]. (2010 - 01 - 01)[2016 - 08 - 09]. http://www.eua.be/Libraries/publications-homepage-list/Salzburg_Ⅱ_Recommendations.

③ 李兴业. 法国高等教育文凭与学位制度改革[J]. 比较教育研究,2006(1): 1 - 4.

④ 陈学飞. 传统与创新:法、英、德、美博士生培养模式演变趋势的探讨[J]. 清华大学教育研究,2000(4): 9 - 20.

⑤ RCUK. Review of Progress in Implementing the Recommendations of Sir Gareth Roberts, Regarding Employability and Career Development of Ph. D Students and Research Staff[EB/OL]. (2010 - 10 - 10)[2015 - 4 - 10] http://www.ruck.ac.uk/RCUK/prod/assets/ducuments/skills/IndependentRiewHodge.pdf.

之中，很多需要到工作岗位再自主学习，此时，就需要借助工学博士其他方面的能力素质来辅助，更好地完成这种学习、转变与适应。

　　总的来说，受体制机制等多种因素影响，高校工学博士人才培养供给侧和产业需求侧在结构、质量、水平上还不能完全适应，"两张皮"的问题仍然存在。2017年12月5日，《国务院办公厅关于深化产教融合的若干意见》由国务院办公厅发布，自2017年12月5日起实施，旨在为社会主义现代化建设培养输送了大批高素质人才，为加快发展壮大现代产业体系做出了重大贡献。政府部门应该注重自身主导和调控作用的发挥，积极推进产教融合的体系建设，将产教融合作为促进经济社会协调发展的重要举措，融入经济转型升级的各个环节，贯穿人才开发及培养的过程，与时俱进地调整培养要求，进而对高校培养目标的调整提供依据，促进人才培养供给侧与产业需求侧的对应与平衡，形成政府、企业、学校、行业、社会协同推进的工作格局。

二、市场层面：实现融通与对接作用，促进校内联合实验室、校外社会实践基地的建立，将产业界的人才需求传递至高校，以打破产业界与高校之间的壁垒

　　高等教育的研究者较为看重博士生培养的学术本位特征，对于过度关注市场的需求是否会导致教育功能的不纯粹，他们表示担心。[1]　正如弗莱克斯纳早前强调的"大学不是风向标，不能流行什么就迎合什么"[2]，高校对人才的培养应该有自己的思考和坚持，并且符合高校自身的历史逻辑。但是，也有研究者发出另一种呼声："博士生教育除了应该培养具备研究思维的学术科研人才之外，也应该考虑市场的需求，培养有责任、重公平、打破国家界限的高素质全球化公民。"[3]在此背景下主张：博士生教育除了满足个体的需求之外，也应该适当兼顾市场的需求。[4]

① Cruz-Castro，L & Saenz-Menéndez，L. The Employment of Ph. Ds in Firms：Trajectories，Mobility and Innovation[J]. Research Evaluation，2005，14(1)：57 - 69.

② 亚伯拉罕·弗莱克斯纳. 现代大学论——美英德大学研究[M]. 徐辉，陈晓菲译. 杭州：浙江教育出版，2001：8.

③ Nerada，M. Confronting Common Assumptions：Designing Future-oriented Doctoral Education//R. Ehrenberg，ds[M]. Doctoral Education and the Faculty of the Future. Ithaka，NY：Cornell University Press，2009：84，89.

④ Harman，G. Producing Ph. D Graduates in Australia for the Knowledge Economy[J]. Higher Education Research and Development，2002，21(2)：179 - 190.

　　从某种程度而言,培养博士人才不仅仅是高校内部的事情。部分国家开始实施新的培养机制,比如和产业界各个企业联合培养博士生。1970 年,美国面对博士生就业趋势的变化,开始探索与产业界联合培养博士生的新型模式,以满足外界对高层次人才的需求。① 随后,欧洲也开始采取了相应的措施,推行校企联合培养制度。如法国的"通过研究促进工业发展公约"和英国的"科学与工程合作奖学金"等项目,从国家战略层面呼吁博士生进入产业界就业。② 英国更是以研究项目的形式鼓励学生获得可迁移能力,并且邀请产业界的用人单位一同参与博士生培养,提供不同的视角和支持。③ 经过一定时间的探索和实践,这样的培养模式已经推行至欧洲的大部分发达国家。到 21 世纪初,已经有 20 多个国家的高校推行了校企联合培养制度,校企合作的形式对博士生培养有一定的积极作用,但是,在具体的操作过程中也存在一些问题。目前,我国借助市场的力量,主要表现在对工学博士生培养的各个环节渗透见习和参观的踪迹,帮助其拓宽对产业界工作环境的认识和了解。但是,大多数项目的持续时间不长,深入程度不够,停留在走马观花式的表面。校企合作这一理念被呼吁得轰轰烈烈,但是形式却十分多样,成效并不十分突出。教育部的调查报告显示:目前,企业参与人才培养的形式,尤其是校企合作的广度和深度不够,形式随意多样、制度化程度偏低,62％的企业认为目前缺乏校企合作的公共政策,校企合作并没有实现企业参与人才培养的收益。④

　　我国高校已经开始在博士生中开展比较长时间、有组织、规范性的社会实践的只有清华大学和浙江大学,通过博士生个体和企业双向自愿选择,进行为期一个月左右的实践活动,但是出于各种原因,这种模式还没有推行至所有高校,在学科之间也存在一定的培养模式的差别,还在积极探寻更好的方式。目前的多数高校培养模式围绕校内培养为主,面对就业多元化的趋势,越来越多的工学博士进入产业界就职,对工学博士的能力素质提出了新的要求。产业界应该积极发挥市场的融通作用,打破市场与高校的藩篱,通过和高校建立校内联合实验室、校外社会实践这种规范化、长效性、深入式的形式,将产业界对人才的需求清楚地传递至高校,并将对能力素质的要求渗透到具体的培养环节,让学生参与一

①　陈学飞等.西方怎样培养博士:法、英、德、美的模式与经验[M].北京:教育科学出版社,2002:224.
②　刘亚敏,胡甲刚.校企联合培养:欧洲博士生教育的新探索[J].学位与研究生教育,2012(10):55.
③　褚艾晶.以雇主需求为导向的英国博士生教育改革研究[J].学位与研究生教育,2013(5):69 - 73.
④　教育部高等教育教学评估中心.中国工程教育质量报告(2014 年度):面向工业界、面向世界、面向未来[M].北京:教育科学出版社,2015:23.

些合作的科研项目过程,得到实在的指导,实现真正的学有所长,而不仅仅是被动参与,实时地对学生的能力素质培养起到作用。

三、高校层面:坚守主体和中心作用,建立"核心能力素质库",培养可迁移能力以提升培养成效

(一)审思工学博士培养的本质,把握价值理性与工具理性的张力与平衡

博士生教育的本质指引着博士教育的目的、方向、要求及质量。它是博士教育的逻辑起点及意义旨归,关乎博士生教育的定位及功能。广义层面,博士生教育的本质是培养能够委以重任的人,他们具备独立人格、好学品质、坚韧性情及探究精神;狭义层面,博士生教育的本质是培养具备专业基础理论及知识储备的人才。他们理解知识、保存知识、创造性地生产知识。[①] 如若仍沿袭历史传统,仅仅强调培养学术接班人,不仅窄化了博士生培养的本意,还忽视了其他能力素质的培养。对博士生教育历史发展的分析发现,对于博士生学位授予之后的职业面向并没有严格限定,多数博士在学术界就业是一种惯常的现实,但并不能因此窄化或固化博士培养的本质。马克斯·韦伯提出"合理性"理论,工学博士培养的工具理性以结果为导向,注重人才培养供给侧与劳动力市场需求侧之间的对接,强调人才培养的实际效果及其对社会发展、国家战略的作用,而价值理性则更强调把握人才培养的学科逻辑、坚守知识笃诚,注重专业知识生产的传承与创新。结合目前工学博士就业多元化的趋势,重新审思工学博士培养的本质,价值理性和工具理性不可偏废其一,把握人才培养价值理性与工具理性之间的张力与平衡,更大限度地明晰博士培养的本质。

(二)完善工学博士培养模式,提升人才自主培养质量

工学博士培养为我国现代化建设承担着输送高层次科技创新人才的重要使命。紧扣教育强国建设,聚焦国家战略发展急需的高层次人才,服务世界人才中心和创新高地建设,从需求侧反观人才培养质量与成效,完善工学博士培养模式。培养模式包括培养目标、指导方式、培养途径及组织管理方式等方面。[②] 根据工学博士的就业变化与发展诉求适度调整培养目标,不囿于培养学术接班人,

---

① 克里德·戈尔德,乔治·沃克.重塑博士生教育的未来——卡内基博士生调查文集[M].刘俊译.上海:上海交通大学出版社,2015:3.

② 陈学飞.传统与创新:法、英、德、美博士生培养模式演变趋势的探讨[J].清华大学教育研究,2000(4):9-20.

而是培养各行各业的高层次科技创新人才;转变单一的博士生指导方式,采用导师小组制联合指导方式或者级联指导方式,构建师生学术共同体,促进博士生成长与发展;转变传统的以高校为主体的单一培养途径与组织管理方式,引入政府、企业、行业组织等多元主体参与的组织管理方式。德国"工业4.0"战略所描绘的智能制造发展蓝图的支撑是"四位一体"的工程教育治理模式,即政策支持、产品市场、技术体系引导和人才培养,其具体实施对应政府、企业、行业联盟、科研教育机构四个重要的战略角色。[①] 我国工学博士培养模式及其支撑体系也应实现从单一到多元的拓展转变,提升博士人才自主培养质量。

(三)调整工学博士培养的目标定位,建立高层次科技人才培养标准

培养目标是根据教育目的提出的关于人才培养的具体要求。教育目的与培养目标之间有着重要的联系,培养目标在教育目的的指向下得以进一步确立,对人才培养的规定更为具体、细致、有针对性。目前的工学博士生培养目标大多是从理论基础、专门知识的角度规定其理应掌握的知识体系,对博士生人才培养目标定位的规定更多的是强调其通过博士生阶段的训练和培养成为"独立从事科学研究的人"。培养目标并非一成不变,而是随着各个时期不同社会发展需求变化而持续变化。随着新工业革命的到来,工学博士就业趋势变化明显,到企业就业的比例显著增高,高校需深化与企业的紧密合作,超前布局行业所需的专业和人才,细化企业对科技人才能力素质的需求结构,适度调整工学博士培养的目标定位,从知识、能力、素质等维度建立高层次科技人才培养标准,除了专业理论与知识之外,注重对"沟通、表达与交际能力""领导与管理能力"等方面的可迁移能力的提升,更好地对接产业变革下的企业对科技人才的需求。

---

① 朱正伟,李茂国.面向新工业革命的中国工程教育发展战略研究[J].中国高教研究,2018(03):44-50.

参考文献

中文专著

［1］阿巴斯·塔沙克里,查尔斯·特德莱.混合方法论:定性方法和定量方法的集合［M］.唐海华,等译.重庆:重庆大学出版社,2010.

［2］伯顿·克拉克.研究生教育的科学研究基础［M］.王承绪译.杭州:浙江教育出版社,2001.

［3］伯顿·克拉克.探究的场所——现代大学的科研和研究生教育［M］.王承绪译.杭州:浙江教育出版社,2001.

［4］伯顿·克拉克.高等教育系统——学术组织的跨国研究［M］.王承绪,徐辉,殷企平,等译.杭州:杭州大学出版社,1994.

［5］陈学飞等.西方怎样培养博士:法、英、德、美的模式与经验［M］.北京:教育科学出版社,2002.

［6］陈洪捷等.博士质量——概念、评价与趋势［M］.北京:北京大学出版社,2010.

［7］陈向明.质的研究方法与社会科学研究［M］.北京:教育科学出版社,2000.

［8］陈振明.政策科学［M］.北京:中国人民大学出版社,2003.

［9］程欣,吕久燕.大学生职业生涯规划与就业创业教育［M］.北京:北京邮电大学出版社,2017.

［10］丁栋虹.企业家精神全球价值的道商解析［M］.上海:复旦大学出版社,2015.

［11］丹尼尔·里夫,斯蒂文·赖斯,弗雷德里克·G.菲克.内容分析法:媒介信息量化研究技巧［M］.第2版.嵇美云译.北京:清华大学出版社,2010.

［12］道格拉斯·诺思.经济史中的结构与变迁［M］.陈郁,罗华平,等译.上海:上海三联书店出版社,1994.

［13］恩斯特·迈尔.进化是什么［M］.田铭译.上海：上海科学技术出版社,2009.

［14］费希特.论学者的使命/人的使命［M］.梁志学,沈真译.北京：商务印书馆,1984.

［15］菲利普·G.阿特巴赫等.为美国高等教育辩护［M］.别敦荣,陈艺波译.青岛：中国海洋大学出版社,2007.

［16］顾明远.教育大辞典［M］.上海：上海教育出版社,1998.

［17］何东昌.中华人民共和国重要教育文献(1976—1990)［M］.海口：海南出版社,1998.

［18］黄希庭.心理学［M］.上海：上海教育出版社,1997.

［19］胡学勤,秦兴方.劳动经济学［M］.北京：高等教育出版社,2004.

［20］胡庭胜.大学生职业生涯规划与管理［M］.广州：中山大学出版社,2015.

［21］克拉克·克尔.高等教育不能回避历史：21世纪的问题［M］.王承绪译.杭州：浙江教育出版社,2001.

［22］克里斯·戈尔德,乔治·沃克.重塑博士生教育的未来——卡内基博士生调查文集［M］.刘俭译.上海：上海交通大学出版社,2015.

［23］托马斯·库恩.科学革命的结构［M］.金吾伦,胡新和译.北京：北京大学出版社,2003.

［24］国务院学位委员会第六届学科评议组.一级学科博士、硕士学位基本要求［M］.北京：高等教育出版社,2014.

［25］李进才,邓传德,朱现平.高等教育教学评估词语释义［M］.武汉：武汉大学出版社,2016.

［26］李盛兵.研究生教育模式嬗变［M］.北京：教育科学出版社,1997.

［27］李长萍.管理心理学［M］.北京：中国农业大学出版社,2011.

［28］刘庆昌.思想者的逻辑［M］.太原：山西人民出版社,2017.

［29］刘献君.发达国家博士生教育中的创新人才培养［M］.武汉：华中科技大学出版社,2010.

［30］廖泉文.我国劳动力市场的理论与实践［M］.济南：山东人民出版社,2000.

［31］李强,林勇.劳动力市场学［M］.北京：中国劳动社会保障出版社,2006.

［32］赖特·米尔斯.社会学的想象力［M］.张永强译.北京：生活·读书·新知三联书店,2005.

[33] 迈克尔·吉本斯等. 知识生产的新模式：当代社会科学与研究的动力学[M]. 陈洪捷,沈文钦,等译. 北京：北京大学出版社,2011.

[34] 梦华. 图解：国学知识（全新图解版）[M]. 北京：中国华侨出版社,2016.

[35] 孟庆荣,徐向春. 人际交往与沟通[M]. 广州：暨南大学出版社,2016.

[36] 明照凤. 职业规划与创新创业[M]. 济南：山东人民出版社,2015.

[37] 弗里德里希·恩格斯,卡尔·马克思. 马克思恩格斯全集（第 23 卷）[M]. 北京：人民出版社,1972.

[38] 教育部高等教育教学评估中心. 中国工程教育质量报告（2014 年度）：面向工业界、面向世界、面向未来[M]. 北京：教育科学出版社,2015.

[39] 普赖斯. 小科学·大科学[M]. 北京：世界科学出版社,1982.

[40] 秦泉. 面试成功方略[M]. 汕头：汕头大学出版社,2013.

[41] R. K. 默顿. 科学社会学[M]. 鲁旭东,林聚任译. 北京：商务印书馆,2009.

[42] 孙红. 合同能源管理[M]. 北京：中国经济出版社,2012.

[43] 托尼·比彻,保罗·特罗勒尔. 学术部落及其领导：知识探索与学科文化[M]. 唐跃勤,蒲茂华,陈洪捷译. 北京：北京大学出版社,2015.

[44] 希尔德·德·里德-西蒙斯. 欧洲大学史（第一卷）[M]. 张斌贤,等译. 保定：河北大学出版社,2008.

[45] 吴镇柔. 中华人民共和国研究生和学位制度史[M]. 北京：北京理工大学出版社,2001.

[46] 王林雪. 新编人力资源管理概论[M]. 西安：西安电子科技大学出版社,2016.

[47] 王国元. 组织行为管理[M]. 北京：华夏出版社,2016.

[48] 王华树. 计算机辅助翻译实践[M]. 北京：国防工业出版社,2015.

[49] 威廉·克拉克. 象牙塔的变迁：学术卡里斯玛与研究性大学的起源[M]. 徐震宇译. 北京：商务印书馆,2013.

[50] 武琳. 大学英语教学模式与课程建设研究[M]. 长春：吉林大学出版社,2016.

[51] 许晓辉,王庆波. 大学生就业力培养与职业发展[M]. 沈阳：辽宁人民出版社,2013.

[52] 约翰·S. 布鲁贝克. 高等教育哲学[M]. 王承旭,等译. 杭州：浙江教育出版社,2002.

[53] 约翰·奈斯比特. 中国大趋势[M]. 魏平译. 北京：中华工商联合出版社,2009.

[54] 亚伯拉罕·弗莱克斯纳. 现代大学论——美英德大学研究[M]. 徐辉,陈晓菲译. 杭州：浙江教育出版,2001.

[55] 阎光才. 美国的学术体制：历史、结构与运行特征[M]. 北京：教育科学出版社,2011.

[56] 周洪宇. 学位与研究生教育史[M]. 北京：高等教育出版社,2004.

[57] 周光礼等. 中国博士质量调查——基于 U/H 大学的案例分析[M]. 北京：社会科学文献出版社,2010.

[58] 张文彤,董伟. SPSS 统计分析高级教程[M]. 北京：高等教育出版社,2013.

[59] 郑建中. 临床医学导论[M]. 北京：中国医药科技出版社,2016.

[60] 郑也夫. 吾国教育病理[M]. 北京：中信出版社,2013.

[61] 张婷,刘新民. 发展心理学[M]. 合肥：中国科学技术大学出版社,2016.

[62] 中国学位与研究生教育学会工科工作委员会,哈尔滨工业大学,清华大学. 工科研究生教育创新与改革探索[M]. 哈尔滨：哈尔滨工业大学出版社,2015.

[63] 中国学位与研究生教育信息分析课题组. 中国学位与研究生教育信息分析报告[M]. 北京：中国人民大学出版社,2009.

英文专著

[64] Anerud, R. et al. Using Ph. D Career Path Analysis and Ph. Ds' Perceptions of their Education as a Means to Assess Doctoral Program [M]. Maki P L, Borkowsky N A. The Assessment of Doctoral Education. Sterling, Virgina：Stylus, 2006.

[65] Brennan, J. , Kogan, M. & Teichler, U. Higher Education and Work [M]. London：Jessica Kingsley, 1996.

[66] Burton & Clark, R. The Higher Education System[M]. Berkeley University of California Press, 1983.

[67] Brown, P. , Green, A. & Lauder, H. High Skills：Globalization, Competitiveness and Skill Formation[M]. Oxford：Oxford University Press, 2001.

[68] Connor，H.，Forbes，P. & Docherty，D. Talent fishing：What Businesses Want from Postgraduates. A CIHE Report for Department of Business Innovation and Skills[M]. Oxford University Press，2010.

[69] De Wied，D. Postgraduate Research Training Today：Emerging Structures for a Changing Europe[M]. The Hague，Netherlands：Ministry of Education and Science，1991.

[70] European University Association. Doctoral programs for the European Knowledge Society：Report on the EUA Doctoral Programs Project，2004—2005[M]. European University Association（EUA），2005.

[71] Finkelstein，M. J.，Seal，R. K. & Schuster，J. H. The New Academic Generation：A Profession in Transformation[J]. Academe，1999，85（5）：86.

[72] Friedland，R. & Alford，R. R. Bringing Society back in：Symbols，Practices and Institutional Contradictions[M]. Chicago，IL：University of Chicago Press，1991.

[73] Green，H. & Powell，S. Doctoral Study in Contemporary Higher Education[M]. Open University Press，2005.

[74] Hora，M. T. Beyond the Skills Gap：Preparing College Students for Life and Work[M]. Cambridge，MA：Harvard Education Press，2016.

[75] Livingstone & David，W. The Education-jobs Gap：Underemployment or Economic Democracy[M]. London：Routledge，1999.

[76] Metcalfe，J. & Gray，A. Employability and Doctoral Research Postgraduates[M]. York：Higher Education Academy，2005.

[77] Nerada，M. Confronting Common Assumptions：Designing Future-oriented Doctoral Education//R. Ehrenberg，ds. Doctoral Education and the Faculty of the Future[M]. Ithaka，NY：Cornell University Press，2009.

[78] National Research Council（US）Committee on an Assessment of Research Doctorate Programs. et al. A Data-Based Assessment of Research Doctorate Programs in the United States[M]. Washington：National Academies Press，2011.

[79] Nyquist，J. D. ＆ Woodford，B. J. Re-envisioning the Ph. D：What Concerns to We Have？[M]. Seattle：University of Washington，2000.

[80] Organisation for Economic Cooperation and Development. Better Skills，Better Jobs，Better Lives：A Strategic Approach to Skills Policies[M]. Paris：OECD Publishing，2012.

[81] Rudy，W. The Universities of Europe，1100－1914：a history[M]. Highland：Associated University Press，1984.

[82] Reeve，J. Understanding Motivation and Emotion[M]. Hoboken，NJ：John Wiley ＆ Sons，2014.

[83] Thornton，P. H. Markets from Culture：Institutional Logics and Organizational Decisions in Higher Education Publishing[M]. Stanford，CA：Stanford University Press，2004.

[84] Woodward，D. ＆ Denicolo，P. A Review of Graduate Schools in the UK [M]. UK Council for Graduate Education，2004.

中文学术期刊

[85] 芭芭拉・M. 科姆. 博士生教育去向何方？——全球变化背景下欧洲的新举措[J]. 朱知翔译. 北京大学教育评论，2007(4)：66－74.

[86] 包水梅. 学术性博士生培养目标定位及其素质结构研究[J]. 教育科学，2015(4)：71－78.

[87] 包水梅. 学术型博士研究生培养模式改革研究述评[J]. 现代教育理论，2015(7)：122－128.

[88] 鲍威，杜嫱，麻嘉玲. 是否以学术为业：博士研究生的学术职业取向及其影响因素[J]. 高等教育研究，2017(4)：65－74.

[89] 陈学飞. 传统与创新：法、英、德、美博士生培养模式演变趋势的探讨[J]. 清华大学教育研究，2000(4)：9－20.

[90] 陈洪捷. 知识生产模式的转变与博士质量的危机[J]. 高等教育研究，2010，31(1)：57－63.

[91] 陈以一. 面向工业界培养能干事善创新的卓越工程人才[J]. 中国高等教育，2013(22)：11－13.

[92] 褚艾晶. 以雇主需求为导向的英国博士生教育改革研究[J]. 学位与研究生

教育,2013(5)：69-73.

[93] 崔永芳.谈研究生素质和能力的培养[J].学位与研究生教育,1995(6)：22-23.

[94] 崔军,汪霞.社会对高等工程教育课程改革的诉求研究——基于工业界企业雇主的调查[J].高等工程教育研究,2013(2)：82-89.

[95] 陈小满,罗英姿.我国博士毕业生就业多元化研究——以27所教育部直属高校为例[J].中国高教研究,2017(9)：51-56.

[96] 陈玥,翟月.美国博士生教育面临的新时代使命及其改革策略[J].研究生教育研究,2016(5)：90-95.

[97] 陈斌.中美学术型博士研究生培养模式比较研究[J].研究生教育研究,2014(12)：85-90.

[98] 成花林.从中欧博士生培养模式比较探索创新型博士的培养[J].研究生教育研究,2017(1)：83-87.

[99] 邓光平.澳大利亚博士生可转化技能培养模式与启示[J].中国高教研究,2017(9)：63-66.

[100] 邓光平.澳大利亚深度合作培养专业博士的探索——以新英格兰大学的P/W/U三维协作培养模式为例[J].高等教育研究,2016(8)：91-95.

[101] 丁念金.霍恩斯坦教育目标分类与布鲁姆教育目标分类的比较[J].外国教育研究,2004(12)：10-13.

[102] 范巍,蔡学军,赵世奎,等.中国博士发展质量调查[J].学位与研究生教育,2011(1)：1-7.

[103] 范巍,蔡学军,成龙.我国博士毕业生就业状况与趋势分析[J].教育发展研究,2010(7)：79-81.

[104] 菲利普·G.阿特巴赫,别敦荣,陈丽.美国博士教育的现状与问题[J].教育研究,2004(6)：34-41.

[105] 高耀,沈文钦.中国博士毕业生就业状况——基于2014届75所教育部直属高校的分析[J].学位与研究生教育,2016(2)：49-56.

[106] 高迎爽,王者鹤.英国STEM博士教育的变革：危机、应对及启示[J].中国高教研究,2016(12)：68-72.

[107] 郭建如.我国高校博士教育扩散、博士质量分布与质量保障：制度主义视角[J].北京大学教育评论,2009(7)：37-42.

[108] 郭秋梅,刘子建.美国研究型大学理工科博士研究生的培养特点及质量保障[J].学位与研究生教育,2013(11):44-49.

[109] 顾剑秀,罗英姿.美国博士职业发展——基于三次毕业博士职业发展调查的分析[J].外国教育研究,2015(4):106-116.

[110] 顾剑秀,罗英姿.是"管道的泄露"还是"培养的滞后"——从博士生的职业选择反思我国博士培养变革[J].高等教育研究,2013(9):46-53.

[111] 韩萌.英国一流大学博士生培养机制及其启示——基于牛津大学教育学院的经验[J].高等教育研究,2016(8):96-104.

[112] 黄海刚,苑大勇.美国博士生教育质量评估与质量保障体系研究——基于历史和价值转换的视角[J].外国教育研究,2014(9):13-25.

[113] 黄海刚.以学术为业——美国博士生教育本质之争[J].清华大学教育研究,2009,30(6):15-21.

[114] 贺克斌,郑娟.我国工科博士生培养模式改革及其效果分析[J].高等工程教育研究,2016(2):1-6.

[115] 贺稚非,周亚宾,李翔,等.澳洲大学博士研究生的培养模式及特点探讨[J].西南师范大学学报(自然科学版),2018(4):167-171.

[116] 胡德鑫,金蕾莅,林成涛.我国顶尖研究型大学工科博士职业选择多元化及其应对策略——以清华大学为例[J].中国高教研究,2017(4):72-77.

[117] 胡钦晓.英国新制博士学位的特色与启示[J].教育研究,2013(8):125-134.

[118] 胡钦晓.英国实践博士:形成、特征及启示[J].教育研究,2016(4):125-133.

[119] 胡俏,任海波,吕婷婷.汽车企业研发人员创新行为的工作特征要素研究[J].科技与管理,2017,19(1):80-84.

[120] 黄春梅,罗鸣.美国顶尖大学 NAE 院士与工业界的互动合作[J].中国高等教育,2010(19):61-62.

[121] 何逢春.20 世纪 90 年代以来美国博士教育的问题与改革[J].高等教育研究,2005(4):90-94.

[122] 姜爱红.德国高等教育学位制度历史演变探析[J].学位与研究生教育,2015(12):68-72.

[123] 金蕾莅,王轶玮,林成涛,等.工学女博士的学术职业去向和层次——基于

清华大学 2005—2014 年博士毕业生的分析[J]. 研究生教育研究,2018
(3):1-7.

[124] 蒋玉洁,曹景林. 创新驱动下我国 R&D 研究演化及热点主体分布[J]. 科技进步与对策,2019(3):1-7.

[125] 甲干初,谈思嘉,金彤. 高校博士生社会实践必修化工作推进策略探析
[J]. 思想理论教育,2017(5):106-109.

[126] 李斌,林莉,周拓阳,等. 美国联邦实验室与大学、工业界的关系[J]. 实验室研究与探索,2014,33(4):150-154.

[127] 李颖. 日本书生教育发展浅析[J]. 世界教育信息,2007(8):66-68.

[128] 李其龙. 德国博士研究生制度的特色[J]. 外国教育资料,1999(1):
20-23.

[129] 李盛兵. 中国研究生教育模式之嬗变[J]. 辽宁高等教育研究,1995(5):
92-97.

[130] 李云鹏. 百年来美国博士教育的转型发展及其启示[J]. 高等工程教育研究,2018(4):132-136.

[131] 李泽芳,张小平,黄红选. 清华大学博士生社会实践育人成效调查——基于参与实践的博士生的评价[J]. 学位与研究生教育,2014(6):23-27.

[132] 李兴业. 法国高等教育文凭与学位制度改革[J]. 比较教育研究,2006(1):
1-4.

[133] 刘亚敏,胡甲刚. 校企联合培养:欧洲博士生教育的新探索[J]. 学位与研究生教育,2012(10):72-76.

[134] 刘娟. 校企合作:欧洲博士生培养改革的新选择[J]. 大学(学术版),2012
(1):59-66.

[135] 刘扬,雷庆. 工科研究型大学博士生培养质量问题研究——基于博士学位论文价值感的实证分析[J]. 中国高教研究,2010(3):24-26.

[136] 刘俭,刘少雪. 博士生培养目标在学术界与工业界之间的理解差异——以工科博士生培养目标为例[J]. 高等工程教育研究,2018(4):113-119.

[137] 刘俭,刘少雪. 我国高校工科领域博士生培养目标设置现状分析及建议
[J]. 高等工程教育研究,2019(2):167-177.

[138] 罗英姿,顾剑秀. 我国博士生培养与劳动力市场需求的冲突与调适——基于博士生就业期望的调查研究[J]. 学位与研究生教育,2015(10):53-58.

[139] 罗传银.劳动力市场供求结构特征分析[J].研究探索,2012(3)：17-21.

[140] 蓝汉林.地方高校转型发展的多重制度逻辑分析——基于浙江G大学的分析[J].高教探索,2017(1)：5-10.

[141] 雷庆.高等工程教育专业培养目标分析[J].高等教育研究,2007(11)：7-15.

[142] 蒙冰峰,廉永杰.博士研究生培养主体的"1+1+1=1"模式探讨——基于主体间性哲学思想的实践应用[J].学位与研究生教育,2009(2)：27-30.

[143] 毛益民.制度逻辑冲突：场域约束与管理实践[J].广东社会科学,2014(6)：211-220.

[144] 马涛,何仁龙.高等工程教育：迎接学科交叉融合的挑战——从工业界诉求看我国高等工程教育改革方向与策略[J].中国高教研究,2007(3)：56-59.

[145] 倪小敏,张玲玲,钱昌吉,等.英国高校与产业界互动机制的形成及其启示[J].现代教育科学,2008(11)：149-152.

[146] 庞青山,谢安邦.德美两国研究生教育发展道路比较研究[J].比较教育研究,2002(10)：18-22.

[147] 彭明祥.工科博士研究生创新能力的培养[J].学位与研究生教育,2007(S1)：22-23.

[148] 卿石松.博士生就业问题调查及对策分析[J].学位与研究生教育,2017(1)：43-49.

[149] 秦琳.从师徒制到研究生院——德国博士研究生培养的结构化改革[J].学位与研究生教育,2012(1)：59-64.

[150] 沈华.博士培养质量的模糊综合评价[J].北京大学教育评论,2009,7(2)：67-74,190.

[151] 宋占新.大学生沟通能力的培养[J].高校辅导员学刊,2018(10)：44-47.

[152] 盛明科,邵梦洁.协同创新环境下深化研究生培养模式改革的几点思考[J].研究生教育研究,2016(1)：17-22.

[153] 谭天伟,于颖.校企高端合作培养创新型工科博士[J].中国大学教学,2016(7)：12-15.

[154] 涂端午.中国高等教育政策制定的宏观图景[J].北京大学教育评论,2007(4)：53-65,185.

［155］涂端午.教育政策文本分析及其应用［J］.复旦教育论坛,2009(7)：24－27.

［156］王晓珍,叶靖雅.政府补贴对R&D投入影响的研究述评与展望［J］.研究
　　　与发展管理,2017(1)：139－148.

［157］王东芳.美国博士生培养的理念与制度［J］.高等教育研究,2013,34(9)：
　　　54－60.

［158］王东芳.培养学科看护者？——博士教育目标的学科差异［J］.复旦教育
　　　论坛,2015(2)：18－24.

［159］汪栋,曾燕萍.我国博士生就业影响因素实证研究［J］.教育发展研究,
　　　2014(17)：19－25.

［160］王赞基,刘颖.工科博士生培养既要"立地"也要"顶天"［J］.学位与研究生
　　　教育,1999(2)：13－16.

［161］王者鹤.可转移技能训练融入博士教育：英国的经验与启示［J］.中国高教
　　　研究,2017(9)：57－62.

［162］王铁江.注重核心素养培养,让学生在自我展示中健康成长［J］.职业,
　　　2018(19)：126－127.

［163］吴世明,陈云敏.探索工科博士研究生培养新路［J］.学位与研究生教育,
　　　1996(4)：15－17.

［164］吴昊.中国需要怎样的博士教育［J］.科学新闻,2014(4)：1.

［165］韦参妮.在解决问题的教学中如何培养学生发现和解决问题的能力［J］.
　　　课程教育研究,2016(13)：156.

［166］徐小洲,辛越优,倪好.论经济转型升级背景下我国高等教育结构改革
　　　［J］.教育研究,2017,38(8)：64－71.

［167］徐鹏,杨静.从国际比较角度看清华大学工科博士学位论文质量发展［J］.
　　　学位与研究生教育,2013(2)：75－77.

［168］徐亚芬,孙珂.中外合作大学博士生教育的协同创新——以宁波诺丁汉大
　　　学国际博士创新中心为例［J］.教育研究,2016(6)：156－159.

［169］姚彩云,张宇,刘洪韬.探索选拔具有培养潜质的博士考生方法的实证研
　　　究［J］.学位与研究生教育,2018(10)：48－52.

［170］杨少琳.中世纪大学学位制度形成的历史渊源［J］.黑龙江高教研究,2010
　　　(12)：6－9.

［171］孙益.欧洲中世纪大学的学位［J］.清华大学教育研究,2003(12)：74.

[172] 沈文钦,王东芳.从欧洲模式到美国模式:欧洲博士生培养模式改革的趋势[J].外国教育研究,2010,37(8):69-74.

[173] 沈文钦,王东芳,赵世奎.博士就业的多元化趋势及其政策应对——一个跨国比较的分析[J].教育学术月刊,2015(2):35-45.

[174] 沈文钦,赵世奎.博士质量观及其差异性的实证分析——基于全国所有博士培养单位的调查[J].教育学术月刊,2010(1):21-24.

[175] 孙希.美国博士研究生培养模式探析及启示[J].高校教育管理,2007(1):48-52.

[176] 谢晓宇."博洛尼亚进程"中德国博士生教育改革的特点与启示[J].外国教育研究,2012,39(12):89-97.

[177] 谢延龙.中国学位与研究生教育30年:历程、成就和经验[J].中国高教研究,2008(6):22-24.

[178] 徐冬林.中国产业结构变迁与经济增长的实证分析[J].中南财经政法大学学报,2004(2):49-54,143.

[179] 苑健.21世纪初的世界博士教育发展趋势特征——基于OECD调查数据分析[J].中国高教研究,2015(6):63-67.

[180] 姚裕群.生涯的演进过程分析——金兹伯格与萨帕的职业发展理论[J].中国人才,2000(11):68-80.

[181] 阎光才.学院科学与工业技术之间的转化逻辑——美国的经验[J].北京大学教育评论,2018(7):89-189.

[182] 易丽.着力人才培养模式创新 提升服务区域经济发展能力——地方应用型本科院校改革发展高层论坛综述[J].中国高等教育,2011(21):58-59.

[183] 张竞,梁喜凤,李孝禄.学习工厂:培养适应全球先进制造的卓越人才——美国宾州州立大学工程教育案例[J].高等工程教育研究,2018(2):125-128.

[184] 张继蓉,李素琴.研究生培养目标的历史嬗变与现阶段我国研究生培养目标的定位[J].学位与研究生教育,2006(11):18-21.

[185] 张国栋.博士生培养模式各要素与培养质量的关系的实证研究——以上海交通大学为例[J].研究生教育研究,2011(2):21-24.

[186] 张卫国.完善体制机制,探索创新型人才培养模式[J].中国高等教育,2011(22):21-22.

［187］张帆,王红梅.德国大学博士培养模式的主要问题及变革尝试[J].比较教育研究,2008(11)：32 - 36.

［188］赵世奎,宋秋丽.博士研究生能力框架及发展策略的比较研究[J].学位与研究生教育,2018(1)：45 - 49.

［189］赵世奎,沈文钦.博士就业的多元化与我国博士教育目标定位的现实选择[J].教育与职业,2010(27)：15 - 20.

［190］赵婷婷,冯磊.我国工程教育的社会适应性：基于工科专业培养目标的实证研究[J].高等教育研究,2016,37(2)：64 - 73.

［191］邹海燕.美国专业博士及其培养研究[J].中国高教研究,2005(2)：41 - 44.

［192］周雪光,艾云.多重逻辑下的制度变迁：一个分析框架[J].中国社会科学,2010(4)：132 - 150.

英文学术期刊

［193］Agrawal, A. Engaging the Inventor：Exploring Licensing Strategies for University Inventions and the Role of Latent Knowledge[J]. Strategic Management Journal, 2006, 27(1)：63 - 79.

［194］Allen, J. et al. The Flexible Professional in the Knowledge Society：General Results of the REFLEX Project[R]. Reflex Working Paper, 2007：70.

［195］Allen, J. & Van Der Velden, R. What Do Educational Mismatches Tell Us about Skill Mismatches? A Cross-Country Analysis[J]. European Journal of Education, 2007, 42(1)：59 - 73.

［196］Almeida, P., Hohberger, J. & Parada, P. Individual Scientific Collaborations and Firm-level Innovation. Industrial and Corporate Change[J]. Ind Corp Change, 2011, 20(6)：1571 - 1599.

［197］Altbach, Philip, G. Doctoral Education：Present Realities and Future Trends[J]. College and University, 2004, 80(2)：3 - 10.

［198］Amrai, K. et al. The Relationship between Academic Motivation and Academic Achievement Students[J]. Procedia-Social and Behavioral Sciences, 2011(15)：399 - 402.

［199］Andelt, L. L., Barrett, L. A. & Bosshamer, B. K. Employer

Assessment of the Skill Preparation of Students from the College of Agricultural Sciences and Natural Resources University of Nebradka-Lincoln: Implications for Teaching and Curriculum[J]. Nacta Journal, 1997: 41, 47 – 52.

[200] Atkinson, R. C. Supply and Demand for Scientists and Engineers: A National Crisis in the Making[J]. Science, 1990, 248(4954): 425 – 432.

[201] Auriol, L. Careers of Doctorate Holders: Employment and Mobility Patterns [R]. OECD Science, Technology and Industry Working Papers. OECD Publishing, 2010: 15.

[202] Australia. Department of Education. Initiatives to Enhance the Professional Development of Research Students[J]. Department of Education, 2014: 28 – 50.

[203] Baba, Y. , Shichijo, N. & Sedita, S. R. How do Collaborations with Universities Affect Firms' Innovative Performance? The role of "Pasteur scientists" in the Advanced Materials Field[J]. Research Policy, 2009, 38(5): 756 – 764.

[204] Banerjee, S. & Morley, C. Professional Doctorates in Management: Toward a Practice-Based Approach to Doctoral Education[J]. Academy of Management Learning & Education, 2013, 12(2): 173 – 193.

[205] Beesley, L. Science Policy in Changing Times: Are Governments Poised to Take Full Advantage of an Institution in Transition? [J]. Research Policy, 2003, 32(8): 1519 – 1531.

[206] Beltramo, J. P. , Paul, J. J. & Perret, C. The Recruitment of Researchers and the Organization of Scientific Activity in Industry[J]. International Journal of Technology Management, 2001, 22 (7 – 8): 811 – 834.

[207] Benmore, A. The Core Competencies of Ph. Ds[J]. Studies in Higher Education, 2014(41): 1 – 16.

[208] Borrell-Damian, L. et al. Collaborative Doctoral Education: University-industry Partnerships for Enhancing Knowledge Exchange[J]. Higher Education Policy, 2010, 23(4): 493 – 514.

［209］Buckley，F. et al. Doctoral Competencies and Graduate Research Education: Focus and Fit with the Knowledge Economy? ［D］. Learning Innovation & Knowledge Research Centre Dublin City University，2009: 15.

［210］Campbell，S. P. ，Fuller，A. K. & Patrick，D. A. Looking Beyond Research in Doctoral Education［J］. Frontiers in Ecology & the Environment，2005，3(3): 153 – 160.

［211］Canal-Domínguez，J. F. & Wall，A. Factors Determining the Career Success of Doctorate Holders: Evidence from the Spanish Case［J］. Studies in Higher Education，2014，39(10): 1750 – 1773.

［212］Celis，J. & Acosta，O. The Industrial Ph. D Programs for the Strengthening of the Industry's Production of Innovation in Colombia［J］. Revista Innovar Journal Revista de Ciencias Administrativas y Sociales，2016，26 (62): 129 – 146.

［213］Chris，P. New Variant Ph. D: The Changing Nature of the Doctorate in the UK［J］. Journal of Higher Education Policy and Management，2005，27(2): 189 – 207.

［214］Clarke，G. & Lunt，I. International Comparisons in Postgraduate Education: Quality，Access and Employment Outcomes［D］. Higher Education Funding Council for England，2014: 55 – 64.

［215］Cordero，R. Developing the Knowledge and Skills of R&D Professionals to Achieve Process Outcomes in Cross-Functional Teams［J］. The Journal of High Technology Management Research，1999(10): 61 – 78.

［216］Cruz-Castro，L. & Saenz-Menéndez，L. The Employment of Ph. Ds in Firms: Trajectories，Mobility and Innovation［J］. Research Evaluation，2005，14(1): 57 – 69.

［217］Cruz-Castro，L. & Sanz-Menéndez，L. The Employment of Ph. Ds in Firms: Trajectories，Mobility and Innovation［J］. Research Evaluation，2005，14(1): 57 – 69.

［218］Cyranoski，D. et al. Education: the Ph. D Factory［J］. Nature News，2011，472(7343): 276 – 279.

[219] De Grande, H. et al. From Academia to Industry: Are Doctorate Holders Ready? [J]. Journal of the Knowledge Economy, 2014, 5(3): 538 - 561.

[220] Denise, C. & Tebeje, M. Ph. D Crisis Discourse: A Critical Approach to the Framing of the Problem and some Australian "solutions"[J]. Higher Education, 2015, 69(1): 33 - 53.

[221] Denise, C. & Tebeje, M. Ph. D Crisis Discourse: A Critical Approach to the Framing of the Problem and some Australian "Solutions"[J]. Higher Education, 2015, 69(1): 45 - 70.

[222] Denise, J. & Grant, M. Factors Influencing the Employment of Australian Ph. D Graduated[J]. Studies in Higher Education, 2015(9): 1660 - 1678.

[223] Dietz, J. S. & Bozeman, B. Academic Careers, Patents, and Productivity: Industry Experience As Scientific and Technical Human Capital[J]. Research Policy, 2005, 34(3): 349 - 367.

[224] Donald, W. , Baruch, Y. & Ashleigh, M. Boundaryless and Protean Career Orientation: A Multitude of Pathways to Graduate Employability [J]. Graduate Employability in Context. Palgrave Macmillan UK, 2017: 129 - 150.

[225] Durette, B. , Fournier, M. & Lafon, M. The core Competencies of Ph. Ds[J]. Studies in Higher Education, 2014: 1 - 16.

[226] Enders, J. Serving Many Masters: The Ph. D on the Labour Market, the Everlasting need of Inequality, and the Premature Death of Humboldt[J]. Higher Education, 2002, 44(3/4): 493 - 517.

[227] Forrier, A. & Sels, L. The Concept Employability: A Complex Mosaic [J]. International Journal of Human Resources Development and Management, 2003, 3(2): 102 - 124.

[228] Garcia-Quevedo, J. , Mas-Verdú, F. & Polo-Otero, J. Which Firms Want Ph. Ds? An Analysis of the Determinants of the Demand[J]. Higher Education, 2012, 63(5): 607 - 620.

[229] Garcia-Quevedo, J. , Mas-Verdú, F. & Polo-Otero, J. Which Firms

Want Ph. Ds? An Analysis of the Determinants of the Demand[J]. Higher Education, 2012, 63(5): 607 - 620.

[230] Gilbert, R. et al. The Generic Skills Debate in Research Higher Degrees [J]. Higher Education Research & Development, 2004, 23(3): 375 - 388.

[231] Giorgio, D. P. & Peter, U. Education and Skills Mismatch in the Italian Graduate Labour Market[J]. Applied Economics, 2006, 38(1): 79 - 93.

[232] Golovushkina, E. & Milligan, I. C. Employability Development in the Context of Doctoral Tensions and the Views of Key Stakeholders[J]. International Journal of Training and Development, 2013, 17(3): 194 - 209.

[233] Gratton, L. & Erickson, T. J. 8 Ways to Build Collaborative Teams [J]. Harvard Business Review, 2007(85): 100 - 109.

[234] Gu, J., Levin, J. S. & Luo, Y. Reproducing "Academic Successors" or Cultivating "Versatile Experts": Influences of Doctoral Training on Career Expectations of Chinese Ph. D Students[J]. Higher Education, 2017: 427 - 447.

[235] Hakala, J. The Future of the Academic Calling? Junior Researchers in the Entrepreneurial University[J]. Higher Education, 2009, 57(2): 173 - 190.

[236] Harman, G. Producing Ph. D Graduates in Australia for the Knowledge Economy[J]. Higher Education Research and Development, 2002, 21 (2): 179 - 190.

[237] Harvey, L. New Realities: The Relationship between Higher Education and Employment[J]. Tertiary Education and Management, 2000, 6(1): 3 - 17.

[238] Herrera, L. & Nieto, M. Ph. D Careers in Spanish Industry: Job Determinants in Manufacturing Versus Non-manufacturing Firms [J]. Technological Forecasting and Social Change, 2015: S0040162515002814.

[239] Herrera, L. & Nieto, M. The Determinants of Firms' Ph. D Recruitment to Undertake R&D Activities[J]. European Management Journal, 2015, 33(2): 132 - 142.

［240］Herrera，L. & Nieto. The Determinants of Firms' Ph. D Recruitment to Undertake R&D Activities［J］. European Management Journal，2015(33)：132－142.

［241］Herrmann，A. M. & Peine，A. When "National Innovation System" Meet "Varieties of Capitalism" Arguments on Labour Qualifications：on the Skill Types and Scientific Knowledge Needed for Radical and Incremental Product Innovations［J］. Research Policy，2011，40(5)：687－701.

［242］Hinrichs，J. R. Value Adaptation of New Ph. Ds to Academic and Industratrial Environments Comparative Longitudnal Study［J］. Personnel Psychology，1972，25(3)：511－535.

［243］Hoffman，A. J. Institutional Evolution and Change：Environmentalism and the U. S. Chemical Industry［J］. Academy of Management Journal，1999，42(4)：351－371.

［244］Hoffmann，T. The Meanings of Competency［J］. Journal of European Industrial Training，1999，23(6)：275－286.

［245］Hogan，R. & Hogan，J. Assessing Leadership：A View from the Dark Side［J］. International Journal of Selection and Assessment，2001(9)：40－51.

［246］Hooley，T.，Bentley，K. & Marriott，J. Entrepreneurship and UK Doctoral Graduates［J］. Industry and Higher Education，2011，25(3)：181－192.

［247］Iturbe，C. B. et al. Educating the Engineer of 2020：Adapting Engineering Education to the New Century［J］. IEEE Engineering Management Review，2009，37(1)：11.

［248］Jackson，D. & Michelson，G. Factors Influencing the Employment of Australian Ph. D Graduates［J］. Studies in Higher Education，2015，40(9)：1660－1678.

［249］Johnson，R. B.，Onwuegbuzie，A. J. & Turner，L. A. Toward a Definition of Mixed Methods Research［J］. Journal of Mixer Methods Research，2007，1(2)：112－133.

［250］Jones，Elka. Beyond Supply and Demand：Assessing the Ph. D Job Market［J］. Occupational Outlook Quarterly，Winter 2002/2003，46 (4)：22.

［251］Jory，S. & Simpson. Reflections：Rethinking the Meaning of Competence［J］. Journal of Cancer Education，2018(33)：238－241.

［252］Kang K. Survey of Earned Doctorates［J］. National Science Foundation，National Center for Science and Engineering Statistics，2019:15.

［253］Kehm，B. M. Quo Vadis Doctoral Education? New European Approaches in the Context of Global Changes［J］. European Journal of Education，2007，42(3)：307－319.

［254］Kehm，B. M. Quo Vadis Doctoral Education? New European Approaches in the Context of Global Changes［J］. European Journal of Education，2007，42(3)：307－319.

［255］Kemp，I. J. & Seagraves，L. Transferable Skills — Can Higher Education Deliver? ［J］. Studies in Higher Education，1995，20 (3)：330.

［256］Kendall，G. The Crisis in Doctoral Education：A Sociological Diagnosis ［J］. Higher Education Research & Development，2002，21(2)：131－141.

［257］Kessler，E. H. & Bierly，P. E. Gopalakrishnan，S. Internal vs. External Learning in New Product Development：Effects on Speed，Costs and Competitive Advantage［J］. R&D Manag. 2000，30(3)：213－224.

［258］Kim，E. ，Benson，S. & Alhaddab，T. A. A Career in Academia? Determinants of Academic Career Aspirations Among Ph. D Students in One Research University in the US［J］. Asia Pacific Education Review，2018，19(2)：273－283.

［259］Kyvika，S. & Olsena，T. B. The Relevance of Doctoral Training in Different Labour Markets［J］. Journal of Education and Work，2012，25(2)：205－224.

［260］Larson，R. C. ，Ghaffarzadegan，N. & Xue，Y. Too Many Ph. D

Graduates or too few Academic Job Openings: The Basic Reproductive Number R0 in Academia[J]. Systems Research and Behavioral Science, 2014, 31(6): 745 – 750.

[261] Le Deist, F. D. & Winterton, J. What is Competence? [J]. Human Resource Development International, 2005, 8(1): 27 – 46.

[262] Lee, H., Miozzo, M. & Laredo, P. Career Patterns and Competences of Ph. Ds in Science and Engineering in the Knowledge Economy: The Case of Graduates from a UK Research-based University[J]. Research Policy, 2010, 39(7): 869 – 881.

[263] Lourdes Badillo Amador, Ángel López Nicolás & Luis, E. Vila. The Consequences on Job Satisfaction of Job-worker Educational and Skill Mismatches in the Spanish Labour Market: A Panel Analysis [J]. Applied Economics Letters, 2012, 19(4): 319 – 324.

[264] Lowden, K. et al. Employers' Perceptions of the Employability Skills of New Graduates[D]. Edge Foundation, 2011: 55 – 71.

[265] Luo, X. R., Koput, K. W. & Powell, W. W. Intellectual Capital or Signal? The Effects of Scientists on Alliance Formation in Knowledge-intensive Industries[J]. Research Policy, 2009, 38(8): 1313 – 1325.

[266] Mainhard, T. et al. A Model for the Supervisor-doctoral Student Relationship[J]. Higher Education, 2009, 58(3): 359 – 373.

[267] Malfroy, J. The Impact of University-industry Research on Doctoral Programs and Practices[J]. Studies in Higher Education, 2011, 36(5): 571 – 584.

[268] Manathunga, C. et al. Evaluating Industry-based Doctoral Research Programs: Perspectives and Outcomes of Australian Cooperative Research Centre graduates[J]. Studies in Higher Education, 2012, 37 (7): 843.

[269] Mantz Y. Employability in Higher Education: What it is and What it is not. Enhancing Student Employability Coordination Team (ESECT) [J]. Higher Education Academy, 2006: 17 – 46.

[270] Maresi, N. The Ph. D in the US: Criticisms, Facts, and Remedies[J].

Higher Education Policy，2004(17)：183－199.

［271］Maresi，N. The Ph. D in the US：Criticisms，Facts，and Remedies［J］. Higher Education Policy，2004，17(2)：183－199.

［272］Mason，M. A.，Goulden，M. & Frasch，K. Why Graduate Students Reject the fast Track：A Study of Thousands of Doctoral Students Shows that They Want Balanced Lives［J］. Academe，2009，95(1)：11－16.

［273］Mayer，K. B. Book Review：The Scientist in American Industry：Some Organizational Determinants in Manpower Utilization Simon Marcson ［J］. American Sociological Review，1962，27(2)：275.

［274］McClelland，D. Testing for Competence rather than for "Intelligence" ［J］. American Psychologist，1973，28(1)：10－14.

［275］Mcfall，B. H. et al. Is It All Worth It? The Experiences of New Ph. Ds on the Job Market，2007－10［J］. Journal of Economic Education，2015，46(1)：83－104.

［276］Mertens，A. & Heinke Röbken. Does a Doctoral Degree Pay Off? An Empirical Analysis of Rates of Return of German Doctorate Holders［J］. Higher Education，2013，66(2)：217－231.

［277］Metcalfe，J. & Gray，A. Employability and Doctoral Research Postgraduates［J］. Higher Education Academy，2005：15－22.

［278］Mewburn，I.，Cuthbert，D. & Tokareva，E. Experiencing the Progress Report：An Analysis of Gender and Administration in Doctoral Candidature［J］. Journal of Higher Education Policy and Management，2014，36(2)：155－171.

［279］Morrison，E. et al. Are You Satisfied? Ph. D Education and Faculty Taste for Prestige：Limits of the Prestige Value System［J］. Research in Higher Education，2011，52(1)：24－46.

［280］Mowbray，S. & Halse，C. The Purpose of the Ph. D：Theorising the Skills Acquired by Students ［J］. Higher Education Research & Development，2010，29(6)：653－661.

［281］Musselin，C. European Academic Labor Markets in Transition［J］.

Higher Education, 2005, 49(1-2): 135-154.

[282] Neumann, R. Doctoral Differences: Professional Doctorates and Ph. Ds Compared[J]. Journal of Higher Education Policy and Management, 2005, 27(2): 173.

[283] Neumann, R. & Tan, K. From Ph. D to Initial Employment: The Doctorate in a Knowledge Economy[J]. Studies in Higher Education, 2011, 36(5): 601-614.

[284] Pearson, M. & Brew, A. Research Training and Supervision Development[J]. Studies in Higher Education, 2002, 27(2): 135-150.

[285] Pedersen, H. S. Are Ph. Ds Winners or Losers? Wage Premiums for Doctoral Degrees in Private Sector Employment[J]. Higher Education, 2016, 71(2): 269-287.

[286] Porter, S. D. & Phelps J. M. Beyond Skills: An Integrative Approach to Doctoral Student Preparation for Diverse Careers [J]. Canadian Journal of Higher Education, 2014, 44: 54-67.

[287] Purcell, Elias et al. The Employment of Social Science Ph. Ds in Academic and Non-academic Jobs: Research Skills and Postgraduate Training[J]. Lecture Notes in Earth Sciences, 2006(8): 267-276.

[288] Raddon, A. & Sung, J. (2009). The Career Choices and Impact of Ph. D Graduates in the UK: A synthesis review[J]. Educational Psychology Theory & Practice, 2003, 20(4): 513-514.

[289] Reay, T. & Hinings, C. R. Managing the Rivalry of Competing Institutional Logics[J]. Organization Studies, 2009, 30(6): 629-652.

[290] Roach, M. & Sauermann, H. A Taste for Science? Ph. D Scientists' Academic Orientation and Self-selection into Research Careers in Industry[J]. Research Policy, 2010, 39(3): 422-434.

[291] Rothaermel, F. T. & Hess, A. M. Building Dynamic Capabilities: Innovation Driven by Individual Firmand Network-level Effects [J]. Organization Science, 2007, 18(6): 898-921.

[292] Sauermann, H. & Roach, M. Not All Scientists Pay to be Scientists: Ph. Ds' Preferences for Publishing in Industrial Employment [J].

Research Policy，2014，43(1)：32 – 47.

[293] Saunders，D. B. et al. Who is Shaping the Field? Doctoral Education，Knowledge Creation and Postsecondary Education Research in the United States[J]. Higher Education Research & Development，2016，35(5)：1 – 14.

[294] Schwabe，M. The Career Paths of Doctoral Graduates in Austria[J]. European Journal of Education，2011，46(1)：153 – 168.

[295] Sheets，D. E. Transformative Initiatives：How iFoundry Reimagines STEM Education for the 21st Century[C]//Transforming Institutions：Undergraduate Stem Education for the Century，2015：235 – 244.

[296] Shin，J. C. ，Postiglione，G. A. & Ho，K. C. Challenges for Doctoral Education in East Asia：A Global and Comparative Perspective[J]. Asia Pacific Education Review，2018：141 – 155.

[297] Sin，C. & Amaral，A. Academics' and Employers' Perceptions about Responsibilities for Employability and Their Initiatives Towards Its Development[J]. Higher Education，2017，73(1)：1 – 15.

[298] Souter，C. EMPRESS：Employers' Perceptions of Recruiting Research Staff and Students[J]. Unassigned，2005：1 – 86.

[299] Stern，S. Do Scientists Pay to be Scientists? [J]. Management Science，2004，50(6)：35 – 853.

[300] Sugars，J. et al. Transferable Skills and Employability for Doctoral Graduates：Survey of the Current Landscape[J]. European Commission，2010：59 – 66.

[301] Sweitzer，V. Towards a Theory of Doctoral Student Professional Identity Development：A Developmental Networks Approach [J]. Journal of Higher Education，2009，80(1)：1 – 33.

[302] Trends，E. U. A. A Decade of Change in European Higher Education [R]. EUA Report. European University Association，2010：14 – 36.

[303] Usher，R. A Diversity of Doctorates：Fitness for the Knowledge Economy? [J]. Higher Education Research and Development，2002，21 (2)：143 – 153.

[304] Watson，J. Creating Industry-Ready Ph. D Graduates[J]. Dissertations & Theses-Gradworks，2011：122－127.

[305] Weidman，J. C. & Stein，E. L. Socialization of Doctoral Students to Academic Norms[J]. Research in Higher Education，2003，44(6)：641－656.

[306] Zellner，C. The Economic Effects of Basic Research：Evidence for Embodied Knowledge Transfer Via Scientists' Migration[J]. Research Policy，2003，32(10)：1881－1895.

学位论文

[307] 程秀秀.我国博士生培养质量评价及提升策略研究[D].哈尔滨：哈尔滨工程大学,2012：67－73.

[308] 李亚平.中美八年制医学博士教育比较与调查研究[D].长沙：中南大学，2011：50.

[309] 李琴涛.中美高等教育学博士生培养模式比较研究[D].大连：大连理工大学,2007：47.

[310] 李永刚.成为研究者：理科博士生素养与能力的形成[D].上海：华东师范大学,2018：17.

[311] 刘佳.中学教师影响教学有效性的能力素质与关键行为研究[D].上海：华东师范大学,2018：44－46.

[312] 邱红.中国劳动力供求市场变化分析[D].吉林：吉林大学：2011：15.

[313] 宋齐明.校园与工作场所：关于本科生可就业能力的研究[D].上海：华东师范大学,2018：65－69.

[314] 石永昌.基于偏好视角的大学生就业促进制度研究[D].北京：北京交通大学经济管理学院,2010：60.

[315] 郑娱.高校学生能力素质模型构建及其应用研究[D].武汉：武汉大学，2013：15.

其他资料

[316] Adams，K.，Zander，A. & Mullins，G. What do Engineering Postgraduate Research Students know about Industry Work? [J].

Schools & Disciplines，2007：17.

［317］Alexander，L. Die Promotion：Ein Reproduktionsmechanismus Sozialer Ungleichheit［R］. UVK Verlag-Ges，2008：61 – 86.

［318］Altbach，P. G. The United States：Present Realities and Future Trends//Sadlak，J. Doctoral Studies and Qualifications in Europe and the United States：Status and Prospects［M］. Paris：UNESCO，2004：259.

［319］Aristotle. Nicomachean Ethics：Translation，Introduction and Commentary ［M］. S. Broadie & C. Rowe，Trans. Oxford：Oxford University Press，2002.

［320］Auriol，L.，Misu，M. & Freeman，R. A. Careers of Doctorate Holders：Analysis of Labour Market and Mobility Indicators［R］. OECD Science，Technology and Industry Working Papers，2013/04. OECD Publishing.

［321］Bozeman，B.，Rimes，H. & Youtie，J. The Evolving State-of-the-art Intechnology Transfer Research：Revisiting the Contingent Effectiveness Model［J］. Research Policy，2014，44(1)：34 – 49.

［322］Carnevale，A. P.，Smith，N. & Strohl，J. Help Wanted：Projections of Jobs and Education Requirements through 2018［M］. Lumina Foundation，2010：17.

［323］Doctorate Recipients from United States Universities：Summary Report 2003［EB/OL］. (2006 – 10 – 20). http：//www. norc. uchicago. edu/issues/esd-2003. pdf.

［324］Elizabeth，G. The Value of a STEM Ph. D［D］. Arizona State University，2018(5)：30.

［325］ETAN Working Group of the European Commission. Science Polices in the European Union：Promoting Excellence through Mainstreaming Gender Equality［R］. Brussels：European Technology Assessment Network(ETAN) on Women and Science，2000.

［326］European University Association (EUA). Doctoral Programmes in Europe's Universities：Achievements and Challenges［R］. Report

Prepared for European Universities and Ministers of Higher Education. Brussels，2007.

[327] European University Association. Salzburg Ⅱ Recommendations: European universities' Achievements since 2005 in Implementing the Salzburg Principles[EB/OL]. (2010 - 01 - 01)[2016 - 08 - 09]. http://www. eua. be/Libraries/publications-homepage-list/Salzburg_Ⅱ_Recommendations.

[328] Garth Williams（2005）. Doctoral Education in Canada，1900 - 2005. Washington: CIR-GE. Hochschulrektorenkonferenz. Doctoral Studies Resolution of the 19th Plenary Session of the Conference of Rectors and Presidents of Universities and other Higher Education Institution in the Federal Republic of Germany[C]. Bonn: Hochsc，1996: 9 - 10.

[329] Golde，C. M. & Dore，T. M. At Cross Purposes: What the Experience of Doctoral Students Reveal about the Doctoral Education [EB/OL] 2001，Philadephia，PA: A Report for the Pew Charitable Trust. Retrieved from http://www. phd-survey. org.

[330] Griffith，T. & Sawyer，J. Research Team Design and Management for Centralized R&D[J]. IEEE Transactions of Engineering Management，2010(57): 211 - 224.

[331] Kolata，G. So Many Research Scientists，So Few Openings as Professors[N]. The New York Times，2016 - 07 - 14.

[332] Mangematin，V. ，Mandran，N. & Crozet，A. The Careers of Social Science Doctoral Graduates in France: The Influence of How the Research was Carried out[R]. European Journal of Education，2000，35 (1): 111 - 124.

[333] Maresi，Nerad. Mimi Heggelund. Forces and forms of Change: Doctoral Education in the Unite States[R]. Washington: CIRGE，2005.

[334] McWilliam，E. et al. Research Training in Doctoral Programs: What can be Learned from Professional Doctorates? [R]. Canberra: Higher Education Division，Department of Education，Science and Training，2002: 380.

[335] OECD/UNESCO Institute for Statistics/Eurostat Data Collection on

Careers of Doctorate Holders[EB/OL]. http://dx. doi. org/10. 1787/ 888932890884，2010.

[336] Osmo Kivinen，Sakari Ahola & Paivi Kaipainen. Towards the European Model of Postgraduate Training[R]. University of Turku，RUSE Report 50，1999.

[337] Peterson，M. Putting Transferable Ph. D Skills to Work[R]. IEEE Potentials，2009(28)：8 - 9.

[338] Quality Assurance Agency. Code of Practice for the Assurance of Academic Quality and Standards in Higher Education：Postgraduate Research Programmes[R]. Gloucester：The Quality Assurance Agency for Higher Education，2000.

[339] Reisman，A. Transfer of Technologies：A Cross-disciplinary Taxonomy [R/OL]. Omega，33(3)，189 - 202. doi：http:// dx. doi. org/10. 1016/ j. omega. 2004. 04. 004.

[340] Richard，V. Technical Excellence：The need for Consistency in Global Training and Experiential Learning[R]. Presented at Symposium on Multi-/Inter-Disciplinary Engineering Education，August 16 - 20，2006.

[341] Watson，J. Work in Progress：Creating Industry Ready Ph. D Graduates [R]. Presented at the Frontiers in Education Conference，Arlington， VA，2010.

[342] Zucker，L. G. ，Darby，M. R. & Armstrong，J. Geographically Localized Knowledge：Spillovers or Markets? [J]. Economic Inquiry， 1998，36(1)：65 - 86.

[343] 国家教育委员会.关于改进和加强研究生工作的通知[Z].(学位)教研字〔030〕号,1986 - 12 - 10.

[344] 国家教育委员会、国务院学位委员会.关于印发全国普通高等教育工作会议有关文件的通知及附件：关于学位与研究生教育改革和发展的若干意见[Z]. 1993 - 02 - 08.

[345] 国务院学位办.国内外学位和研究生教育科学研究参考资料(一)[Z]. 1991：41,46.

[346] 教育部 2015 届高校毕业生就业质量年度报告[DB/OL].[2016 - 09 -

10]. http://www. ncss. org. cn/tbch/2015jgxbysjyzlndbg/.

[347] 教育部：2016 年教育统计数据分学科研究生数（总计）[EB/OL]. (2017 −
8 − 24)[2018 − 5 − 20]. http://www. moe. gov. cn/s78/A03/moe_560/
jytjsj_2016/2016_qg/201708/t20170822_311599. html.

[348] 研究生教育改革的理念、思路和措施. 国务院学位办（内部资料）[D].
2013.

[349] 中国博士质量分析课题组. 中国博士质量究竟如何？[N]. 光明日报，
2011 − 05 − 10(15).

[350] 中国教育改革和发展纲要（摘要）[R]. 学位与研究生教育，1993(3)：17.

[351] 中国研发经费报告（2018）[R]. 大连理工大学科技创新创业与产业研究中
心，2019(3).

[352] 中国政府网. 国务院关于印发《中国制造 2025》的通知[EB/OL]. (2015 −
05 − 19)[2018 − 10 − 12]. http://www. gov. cn/zhengce/content/2015 −
05/19/content_9784. htm.

[353] 中华人民共和国学位条例[EB/OL]. [1980 − 01 − 12]. http://old. moe.
gov. cn/publicfiles/business/htmlfiles/moe/moe_619/200407/1315. html
[2004 − 08 − 28].

附　录

一、产业界就职工学博士职业特征及能力素质需求的调查问卷

【个人基本信息】

1. 您的性别：男（　　　）　女（　　　）

2. 您的博士毕业院校_____　硕士毕业院校_____
   本科毕业院校_____

3. 您博士所读专业的学科类别为（　　　）。
   A. 机械　　　　　B. 电气　　　　　C. 计算机　　　　D. 控制
   E. 土木工程　　　F. 信息与通信　　G. 其他_____

4. 您博士阶段的入学方式为（　　　）。
   A. 普通招考　　　B. 硕博连读　　　C. 本科直博

5. 您博士阶段的导师是（　　　）。
   A. 院士　　　　　　　　　　　　B. 长江学者、千人或杰青等
   C. 普通教授或研究员　　　　　　D. 普通副教授或副研究员

6. 您博士阶段发表 SCI 文章_____篇，EI 文章_____篇。

7. 您博士期间共参加过_____项科研项目，纵向项目_____项，横向项目_____项。

8. 读博期间在企业实习过_____次，最长时间_____个月；出国交流的次数_____次，最长时间_____个月；参加博士生社会实践_____次，最长时长_____个月。

9. 您博士毕业于_____年。

10. 您博士毕业后在_____家单位工作过，于_____年进入目前单位工作。

11. 您目前供职的单位_____　部门_____　岗位_____。

12. 您所在行业属于(   )。

    A. 制造业   B. 建筑业

    C. 金融业   D. 电力、热力生产和供应业

    E. 信息传输、计算机服务及软件业   F. 水利、环境和公共设施管理业

    G. 其他

13. 您所在企业属于(   )。

    A. 央企   B. 国企   C. 民营企业   D. "三资"企业

    E. 其他

14. 您目前的职位是(   )。

    A. 一般或基层员工   B. 基层管理人员

    C. 中层管理人员   D. 高层管理人员

15. 您目前的税前年收入处于(   )(单位:万元)。

    A. $[10, 20)$ B. $[20, 30)$ C. $[30, 40)$ D. $[40, 50)$

    E. $[50, +\infty)$

能力素质要素评价表

请结合实际情况对以下要素在工作中的重要性及博士阶段的重视及培养程度做出评价:

工作中所需能力素质的重要程度	最不重要	不重要	一般	重要	最重要	您博士期间所在单位对其重视及培养程度	最不重视	不重视	一般	重视	最重视
1.1 专业基础理论	1	2	3	4	5	2.1 专业基础理论	1	2	3	4	5
1.2 学科专门知识	1	2	3	4	5	2.2 学科专门知识	1	2	3	4	5
1.3 知识产权知识	1	2	3	4	5	2.3 知识产权知识	1	2	3	4	5
1.4 问题发现与解决能力	1	2	3	4	5	2.4 问题发现与解决能力	1	2	3	4	5
1.5 资料搜集与处理能力	1	2	3	4	5	2.5 资料搜集与处理能力	1	2	3	4	5
1.6 研究技术与方法运用能力	1	2	3	4	5	2.6 研究技术与方法运用能力	1	2	3	4	5
1.7 自主学习能力	1	2	3	4	5	2.7 自主学习能力	1	2	3	4	5

续　表

工作中所需能力素质的重要程度	最不重要	不重要	一般	重要	最重要	您博士期间所在单位对其重视及培养程度	最不重视	不重视	一般	重视	最重视
1.8　逻辑推理能力	1	2	3	4	5	2.8　逻辑推理能力	1	2	3	4	5
1.9　动手操作能力	1	2	3	4	5	2.9　动手操作能力	1	2	3	4	5
1.10　独立钻研	1	2	3	4	5	2.10　独立钻研	1	2	3	4	5
1.11　创新思维	1	2	3	4	5	2.11　创新思维	1	2	3	4	5
1.12　批判性思维	1	2	3	4	5	2.12　批判性思维	1	2	3	4	5
1.13　与人交往能力	1	2	3	4	5	2.13　与人交往能力	1	2	3	4	5
1.14　团队合作能力	1	2	3	4	5	2.14　团队合作能力	1	2	3	4	5
1.15　公众展示能力	1	2	3	4	5	2.15　公众展示能力	1	2	3	4	5
1.16　语言表达能力	1	2	3	4	5	2.16　语言表达能力	1	2	3	4	5
1.17　英文交流能力	1	2	3	4	5	2.17　英文交流能力	1	2	3	4	5
1.18　沟通协调能力	1	2	3	4	5	2.18　沟通协调能力	1	2	3	4	5
1.19　写作技巧	1	2	3	4	5	2.19　写作技巧	1	2	3	4	5
1.20　领导力	1	2	3	4	5	2.20　领导力	1	2	3	4	5
1.21　执行力	1	2	3	4	5	2.21　执行力	1	2	3	4	5
1.22　项目管理能力	1	2	3	4	5	2.22　项目管理能力	1	2	3	4	5
1.23　时间管理能力	1	2	3	4	5	2.23　时间管理能力	1	2	3	4	5
1.24　压力管理能力	1	2	3	4	5	2.24　压力管理能力	1	2	3	4	5
1.25　职业规划能力	1	2	3	4	5	2.25　职业规划能力	1	2	3	4	5
1.26　自信	1	2	3	4	5	2.26　自信	1	2	3	4	5
1.27　身心健康	1	2	3	4	5	2.27　身心健康	1	2	3	4	5
1.28　灵活变通	1	2	3	4	5	2.28　灵活变通	1	2	3	4	5
1.29　商业思维	1	2	3	4	5	2.29　商业思维	1	2	3	4	5
1.30　国际视野	1	2	3	4	5	2.30　国际视野	1	2	3	4	5

二、工学博士生入学动机及就业偏好的调查问卷

同学:

您好! 感谢您予以配合抽空填答此份问卷,本次调查采用无记名填写方式,调查内容和结果仅用于论文撰写,我们将对您的个人信息绝对保密。下面的题目是对您在学习、科研和工作方面一些基本情况的了解,答案无对错之分,请选出最符合您真实情况的选项,谢谢!

一、基本信息(注:本问卷中选择题如无说明,均为单选)

1. 您的性别:(　　　)

　　A. 男　　　　　　　B. 女

2. 您的年龄为_____(填空)。

3. 您的婚姻状况为(　　　)。

　　A. 已婚已育　　　　　　　　　B. 已婚未育

　　C. 未婚且有恋人　　　　　　　D. 未婚且无恋人

4. 您所就读专业的学科类别为(　　　)。

　　A. 机械　　　　B. 材料　　　　C. 电气　　　　D. 计算机

　　E. 控制　　　　F. 建筑　　　　G. 通信　　　　H. 其他

5. 您的年级或在读时间为(　　　)。

　　A. 博一　　　　B. 博二　　　　C. 博三　　　　D. 博四

　　E. 五年　　　　F. 六年及以上

6. 读博之前您工作过(　　　)。

　　A. 无工作经历　　　　　　　　B. 不到 1 年

　　C. 1～3 年(不含 3 年)　　　　D. 3～5 年

　　E. 5 年以上

7. 您的入学方式为(　　　)。

　　A. 普通招考　　　B. 硕博连读　　　C. 本科直博

8. 您的导师是(　　　)。

　　A. 院士　　　　　　　　　　B. 长江学者、千人或杰青等

　　C. 普通教授或研究员　　　　D. 普通副教授或副研究员

9. 您的导师指导的博士生数量为_____(填空),您觉得导师指导的博士生数量(　　　)。

A. 过少　　　　　B. 有点少　　　　C. 适中　　　　　D. 有点多

E. 过多

10. 您入学至今共参加过＿＿＿＿＿＿＿＿（填空）项科研项目,您觉得自己所承担的科研项目数量(　　　)。

A. 过少　　　　　　B. 有点少　　　　C. 适中　　　　　D. 有点多

E. 过多

11. 您所在的专业要求发表 SCI 文章＿＿＿＿＿＿＿＿篇(填空,没有则填"0",下同),EI 文章＿＿＿＿＿＿篇(填空),CSSCI＿＿＿＿＿篇(填空),中文核心＿＿＿＿＿＿篇(填空)。

12. 您入学至今共发表 SCI 文章＿＿＿＿＿＿＿＿篇(填空),EI 文章＿＿＿＿＿＿篇(填空),获得＿＿＿＿＿＿项专利(填空)。

13. 您入学至今参与过＿＿＿＿＿＿＿次学术会议(填空),其中做过＿＿＿＿＿＿＿次学术汇报(填空),＿＿＿＿＿＿＿次 poster(填空)。

14. 您父亲的职业是(　　　),母亲的职业是(　　　)。

A. 公务员

B. 企业中高级管理人员

C. 科研人员、教师、医生、工程师和律师等

D. 生产、运输与制造业工作者

E. 农林牧渔业劳动者

F. 商业人员

G. 服务人员

H. 个体户

I. 其他

二、请根据实际情况,分别从您个人和单位培养的角度判断以下能力指标的重要程度:

您对其重要程度的看法	最不重要	不重要	一般	重要	最重要	您所在培养单位对其重视程度	最不重视	不重视	一般	重视	最重视
1.1　技术技能	1	2	3	4	5	2.1　技术技能	1	2	3	4	5
1.2　团队合作	1	2	3	4	5	2.2　团队合作	1	2	3	4	5

续　表

您对其重要程度的看法	最不重要	不重要	一般	重要	最重要	您所在培养单位对其重视程度	最不重视	不重视	一般	重视	最重视
1.3　分析思维	1	2	3	4	5	2.3　分析思维	1	2	3	4	5
1.4　执行力	1	2	3	4	5	2.4　执行力	1	2	3	4	5
1.5　科学知识	1	2	3	4	5	2.5　科学知识	1	2	3	4	5
1.6　时间管理	1	2	3	4	5	2.6　时间管理	1	2	3	4	5
1.7　项目管理	1	2	3	4	5	2.7　项目管理	1	2	3	4	5
1.8　压力管理	1	2	3	4	5	2.8　压力管理	1	2	3	4	5
1.9　知识产权知识	1	2	3	4	5	2.9　知识产权知识	1	2	3	4	5
1.10　语言表达能力	1	2	3	4	5	2.10　语言表达能力	1	2	3	4	5
1.11　教学能力	1	2	3	4	5	2.11　教学能力	1	2	3	4	5

三、学术动机、意愿及择业

1. 您选择攻读博士学位的原因是（　　　　）。（多选）

  A. 对科研的兴趣   B. 对博士学位的情结

  C. 提升就业竞争力   D. 暂时不想就业

  E. 换个环境   F. 机缘巧合

  G. 随大流/从众

2. 您博士毕业后所期望的工作地点为（　　　）。（注：本题为单选）

  A. 海（境）外   B. 北上广深

  C. 其他东部地区城市 D. 中西部地区城市

  E. 其他

3. 您毕业后最倾向的一类工作岗位为（　　　）。（注：本题为单选）

  A. 高等院校—教学科研岗位

  B. 高等院校—科研岗位

  C. 科研单位—科研岗位

  D. 企业技术类—研发

  E. 企业技术类—业务（设计、开发、测试、运维）

F. 企业非技术类（产品策划、市场推广、管理决策）

G. 政府及事业单位管理岗位

H. 自主创业

I. 其他_____

4. 对于现行的博士生培养制度，您认为应加强以下哪方面改革的力度（　　　）。（多选）

　　A. 培养目标的调整　　　　　　　B. 培养模式的创新

　　C. 培养质量的提升

5. 您认为学校应当如何提升博士生培养质量（　　　）。（多选）

　　A. 保持原状，继续现行的培养模式

　　B. 优化课程设置及教师开课质量

　　C. 监督导师指导质量，避免重使用、轻培养

　　D. 发挥博士生资格考试的分流作用，实现分类培养

　　E. 增加校企联合实习实践及联合培养

　　F. 调整考核及评价方式

6. 在就业过程中，您对以下方面的看重情况为：

	非常不重要	不重要	一般	重要	非常重要
个人兴趣	1	2	3	4	5
薪酬福利	1	2	3	4	5
单位所在城市	1	2	3	4	5
工作岗位性质	1	2	3	4	5
工作稳定性	1	2	3	4	5
工作自由程度	1	2	3	4	5
工作压力程度	1	2	3	4	5
职业成就感	1	2	3	4	5
职业社会声望	1	2	3	4	5
职业发展空间	1	2	3	4	5
行业发展前景		2	3	4	5

三、产业界就职工学博士能力素质需求及培养的访谈提纲(博士版)

您好,本书围绕工学博士能力素质,关涉产业界就职工学博士的职业适应及发展、博士就读经历、对高校工学博士生培养的评价及建议等方面。资料均以匿名形式呈现,仅服务于研究,期待您根据真实情况作答! 感谢您的支持!

【职业适应及发展状况】

1. 博士毕业后的就职及单位流动情况?

2. 目前所在部门在整个企业中的作用? 目前的岗位性质及特征?

3. 从高校学习转入企业界就职初期适应情况如何? 企业就职和自己的预期有何不同?

4. 目前的工作,哪些能力素质非常重要?(可结合相应的工作状况举例)自己相对薄弱的是哪方面?

5. 对目前的工作是否满意? 原因(满意及不满意的方面)? 目前职业发展方向及前景如何?

6. 企业对工学博士的具体要求是什么? 希望吸纳工学博士实现怎样的目标?

【当前工作与博士经历的衔接】

1. 博士阶段所学理论基础和专门知识,在现在的工作中得以使用的情况如何?

2. 博士阶段(科研训练/项目经历)着重培养了您哪些方面的能力和素质? 它和您目前工作所需的能力素质对接情况如何?

3. 博士就读期间,以何种形式与企业工作有过接触? 学校提供社会实践/校企联合培养/实习机会等状况如何? 从中强化了哪些能力素质? 有没有企业导师,作用如何?

4. 在博士阶段开设的课程中锻炼了哪些能力素质? 对目前工作有哪些帮助?

5. 导师对博士就职于企业的态度及支持情况如何? 除了理论知识和科研能力,导师比较强调哪些能力素质?

6. 为何读博? 博士就读初期就业意向是什么? 最终决定供职于企业,时间、原因是什么?

7. 博士学位是目前岗位的必备条件吗? 博士毕业后就职于非学术界,请对博士经历在职业生涯中的作用和价值进行评价。

【对博士生培养的评价及建议】

1. 结合工作需求,您认为博士培养阶段应该更注意哪些能力素质的培养?

2. 对博士生培养过程的满意度如何？针对培养环节而言，可以在哪些方面改进？

3. 您对毕业后打算进入企业界工作的在校工学博士生有哪些建议？

四、产业界对工学博士能力素质需求的访谈提纲(企业雇主版)

您好，本访谈围绕高校工学博士能力素质结构，关涉企业对高校工学博士的需求与满意状况、对工学博士生培养的评价及建议等方面。资料均以匿名形式呈现，仅服务于研究，期待您根据真实情况作答！感谢您的支持！

1. 贵单位近年招收博士的概况如何？一般供职于哪些部门、岗位？

2. 贵单位出于什么原因要招聘工学博士？要达成什么目标？希望他们解决什么问题？

3. 在招收工学博士时，希望他们具备哪些能力素质？

4. 对工学博士而言，哪些能力素质在工作中尤为重要？哪些能力素质亟待加强？可否结合实际工作情况说明？其总体表现是否让你们感到满意？

5. 您认为高校在培养工学博士的过程中存在哪些问题，如何改进，应该加强工学博士生哪些能力素质的培养。

6. 如何更好地推进校企合作(企业实习、联合培养博士生等方面)，有何形式或内容上的建议？

7. 企业相较于高校而言，对工学博士的吸引力在哪些方面？

8. 您对毕业后打算进入企业界工作的高校工学博士生有何建议？

后　记

感谢导师阎光才教授、李梅教授。

感谢华东师范大学、西南大学、浙江大学、上海财经大学师友与同事的关怀。

感谢家人一贯的支持。